되살아나는   자본론

甦る『資本論』：若者よ、マルクスを読もう 最終巻

YOMIGAERU 'SHIHONRON' WAKAMONOYO MARX WO YOMOU SAISHUKAN

Copyright ⓒ 2023 by Tatsuru Uchida, Yasuhiro Ishikawa

All rights reserved.

No part of this book may be used or reproduced in any manner whatsoever without written permission except in the case of brief quotations embodied in critical articles and reviews.

Originally published in Japan in 2023 by KAMOGAWA SHUPPAN LTD.

Korean Translation Copyright ⓒ 2024 by SECHANG PUBLISHING COMPANY

Korean edition is published by arrangement with KAMOGAWA SHUPPAN LTD. through BC Agency.

되살아나는 자본론

청년이여, 마르크스를 읽자

초판 1쇄 인쇄 2024년 9월 5일

초판 1쇄 발행 2024년 9월 14일

—

지은이 우치다 다쓰루 · 이시카와 야스히로

옮긴이 박동섭

펴낸이 이방원

책임편집 정조연   **책임디자인** 양혜진

마케팅 최성수 · 김 준   **경영지원** 이병은

—

펴낸곳 세창출판사

신고번호 제1990-000013호   주소 03736 서울특별시 서대문구 경기대로 58 경기빌딩 602호

전화 02-723-8660 팩스 02-720-4579 이메일 edit@sechangpub.co.kr 홈페이지 http://www.sechangpub.co.kr

블로그 blog.naver.com/scpc1992 페이스북 fb.me/Sechangofficial 인스타그램 @sechang_official

—

ISBN 979-11-6684-340-2 03300

ⓒ 박동섭, 2024

청년이여,
마르크스를
읽자

되살아나는 자본론

우치다   이시카와
다쓰루 × 야스히로 **지음**

박동섭 **옮김**

세창출판사

한국어판을 위한 서문

여러분, 안녕하세요. 우치다 다쓰루입니다.

'청년이여, 마르크스를 읽자' 시리즈의 마지막 권인 『되살아나는 자본론』의 한국어판을 구매해 주서서 감사드립니다.

이 시리즈 도서 '청년이여, 마르크스를 읽자'는 마르크스의 주요 저서를 중학생과 고등학생 독자에게 해설하는 것을 목표로 하였습니다. 이 시리즈는 『공산당 선언』부터 시작해, 번외편인 『마르크스의 마음을 듣는 여행』까지 포함하면 총 다섯 권으로 이루어진 셈인데요. 이 책 『자본론』편으로 드디어 완결됩니다.

여기까지 읽으시고 '앗, 나는 중·고등학생이 아닌데… 이 책이 대상으로 삼고자 하는 독자가 아니면 어쩌지?!?' 하고 생각하실 분이 계실 겁니다. 괜찮습니다. 이 책은 "아직 제대로 마르크스를 읽어 보지는 못했지만, 언젠가 한번 읽기는 해야 할 텐데…" 하고 그 기회를 엿보고 계신 분들을 위한 책입니다. 이 책을 읽는 데 나이 같은 것은 별로 상관없습니다.

한 가지 너 주의 드리고 싶은 것이 있습니다. 그건 이 책을 읽으시고 '아하, 이 책을 읽어 보니 마르크스가 대충 뭔지는 알겠어. 그렇다면 앞으로『자본론』같은 건 굳이 읽을 필요가 없겠구나' 하고 생각하시면 곤란하다는 겁니다. 무슨 말인가 하면, 이 책은 어디까지나 '자, 그럼 마르크스를 본격적으로 읽어 볼까?' 하는 기분이 들게 하기 위한, 즉 '살짝 등을 떠밀어 주는' 책이지, 다 읽고 나서 '이것으로 마르크스를 다 이해하였구나' 같은 느낌을 주기 위한 책은 아니라는 겁니다.

물론 이런 저의 이야기를 듣고 '뭐? 이 책을 읽고 나서 또 마르크스의 원작을 읽어야 한다고? 그렇다면 일을 두 번 하는 거잖아? 그럴 바에는 차라리 처음부터 마르크스를 직접 읽는 게 효율적이지 않아?' 하고 생각하신 분도 계실 겁니다. 물론 그렇게 생각하실 수 있습니다.

그런데 말입니다. 세상일이란 게 또 그렇지가 않습니다. 마르크스와 같은 거대한 사상가가 쓴 책은 초심자가 무턱대고 덤벼들기에는 무리가 있습니다. 거대한 벽이 딱 버티고 서 있으니까, 아무래도 '길잡이'가 필요합니다. 어떤 등반 루트가 있고, 어디에 어려운 코스가 있는지, 어디로 가면 길을 헤매게 되는지, 또 어디에서 발을 잘못 디디면 굴러 떨어지는지 등등과 같은 점을 알고 있는 사람이 필요합니다.

저와 함께 이 책을 써 주신 이시카와 선생님은 젊은 시절에 정통적인 길잡이를 따라 험지를 헤치고 빠져나가서 급기야 자기 자신도 베테랑 길잡이가 되신 분입니다. 저는 이시카와 선생님과 조금 달라서 젊은 시절에 "길잡이 같은 건 필요 없어!" 하고 큰소리치며 무모한 '마르크스봉' 단독 등반을 감행하다가 몇 번이나 혼쭐이 나는 경험을 하고 "역시 길잡이는 있어야 하는구나" 하고 절감한 사람입니다.

그렇게 결이 다른 길잡이 두 사람이 여러분에게 마르크스라는 거봉을 향해 등반하기를 권해 드리고자 합니다. 단, 결국 봉우리에 오르는 건 여러분 자신입니다. 저희는 안내할 뿐이지, 실제로 땀을 흘리고 다리를 아파해 가며 걷는 것은 여러분 각자의 몫입니다. 저희의 임무는 "여하튼 저 산을 올라 봅시다!"라고 권유하고, 그 권유에 따라 등반할 마음이 생긴 분이 있다고 하면 등반 루트를 몇 개 정도 안내해 드리는 것까지입니다.

『공산당 선언』부터 시작해서 『자본론』이 발간된 시기까지 사이에는 20년 이상의 세월이 존재하는데요. 마르크스의 사상 역시 각 시대의 역사적 경험을 통해 크게 변화하였습니다.

'청년이여, 마르크스를 읽자' 시리즈는 마르크스의 주요 저서를 연대순으로 해설하고 있습니다만, 그렇다고 여러분이 굳이 초기의 마르크스부터 시작해 만년의 마르크스에 이르는 식의 순서로 읽으실 필요는 없습니다. 시리즈 중 어떤 책을 먼저 집어 들었나고 하면 그것이 인연인 겁니다.

그러므로 이 책『되살아나는 자본론』부터 먼저 읽으셔도 전혀 문제가 없습니다. 어느 시대의 책이라 할지라도 마르크스는 각기 깊은 사상을 말하고 있으며, 사상 밑바닥에 흐르는 메시지인 '사회는 공정해야 한다'라는 '신념'에는 흔들림이 없기 때문입니다.

마르크스 사상에 대한 해설서가 이렇게 박동섭 선생님의 손에 의해 한국어로 번역되어 많은 분에게 닿을 수 있게 된 점을 저희는 매우 기쁘게 생각합니다.

아시는 바와 같이 한국에는 지금도 국가보안법이라는 법률이 있어서 북한과 공산주의를 찬미讚美하는 행위 및 그 조짐은 처벌의 대상이 됩니다. 물론 그것이 사실상 사문화되었다고는 하지만,* 이 책과 같이 '마르크스주의를 찬미'하는 것을 주된 목적으로 하는 서적이 당당히 서가에 진열되는 시대가 왔다는 점에 많은 분이 '격세지감'을 느끼고 계실 테지요. 이는 도대체 어떠한 역사적 변화를 의미하는 것일까

---

* 　물론 국가보안법은 예전에 비해 엄격하게 시행되고 있지는 않은 실정이나, 김정일 생일에 맞춰 찬양 편지, 근조 화환 등을 보낸 60대 A씨에게 검찰이 2024년 3월 23일, 징역 2년에 벌금 3천만 원을 구형하여, 5월 23일, 징역 1년 6월에 자격정지 2년을 선고받는 등 이 법과 관련한 재판이 아직도 이루어지고 있으며, 정치권에서도 이 법의 폐지 및 존속에 대한 논쟁이 지속되고 있는 만큼, 이 법이 사문화되었다고 보기는 어렵다고 할 수 있다.

요? 이번 번역 출간이 한국과 관련된 '마르크스주의 운동'의 재평가가 일어나려는 신호탄이 된다면 기쁘겠습니다.

조선 공산당은 1925년, 일본의 통치 아래에 있던 서울에서 결성되었습니다. 동아시아에서는 인도네시아 공산당(1920년 창설), 중국 공산당(1921년 창설), 일본 공산당(1922년 창설)에 이어 창설된 '오래된 점포'입니다. 그러고 보면 여러분의 나라에서도 마르크스주의의 역사는 상당히 오래되었습니다.

1919년에 있었던 3·1운동의 흐름 속에서 탄생한 조선 공산당은 조선의 독립을 목표로 하는 운동이었으므로 당연히 일본 정부로부터 격심한 탄압을 받았습니다만, 그럼에도 꿋꿋이 살아남아 1945년 일본 패전과 동시에 재건되었습니다. 하지만 소련이 지배하는 한반도 북부에 당 중앙조직을 만들려던 사람들과 남북이 협업한 조직의 유지를 염두에 두었던 사람들이 대립하여 조직은 남북으로 분열합니다. 남측 조직(남로당)은 한국 정부에 의한 탄압을 받아 당원들의 많은 수가 북으로 도피했는데요. 후일 김일성에 의해 거의 전원이 숙청당했습니다.

이 사람들은 '마르크스주의'의 이름을 걸고 한반도의 독립과 통일, 시민의 자유와 평등을 목표로 싸우다가, 그중 많은 수가 일본 정부, 대한민국 정부, 그리고 북한에 의해 목숨을 빼앗겼습니다. 이 선구적인 마르크스주의자들 하나하나의 사적에 대한 평가는 역사학적인 검증을 거칠 필요가 있겠습니다만, 개인적으로는 그들이 벌인 운동의 목표 자체는 옳은 방향이었다고 생각합니다.

그런데 한반도에 있었던 마르크스주의의 역사는 1950년대 이후 한국의 '정사正史'로는 그다지 자세히 언급되지 않았습니다. 어쩌면 많은 수의 마르크스주의자는 '반역자'라든지 '간첩'이라는 꼬리표가 붙어 단죄되고 잊히고 말았던 것은 아닐는지요.

지금 마르크스 사상에 관한 책을 한국 독자가 필요로 하는 상황은, 감히 말하건대, 한국 사람들이 자국과 관련된 '마르크스주의 100년사'에 관해 그 빛과 그림자를 모두 포함해 올곧게 마주하려는 징후가 아닐는지요. 개인적으로는 그런 느낌이 듭니다. 만약 그러하다면, 여러분의 국민적인 사업에 일조할 수 있다는 점을 저희는 매우 기쁘게 생각합니다.

서문

여러분, 안녕하세요. 우치다 다쓰루입니다.

이 책은 이시카와 야스히로 선생님과의 공저 '청년이여, 마르크스를 읽자' 시리즈의 마지막 권입니다. 마르크스의 『자본론』에 관해서 두 통씩 주고받은 총 네 통의 편지를 수록하였습니다. 더불어 책 끝에 '관련 문헌'으로서 이시카와 선생님의 『영국 노동계급의 상황』에 관한 편지와 중국어판에 기고한 두 사람의 글을 수록하였습니다.

'청년이여, 마르크스를 읽자'는 이 책을 포함해서 모두 네 권으로 구성되어 있습니다. 그리고 번외편으로 이케다 가요코 씨와 함께한 『마르크스의 마음을 듣는 여행』을 포함하면 총 다섯 권이 됩니다. 이시카와 선생님과 둘이 함께 마르크스의 주 저작을 순서대로 전부 읽어 나가는 무모한 기획이 시작된 지 15년, 마침내 이 책으로 그 끝을 맺게 되었습니다. "이만큼이나 계속할 수 있었구나" 하고 감개무량합니다.

마르크스 읽기의 '길잡이 역할'을 맡고 계신 이시카와 선생님과의 이 길고 긴 기획에 인내심 강하게 함께해 주신 가무가와出판사의 마스다케 노부유키 씨에게 진심으로 감사하다는 말씀 드립니다. 이 이후에 실린 편지 속에서도 두 분에 대한 감사가 반복되는데요. 그만큼 두 분에게 감사드리고 싶은 마음이 크다는 것을 알아주셨으면 좋겠습니다.

이 책은 제목에서 알 수 있듯이 '청년'을 위해서 쓴 것입니다. 처음에 이시카와 선생님과 이야기를 나누면서, 대상 독자를 '아직 마르크스를 읽은 적이 없는(하지만 언젠가는 읽게 될 것이라고 막연하게 생각하고 있는) 고등학생'으로 설정하였습니다. 이 '언젠가는 읽게 되겠지' 하고 생각하는 고등학생이 마음을 먹고 "자, 그러면 마르크스를 읽어 볼까" 하고 실제로 책 한 권을 집어 들 때까지, 그 여정을 함께하는 것이 저희의 일입니다.

독서에 관한 이 두 가지 유형의 생각은 거리상으로는 얼마 되지 않을 것 같습니다만, '언젠가 읽어야지'에서 '자, 그러면 읽어 볼까'까지의 틈새를 넘어서기 위해서는 (마르크스가 즐겨 사용하는 말을 빌려 보면) '목숨을 건 도약'이 필요합니다.

저희는 이 책을 고등학생들이 그 '목숨을 건 도약'을 해 주기를 바라고 썼습니다. 그것만을 목적으로 썼습니다. 그런 의미에서는 실로 군더더기 없는 집필 방침을 갖춘 책입니다. 대상 독자와 집필 목적을 확실히 해 두는 것은 책을 쓸 때 아주 중요한 일입니다. 일반적으로는 '누구든지 손쉽게 집어 들 수 있는 책'이 초심자를 위한 입문서의 요건이라고 들 생각합니다만, '누구든지'라고 너무나 대상 독자층을 넓혀 버리면 오히려 대상 독자에 대한 상이 흐릿해지고 맙니다. 가능하면 대상 독자의 해상도가 높은 편이 좋습니다. 또 하나 중요한 점은 '독자를 안내하는 일'입니다.

마르크스와 같은 거대한 철학자·사상가가 쓴 것을 초심자가 혼자 힘으로 읽어 내고 해석하기란 매우 곤란한 일입니다. 고등학생이 가진 지식과 가치판단의 틀로는 마르크스에게 쉽게 다가갈 수가 없습니다. 마르크스와 같은 스케일의 사상가와 마주하기 위해서는, 어딘가에서 고등학생이 붙잡고 있는 자신의 '세계에 대한 관점'을 손에서 놓아야 합니다.

일단 자신의 사고방식을 '괄호 안에 넣어' 자신의 가치관을 내려놓고, 자신에게 보이는 세계와는 전혀 다른 세계의 광경을 "이 사람은 보고 있을지 모른다"라는 것을 가설적인 수준에서 받아들이지 않으면 이야기는 시작되지 않습니다.

이렇게 쓰면 왠지 어려워 보입니다만, 실제로는 고등학생도 그것과 유사한 일을 해 왔을 겁니다. 예를 들면, 소설을 읽는 것은 그것과 비슷한 경험입니다. 상상 속이긴 하지만, 자신이 모르는 시대의 아주 멀리 떨어진 나라의 나이도, 성별도, 직업도, 사고방식도, 감정도 전혀 다른 사람 안에 들어가서 그 세계를 살아 보는 것은, 소설을 읽을 때면 누구든

지 하는 일입니다. 저는 10세 무렵에 루이자 메이 올컷이 쓴
『작은 아씨들』이라는 네 명의 자매가 주인공인 소설을 읽고,
태어나서 처음으로 상상 속이지만 '소녀'인 채 늘어가서 '소
녀로부터 보이는 세계'를 경험하였습니다. 그때 맛본 해방
감과 들뜨는 느낌을 지금도 잘 기억하고 있습니다. 19세기
말 뉴잉글랜드 여자아이들의 마음에 '동조'하였을 때, 10세
의 저는 동요되어 '일본의 10세 초등학생다움'이 저에게 강
제한 사고방식과 느끼는 방식으로부터 해방되어 꽤 자유로
워졌다고 생각하였습니다. 그리고 그 이후로는 가능한 한,
먼 시대 먼 나라의, 저 자신과는 전혀 닮지 않은 사람들 '안
에 들어가는 일'에서 독서의 기쁨을 끌어내게 되었습니다.
철학서와 사상서의 경우에도 거기서 얻는 것은 소설을 읽는
기쁨 및 해방감과 본질적으로 다르지 않다고 생각합니다.
철학자들의 어휘 꾸러미는 소설가의 그것과 비교하면 꽤 딱
딱하고 난해합니다만, 그 철학자와 사상가가 살았던 시대의
'생생한 현실'이 그들을 움직이고 그렇게 쓰도록 하였다는
점에서는 소설가와 다르지 않습니다. '아무래도 이것만큼은
말하지 않으면 죽어도 눈을 감을 수 없다'라는 정도의 절박
함을 갖고 쓴 것만이 몇 세기에 걸친 비바람에 견디고 '고전'
으로서 살아남습니다.

　그래서 철학서와 사상서라고 하면 꽤 추상적인 이야기를
논한다고 생각할지 모르겠습니다만, 실제로는 아주 '리얼'합

니다. 잘 읽어 보면 알 수 있습니다. 미약하긴 하지만 글쓴이의 격한 숨결과 맥박을 행간에서 읽어 낼 수 있습니다. 그런데 이 '행간을 읽어 내는' 일이 어렵습니다. 소설과 만화, 그리고 영화의 경우, 작품 세계 안에 깊게 들어가기 위해서는 그것을 읽어 내기 위한 전문적인 '길잡이'나 '멘토'가 필요치 않습니다. 물론 그런 멘토가 있어서 손을 이끌어 주는 편이 작품 세계를 훨씬 깊게 경험할 수 있습니다만, 누가 가르쳐 주지 않아도 우리는 작품을 자기 나름의 방식으로 즐기고 기쁨을 누릴 수 있습니다.

그런데 마르크스 같은 딱딱한 책의 경우에는, '행간을 읽기' 위해서는 아무래도 멘토와 길잡이가 필요합니다. 길을 먼저 걸어가서 때때로 뒤를 돌아보며 "제대로 따라오고 있는 거지?" 하고 말을 걸어 주고, 발 내딛기가 어려운 곳에서는 손을 내밀어 끌어올려 주며, '여기가 중요하다 하는 곳'에 도착하면 곡괭이로 딱딱한 암반을 깨서 "자, 봐라. 여기에 귀를 대어 보렴" 하고 가르쳐 줄 필요가 있습니다. 그런 '멘토'가 필요합니다. 그때 '멘토'가 말하는 대로 지면에 귀를 갖다 대 보면, 확실히 글쓴이의 격한 숨결과 맥박이 들립니다. 그런 '포인트'가 군데군데 있습니다. 그것을 가르쳐 주는 것이 '멘토'의 일입니다. 저는 그렇게 생각합니다. "이 책에는 이런 이야기가 쓰여 있습니다" 하고 알기 쉽게 가르쳐 주는 것은 '멘토'의 일이 아닙니다. 거기까지 들어가서는 안 됩니다. 무엇이 쓰여 있는지 그것을 찾아내서 그것을 듣고 자신 안에 담아 보는 것은 독자 자신이 해야 할 일입니다. 그것은 다른 누구도 대신해 줄 수 없습니다. 아니 대신하게 해서는 안 됩니다. 그러므로 우리와 같은 '멘토'가 할 수 있는 일은 "자, 봐라. 여기에 귀를 갖다 대어 보렴" 하고 말하고, 글쓴이의 '생생한 목소리'를 듣기 쉬운 포인트를 가르쳐 주는 것까지입니다. 저는 그것 이상으로 독자에게 영향을 주는 것은 자제해야 한다고 생각합니다. 과연 그런 자제력 있는 책을 쓸 수 있었는지 아닌지는 여러분이 판단해 주시길 부탁드립니다. 제가 마르크스에 관해 쓰는 것은 이것이 마지막이 될 지도 모르겠습니다. 그러므로 마지막으로 앞으로 마르크스를 읽으려고 하는 용감한 청년들에 대해서 축복의 말을 선물하고 마치고자 합니다.

"여러분의 철학적 미래가 풍성할 수 있도록."

이 문구는 제가 꽤 젊었을 때 철학상의 스승이신 에마뉘엘 레비나스 선생님으로부터 선물 받은 말입니다. 그것을 여러분에게도 선물하고자 합니다.

차례

일러두기

이 책에 실린 주석은 모두 옮긴이가 추가한 것이다.
독자의 이해를 돕기 위해 원서에 굵은 글씨로 표시된 강조는 굵은 글씨로,
방점으로 표시된 강조는 밑줄 표시로 구분하였다.

1장

그 연혁, 개요,
최신의 연구 성과

이시카와 야스히로의 첫 번째 편지
2021년 2월 15일

우치다 선생님, 안녕하세요. '청년이여, 마르크스를 읽자'
도 드디어 마지막 권이 되었습니다. 2008년 11월 6일에 이
시리즈의 출판을 결정했으니, 이 편지는 벌써 12년이나 계
속되고 있는 셈입니다. 얼마 전에 번외편인 『마르크스의 마
음을 듣는 여행』과 『청년이여, 마르크스를 읽자 3』을 썼습니
다. 1권은 문고본으로도 나왔고, 그것을 포함해서 몇 권의
책이 한국어나 중국어로 번역되기도 했죠.

되돌아보면 기획이 시작된 2008년은 리먼 사태*를 계기
로 한 대자본에 의한 비정규화로 인해, 연말에 히비야공원
에 '해넘이 파견촌'이 만들어진 해로, 이듬해인 2009년은 정

---

* 　미국의 부동산 거품이 꺼진 후 이어진 부동산 가격의 급락으로 촉발된 서브프라임
모기지(비우량 주택담보대출) 사태의 정점이라고 불리는 사건으로, 2008년 9월 15일 미국의 투
자은행 리먼 브러더스가 파산한 것을 말한다. 당시 한국의 산업은행은 리먼 브러더스의 인수
를 두고 협상을 벌이고 있었는데, 9월 10일, 산은이 리먼 인수 포기를 공식 선언하였고, 이 소
식이 보도된 지 하루 만에 리먼의 주가가 45% 폭락하면서, 6일 뒤인 9월 15일, 결국 파산을
선언하게 되었다. 리먼 브러더스의 파산은 미국 역사상 최대 규모의 기업 파산이었으며, 이
로 인해 전 세계적 금융위기가 현실화하였다.

치의 전환을 요구하는 시민의 강한 바람으로 민주당 연립 정권이 만들어진 해였습니다. 같은 시기에 둘이 편지를 써서 2010년 6월에 『청년이여, 마르크스를 읽자』 1권이 출판되었는데요. 그것은 마침 하토야마鳩山 수상에서 간菅 수상으로 민주당 정권 내부에서 총리가 바뀐 시기였습니다.

그때부터 『청년이여, 마르크스를 읽자 2』가 나오는 2014년 9월까지는 잠시 시간의 공백이 있었습니다. 2011년에 동일 본대지진이 있었고, 도쿄전력의 후쿠시마 제1원자력발전소가 큰 사고를 일으켜, 이것을 계기로 사회는 어수선한 분위기가 되었습니다. 그 3월 11일은 직장 동료나 친구들과의 '극락 스키' 마지막 날로, 노자와野澤 온천까지 버스로 가서 거기서 간사이로 돌아갈 예정이었던 우리도 JR의 불통 때문에 나오에쓰直江津에서 안절부절못하는 하룻밤을 보낼 수밖에 없었습니다.

관저 앞에서 탈원전·원전 제로를 요구하는 대집회가 반복되는 한편, 같은 2011년의 11월에는 오사카시 시장 선거와 오사카부 지사 선거의 W선거*에서 '유신회'가 승리했으며, 다음 해 2012년 말에는 노다野田 민주당이 패배해 정권을 잃고, 2009년의 득표에도 닿지 못했던 자민·공명의 아베 정

* 　　일본에서는 2종류의 선거가 같은 날에 이루어지는 것을 더블선거(ダブル選擧) 또는 동일선거(同日選擧)라고 부르는데, 여기서 W선거는 오사카 W선거, 즉 제17회 통일지방선거를 의미한다.

권이 소거법적消去法的*으로 탄생합니다. 이러한 정치의 쇠퇴 속에서, 우리는 편지에서도 "바쁘다, 바쁘다"를 반복하게 되었습니다 『청년이여, 마르크스를 읽자 2』가 나온 것은 아베 정권이 집단적 자위권 행사 용인을 각의閣議 결정한 직후였습니다.

다음으로 나온 것은 번외편인 『마르크스의 마음을 듣는 여행』입니다. 2016년 9월 출간이었습니다. 그해 3월에 마르크스를 방문하는 독일·영국 여행을 하면서 그림 형제와 마르크스에 대해 프랑크푸르트에서 뜨겁게 이야기해 준 이케다 가요코池田香代 씨와 셋이서 정리한 책이었습니다. 편집자 마쓰다케 노부유키松竹伸幸 씨도 꽤 써 주셨습니다. 아베 정권의 안보법제 강행이 2015년 9월이었기 때문에, 일본은 앞으로 어떻게 될까 하는 불안 속에서의 여행이었고, 한편으로 2015년 12월에 '시민연합'이 발족했기 때문에, 보다 나은 정치나 사회를 요구하는 새로운 힘에 기대를 걸고 하는 여행이기도 했습니다.

가장 새로운 버전인 『청년이여, 마르크스를 읽자 3』이 나온 것은 2018년 9월의 일입니다. 부제는 '미국과 마르크스'였습니다. 독일·영국에서의 여행 도중에 우치다 선생님이

---

*   다양한 선택지가 있는 경우에, 오류와 있을 수 없는 것을 소거해서 최종적으로 남는 선택지를 고르는 방법을 말한다.

마르크스와 링컨의 연결고리에 재차 관심을 가지신 것, 또 2016년 미국 대통령 선거에서 '민주적 사회주의'를 내세우는 버니 샌더스가 일대 돌풍을 일으킨 깃이 세기였습니다. 저에게는 소련에 밀착한 미국 공산당의 역사를 재차 꽤 정리해 배울 수 있었던 것, 그리고 스탈린에 대한 강한 반발도 하나의 요인이 되어 태어난 DSA(미국의 민주적 사회주의)의 활약을 '발견'할 수 있었던 것도 큰 수확이었습니다.

그리고 '청년이여, 마르크스를 읽자 4'가 출범하는 올해 2021년은 코로나 팬데믹 2년째로, 아베 총리로부터 권력의 사유화와 시민의 멸시를 각별한 특징으로 하는 악정을 '계승, 발전'한 스가 정권이 첫 국정 선거에 도전하는 해가 됩니다. 이 편지를 쓰고 있는 지금은 코로나 감염의 제3파가 급속도로 확대되어 입원할 곳을 찾지 못한 감염자가 자택에서 숨지는 등 의료 위기가 심화하고 있습니다. 스가 정권은 자신들의 무대책에 대해서는 눈을 감고 시민에 대한 처벌을 대책의 중심에 두려고 하고 있습니다만, 이것은 정권에 대한 불신을 넘어 강한 원한을 낳는 것 같습니다. 이 책이 세상에 나올 무렵에 일본 사회는 어떻게 되어 있을까요? 중의원 선거를 계기로 코로나도 스가 정권도 과거의 일이 되어 있으면 좋겠습니다만.*

---

*   스가 정권은 중의원 선거가 시작되기도 전에 막을 내렸다.

1. 『자본론』은
   어떻게 성립하였는가?

✕ 마르크스는 다른 문헌과는 질이 다르다

'청년이여, 마르크스를 읽자 4'가 다루는 것은 드디어 『자본론』이군요. 『자본론』에 관해서는 젊은 세대가 쓴 책이 몇 가지 화제가 되고 있지요. 그러한 풍토를 만드는 데 있어서는 최근 10년 동안 '청년이여, 마르크스를 읽자' 시리즈가 지속되어 온 것이 적지 않은 역할을 한 것 같습니다. 주고받은 편지 두 편씩에 +α를 해서 어떻게든 '책'으로 만들어 보자는 것이 이번 여름에 튀김가게에서 결정한 '청년이여, 마르크스를 읽자 4' 만들기 작전이었습니다. 편지의 첫 번째를 자본주의론으로 하고, 두 번째를 미래 사회론으로 하자는 것도 가게의 포렴布簾을 손으로 가르며 수다를 떨면서 나온 이야기였던 것 같습니다. 그렇다고는 해도 언제나 그렇듯이, 서로 PC로 향했을 때의 손가락의 기세에 흔들리게 될 것입니다.

우선은 『자본론』이 마르크스의 인생에서 얼마나 큰 비중을 차지하고 있었는지, 저는 거기서부터 써 보고 싶습니다. 『자본론』은 한 달이나 두 달 만에 팍팍 쓴 『공산당 선언』과는 에너지의 투입 정도가 전혀 다른 글쓰기입니다. 1840년대라는 그 시기에, 불과 29세의 나이에도 술술 글을 썼다는 것은 틀림없이 마르크스를 경외해야 할 대목이지만, 『자본론』은 그 마르크스가 수십 년의 세월에 걸쳐 연구를 축적한 성과입니다. 그것은 마르크스의 글쓰기 중에서도 각별한 것 중 각별한 작품입니다.

『청년이여, 마르크스를 읽자』 1권에서 『경제학·철학 초고』를 다룰 때 쓴 이야기인데요. 마르크스가 엥겔스가 보낸 원고 「국민 경제학 비판 대강大綱」에 강한 충격을 받고 경제학에 임하기 시작한 것이 1843년 말의 일이었습니다. 그때 마르크스는 방년 25세였습니다. 그리고 마르크스는 터무니없이 많은 양의 독서를 하며 터무니없이 많은 양의 노트를 썼습니다. 처음에는 애덤 스미스 등 대표적인 고전파 경제학자들을 발췌한 노트, 그리고 점차 그들에 대한 마르크스의 코멘트가 늘어났습니다.

그러한 연구를 14년이나 거듭해 드디어 자신의 연구 성과를 정리하는 원고를 쓰기 시작한 것이 1857년 10월의 일입니다. 마르크스는 이때 39세가 되었습니다. 이때 쓴 원고는 마르크스 관련 업계에서는 『정치경제학 비판 요강』이라든가 『1857-58년 초고』 등으로 불리고 있습니다. 시행착오를 포함한 초안입니다만, 오쓰키서점大月書店에서 나온 『자본론 초고집』 전 9권에 완역이 있고, 그 분량은 두꺼운 책으로 2권, 일본어 번역으로 1,400쪽이 넘습니다. 손으로 쓴 초안으로 1,400쪽이라니⋯ 정말 상상의 영역을 넘어서네요.

그 초고의 성과를 버팀목으로 삼아 마르크스가 처음 쓴 경제학 관련 책이 『정치경제학 비판을 위하여』입니다. 1859년 출판이었습니다. 단, 이것은 그때까지의 연구 범위 전부를 포함하는 것은 아니고, 장대한 '경제학 비판 플랜'의 최초의, 그중에서도 극히 일부분만을 쓴 것입니다. 거론된 것은 상품과 화폐의 범위까지로, 중요한 '자본' 이야기는 아직 전혀 등장하지 않습니다. 거기로 나아가기 위한 이른바 사전 준비에 그치는 부분이었습니다.

다음으로 『정치경제학 비판을 위하여』의 '계속'의 의미로 쓰기 시작하면서, 이야기가 점점 확장되어 버린 것이 업계에서는 『경제학 비판을 위하여: 1861-63년 초고』라 불리는 한층 거대한 초고입니다. 세밀하지만 날려써서 알아보기 어려운 문자(나중에 엥겔스는 이것을 상형문자라고 부르며 한탄합니다)로 노트 23권 빼곡한 양입니다. 앞선 번역 『초고집』에서는 총 6권, 무려 4,400쪽이 넘는 초대작으로, 나중의 『자본론』 총 3부보다 두껍습니다. 마르크스는 하나의 주제로 이 정도의 노트를 계속 쓸 수 있었던 것입니다.

✗ 제1부의 출간까지 23년

그러한 믿기 어려울 정도의 연구 축적 후에 드디어 『자본론』제1부「자본의 생산 과정」의 초고를 쓴 것이 1863년 8월 부터 이듬해 여름까지였습니다. 이때 마르크스는 45세가 되었습니다. 첫 번째 노트를 만든 지 20년이 지났습니다. 그런데도 마르크스는 이것을 바로 출판하지 않습니다. 이어지는 초고로 향한 것이죠. 제2부를 건너뛰고 1864년 여름부터 연말에 걸쳐 제3부의 내용을 써 나갑니다. 이것이 나중의『자본론』제3부 제1-3편에 해당합니다.

이듬해인 1865년, 이번에는 제2부로 향합니다. 하지만 이 것은 비교적 금방 도중에 끝나 버립니다. 그 후 마르크스는 오랜 시간을 들여 제2부의 초고를 모두 여덟 개 남기게 됩니다. 그중에서 이것은 첫 번째 것이기 때문에 '제2부 제1초고'라고 불리고 있습니다. 같은 1865년 후반에 마르크스는 다시 제3부로 가서 현재『자본론』제3부 제4-7편에 해당하는 부분을 썼습니다. 이 시기에 엥겔스에게는 "전체가 눈앞에 완성되기 전에는 어느 것을 보낼 결심이 서지 않는다"(1865년 7월 31일)라고 써 보냈습니다. 참고로 제3부의 초고는 여기에 소개한 것밖에 쓰지 않았고, 그 결과『자본론』전 3부 중에서는 전체의 마지막 부분에 해당하는 제3부가 실은 가장 젊은 시기의 원고로 되어 있습니다.

"이 '저주받은 책'은 12월 말에 완성됐다." 1866년 2월 13일 자 편지에서 엥겔스에게 이렇게 전한 마르크스는 1866-67년에 비로소 제1부의 청서고清書稿를 정리합니다. '청서'라고는 하지만 3년 전에 쓴 초고와는 사실상 다른 글쓰기가 되었습니다. 그 변화를 초래한 주된 요인은 지난 제2부 제1초고에서의 공황의 운동론에 대한 새로운 발견이었습니다. 이곳은 『자본론』 전체의 이해를 둘러싼 요즘의 핫한 이슈 중 하나이기 때문에 나중에 정리해서 다루도록 하겠습니다.

그리하여 1867년에는 『자본론』 제1부가 드디어 세상에 나옵니다. 이때 마르크스는 48세로 경제학 연구를 시작한 지 23년이 지난 때였습니다. 그렇게 많은 원고를 신문과 잡지에 쏟아부은 마르크스가 『자본론』 제1부에는 이 정도의 시간과 노력을 투입한 셈입니다. 『자본론』은 이처럼 막 써 내려간 책이랑은 완성도가 달라요.

그 후 마르크스는 곧바로 제2부의 초고를 집필하고 1870년까지 제1초고를 포함해서 4개, 1877년부터 1881년까지 새롭게 4개의 초고를 써 나가게 됩니다. 도중에 7년간의 중단이 있습니다만, 이 시기에는 1871년의 파리 코뮌을 총괄한 『프랑스 내전』 등을 쓰고(이것은 『청년이여, 마르크스를 읽자 3』에서 다루었습니다), 또한 『자본론』 제1부를 보다 읽기 쉽게 하려고 가필한 제2판을 1873년에, 또 1872년부터 1875년까지는 『자본론』 제1부의 프랑스어판을 출판하였습니다. 이 프랑스어판은 번역문 내부분을 스스로 작성하고, 내용에 대해서도 새로운 발전을 도모한 것으로, 마르크스 자신도 여기에는 독자적인 '과학적 가치'가 있다고 자부하였습니다.

그 성과는 마르크스가 남긴 지시에 따라 마르크스 사후에 엥겔스가 독일어 제3판에 담았습니다.

그러나 이러한 노력에도 마지막이 찾아옵니다. 1880년부터 81년에 걸쳐 쓴 제2부 제8초고를 끝으로 마르크스는 중병 때문에 『자본론』 초고 집필로 돌아갈 수 없게 되어, 1883년에 65세의 나이로 사망하게 됩니다. 제2부, 제3부를 출간해 『자본론』을 완성하려는 마르크스의 바람은 이루어지지 않았습니다. 지금 우리 손에 있는 제2부, 제3부는 엥겔스가 마르크스가 남긴 많은 양의 초고를 읽을 수 있는 글자로 청서하여 오랜 시간에 걸쳐 편집, 출판한 것입니다. 청서 작업은 엥겔스가 상형문자를 판독해 구술하고, 이를 하인리히 프리드리히 오스카 아이젠가르텐Heinrich Friedrich Oscar Eisengarten이라는 인물이 필기한 뒤, 더 나아가 엥겔스가 정리하는 방식으로 진행되었다고 합니다.

25세에 경제학 연구를 시작해 마지막 초고를 마치기까지는 38년, 『자본론』으로 이어지는 책을 쓰기 위한 원고를 쓰기 시작한 『1857-58년 초고』로부터는 24년의 세월이 흘렀습니다. 『자본론』은 말 그대로 마르크스가 평생을 건 연구였던 셈입니다.

2. 『자본론』
전 3부의 개요를 해설하기

✖ 『자본론』 전체의 뼈대는 다음과 같다

다음으로 『자본론』 전 3부의 편별篇別 구성을 소개하겠습니다.

제1부 자본의 생산 과정

　　　제1편 상품과 화폐

　　　제2편 화폐의 자본으로의 전환

　　　제3편 절대적 잉여가치의 생산

　　　제4편 상대적 잉여가치의 생산

　　　제5편 절대적 및 상대적 잉여가치의 생산

　　　제6편 노임

　　　제7편 자본의 축적 과정

제2부 자본의 유통 과정

　　　제1편 자본의 다양한 형태와 그늘의 순환

　　　제2편 자본의 회전

제3편 사회적 총자본의 재생산과 유통

제3부 자본주의적 생산의 총과정

제1편 잉여가치의 이윤으로의 전환 및 잉여가치율
의 이윤율로의 전환

제2편 이윤의 평균이윤으로의 전환

제3편 이윤율의 추세적 감소의 법칙

제4편 상품자본 및 화폐자본의 상품거래자본 및
화폐거래자본으로의(상인자본으로의) 전환

제5편 이자와 기업가 이득에 대한 이윤의 분열. 이
자생산자본

제6편 초과이윤의 지대로의 전환

제7편 소득과 그 원천

　

제2부, 제3부의 부나 편이나 장의 제목은 마르크스의 초고를 바탕으로 엥겔스가 정리한 것으로, 그것이 적절한지는 편집 내용 자체의 적부適否와 함께 자주 논의되고 있습니다. 하지만 여기서는 엥겔스판 제2부, 제3부의 제목을 그대로 소개하겠습니다.

✖ 제1부의 줄거리 ①: 상품과 화폐, 잉여가치와 자본

내용을 대략적으로 소개해 보면, 제1부는 자본의 운동을 말 그대로 생산 과정에 초점을 맞춰 분석한 것입니다. 왜 자본주의 운동이 아니라 자본의 운동인가 하면, 개개의 자본에 의한 이윤 추구야말로 자본주의 사회 전체의 근본적인 원동력으로서, 자본주의 운동의 규명은 개개의 자본 운동의 규명을 기초로 하지 않고서는 있을 수 없기 때문입니다. 왜 다름 아닌 생산에 초점을 맞추느냐 하면, 거기야말로 자본이 그 획득을 목적으로 하는 이윤이 발생하는 현장이기 때문입니다.

제1편에서는 자본이 아닌 '상품과 화폐'가 검토됩니다. 그것은 자본의 운동이 상품경제와 화폐경제 위에 성립하는 것이기 때문입니다. 자본은 생산물을 상품으로 매매하고, 그것을 통해 이윤을 획득합니다. 하지만 상품이란 도대체 무엇이며, 상품이 매매될 때의 가치나 가격은 무엇에 의해서 정해지는가. 또 상품의 매매를 중개하는 화폐란 도대체 무엇인가. 그것들이 규명해야 할 중심적인 과제입니다. 가치의 실체는 그 생산에 있어 사회에서 평균적으로 필요하다고 여겨지는 추상적 인간 노동의 양으로, 화폐는 상품세계 밖에서 할당된 편리한 도구가 아니라 그 안에서 역사적으로 튕겨 나온 것이라는, 까다롭고도 예상치 못한 논의가 빈틈

없는 문장으로 전개되고 있습니다.

　제2편에서는 '등가교환'을 원칙으로 하는 상품·화폐경제상에서, 자본은 왜 이윤을 얻을 수 있는가를 문제로 다루었습니다. 100만 엔짜리 자동차를 100만 엔에 판다면 이윤은 날 수 없습니다. 그럼 예를 들면 80만 엔의 자동차를 100만 엔으로 판매한다는, 이른바 등가교환의 침해, 또는 구매자로부터의 약탈로 이윤은 창출되고 있는 것일까요? 그러나 그러면 무수한 부품이나 원재료를 다른 자본으로부터 사들이고 있는 자본은 다른 자본에 의해 약탈당하게 되어 이윤의 획득이 반드시 보장되지 않습니다. 게다가 무엇보다도 그러면 사회적인 총자본은 전혀 크게 자랄 수 없습니다.

　이는 마르크스 이전의 고전파 경제학에서는 풀 수 없었던 어려운 문제였는데요. 그 해결의 열쇠를 마르크스는 자신의 가치를 뛰어넘어 새로운 가치를 창출할 수 있는 '노동력'이라는 상품의 특성에서 찾아냅니다. 마르크스는 노동력의 가치와 노동력이 새롭게 만들어 내는 가치의 차이를 '잉여가치'라고 이름 붙였습니다. 이 발견에서는 '노동'과 '노동력'의 구별이 결정적인 의미를 가지며, 이를 명확히 구별함으로써 처음으로 상품경제의 근본원칙인 등가교환의 법칙을 조금도 침해하지 않으면서 잉여가치의 발생이 설명된 것이었습니다.

　이는 같은 자본 총액을 투자하더라도 부품이나 원자재처

럼 생산에서 가치를 이전할 뿐인 '불변자본' 부분과 새로운 가치를 창출하는 '가변자본'(노동력) 부분의 비율이 다르면 그로 인해 얻을 수 있는 잉여가치의 양도 다르다는 것을 설명하는 것이며, 논의의 포인트가 되는 '노동력의 가치'의 내용 분석도 매우 재미있습니다.

제3·4·5편에서는 실제 자본이 수행하고 있는 잉여가치를 확대하는 방법의 내실화가 검토되고 있습니다. 하나는 노동시간의 연장이나 시간당 노동밀도의 강화에 의한 것으로, 이것은 '절대적 잉여가치의 생산'이라고 불립니다. 특히 기계의 발명과 도입이 진행되면서 노동시간은 인간의 생리적 한계를 넘어 연장되어, 18-19세기 영국에서는 과로사가 성인 남성뿐만 아니라 여성이나 어린이에게도 퍼졌습니다. 이 현실을 앞에 두고 노동자들이 자신의 생명을 지키기 위해 만든 것이 우선은 노동시간의 상한을 마련할 것을 요구한 노동조합이었습니다. 마르크스는 영국에서의 그 투쟁의 역사를 상세하게 검토하였습니다.

잉여가치를 확대하는 두 번째 방법은 기계의 도입이나 개량, 더 효율적인 노동력의 편성 등을 통한 개개의 자본에 의한 생산력의 상승이 결과적으로 널리 노동자의 생활필수품의 가치를 낮추고, 이것에 응해 노동력의 가치 인하 또한 가능하게 한다는 것입니다. 이것이 '상대적 잉여가치의 생산'이라고 불리는 것입니다.

자본은 잉여가치의 확대를 위해 타인을 앞지르는 비책을 짜내지만, 그것은 결과적으로 서로를 끝없는 경쟁의 외적 강제로 이끌게 됩니다. 그리고 그 경쟁의 기미줄에서 벗어날 수 없는 자본들은 문명이나 과학의 이름으로 인간과 자연의 끝없는 파괴로 치닫습니다. 노동자의 생명과 건강을 파괴하고, 노동이 언제든지 전제하지 않을 수 없는 자연환경의 파괴로 나아간다는 것입니다. 마르크스는 이에 제동을 걸 수 있는 것은 단결된 노동자들에 의한, 특히 법을 통한 자본의 제어뿐이라면서, 나아가 그 제어를 거듭해 자본주의를 개량해 나가는 역사 속에서 노동자들은 자본주의를 넘어서는 새로운 경제사회의 관리·운영 능력을 점차 획득할 것이라고 전망합니다.

✕ 제1부의 줄거리 ②: 자금과 노임, 자본주의의 전 생애

제6편에서는 자본가가 노동자로부터 잉여가치를 취득하는 현실이 일상의 의식에서는 보기 쉽지 않은 이유를 문제로 삼습니다. 현대 일본의 노동기준법도 임금을 '노동의 대가'라고 표현하고 있습니다만, 마르크스는 그와 같이 임금이 노동 전체에 대한 지불인 것 같은 '법률 관념'을 취하는 배경에 '노동력의 가치'라는 본질을 '노동의 가치'(노임)로서 현상시키는 객관적인 구조가 있다고 지적하고, 그것은 "과학에

의해 비로소 발견되어야 한다"고 보았습니다. 이렇게 노임의 현상으로부터 임금의 본질을 파헤친 후, 마르크스는 고정급과 능률급이라는 노임이 지불되는 두 가지 기본 형태의 분석으로 나아가고 있습니다.

제7편에서는 자본가에 의한 노동자의 일회성 착취가 아니라 그 반복을 통한 자본주의의 역사적 변화가 검토됩니다. 취득된 잉여가치를 다음 생산에 추가해 가는 확대 재생산은 자본의 구성 전체에 차지하는 기계설비나 원재료 등의 비율을 점차 높여 고용하는 노동자의 비율을 작게 합니다. 그 결과 자본주의 사회에는 경기가 좋은 한 시기에만 일자리를 얻을 수 있는 '산업예비군'이 형성됩니다. 당연한 일이지만 그것은 현역 노동자의 상태 개선의 누름돌로써 이용되어 노동자의 분열이나 단결하지 못하도록 하는 재료가 됩니다.

마르크스는 이러한 사회 체제의 규명을 추상적인 추론으로써 수행하는 것뿐만 아니라, 경제 통계나 공장 감독관의 보고, 의회의 회의록 등으로부터의 무수한 예증도 하면서 부와 빈곤의 양극화를 "자본주의적 축적의 일반법칙"이라고 정리합니다. 그것은 노동자의 빈곤으로부터의 해방이 노사관계에 기초한 것이 아닌 새로운 사회의 형성으로 비로소 달성된다는 것을 의미하는 것이기도 했습니다.

더욱이 마르크스는 확립된 자본주의의 축적 과정뿐만 아니라, 그 이전의 사회 속에서 자본주의가 생겨나는 역사상

최초의 축적을 '자본의 본원 축적'이라는 이름으로 영국의 역사에 따라 밝힙니다. 핵심은 한쪽으로의 생산수단 집중과 다른 쪽에서의 생산수단에서 분리된 노동자의 내량 형성으로, 그것은 국가의 강제력도 활용되어 농민들로 하여금 토지로부터 손을 떼게 만드는 과정을 축으로 전개되었습니다.

마지막으로 마르크스는 제1부 전체를 총괄하며 확립한 자본주의 속에서의 "생산수단의 집중과 노동의 사회화란 그들의 자본주의적 외피와는 조화를 이루지 못하게 되는 한 점에 도달한다"라고 쓰고, 자본주의와 노동자의 투쟁이나 성장이 가져오는 객관적인 조건과, 문제의 보다 근본적인 해결을 향하고자 하는 많은 노동자의 의지의 결합이 자본주의를 넘어서는 인간 사회의 새로운 단계를 개척할 것이라고 전망하고 있습니다. 즉 포스트 자본주의에 대한 전망인 것입니다.

✘ 제2부의 줄거리: 사회적 총자본의 생산과 유통

후, 기네요. 이런 식으로 제2부, 제3부를 해설해 나가면 그것만으로 이번 편지는 끝나 버릴 것 같습니다. 이하로는 더욱 간략화에 신경을 쓰도록 하겠습니다.

『자본론』 제2부는 검토의 시야를 자본의 유통 과정으로 확대하였습니다. 제1부에서의 검토는 필요한 기계나 부품이나 원재료를 언제라도 시장에서 입수할 수 있고 또 생산물을 시장에서 잘 판매할 수 있는 것을 일방적으로 전제하는 것이었습니다. 왜, 어떻게 그것이 가능한지는 아무것도 논하지 않았습니다. 그 논리적인 빚을 갚고, 나아가 주기적인 공황이라는 자본주의 경제의 큰 문제를 규명하는 것이 제2부의 내용입니다.

제1편에서는, 우선 개별 자본의 운동을 다루고, 그것을 생산 과정뿐만 아니라, 화폐자본 G—상품자본 W…생산자본 P…상품자본 W—화폐자본 G라는, '순환' 운동 안에서 검토하며, 제2편에서는 이것을 한층 더 주기적으로 반복되는 '회전' 안에서 검토해 갑니다. 제1부 첫머리 부분에서 자본을 빼고 검토된 시장경제가 여기서는 자본이 담당하는 자본주의적 시장경제로 분석됩니다.

'순환'과 '회전'의 차이인데요. '회전'에서는 상품의 생산에 필요한 부품이나 원재료의 가치를 한 번의 '순환' 속에서 모두 생산물로 이전하는 '유동자본'과, 예를 들면 10년에 걸쳐 조금씩 그 가치를 생산물에 이전시키는 기계 등의 '고정자본'과의 구별 같은 것들이 큰 문제가 됩니다.

제3편에서는 개별 자본이 아니라 그것들의 총체인 사회적 총자본의 운동으로 검토의 시야가 확대됩니다. 개별 자본이 그 생산에 필요한 상품을 어떻게 과부족 없이 구할 수 있고, 또 생산된 상품을 어떻게 해서 모두 판매할 수 있을까.

나아가 많은 자본가나 노동자는 매일의 생활에 필요한 여러 상품을 어떻게 과부족 없이 손에 넣을 수 있을까.

이를 마르크스는 사회적 총자본을 생산수단을 생산하는 제1부문과 소비수단을 생산하는 제2부문으로 나누고, 나아가 두 부문의 자본가치 구성을 '불변자본 C+가변자본 V+잉여가치 M'으로 표시함으로써, 제1부문의 'V+M'이 제2부문의 'C'와 같을 때 항상 같은 규모로 생산이 반복되는 단순 재생산이 가능하며, 제1부문의 'V+M'이 제2부문의 'C'보다 클 때 재생산 시마다 그 규모를 확대해 나가는 확대 재생산이 가능하게 됨을 밝힙니다.

마르크스는 확대 재생산 규명에 많은 어려움을 겪었지만, 더 큰 문제는 앞과 같은 과정이 정상적으로 진행되는 조건만 여기에 적어 놓고 1825년 이래 주기적으로 발생하고 있는 공황=재생산의 '교란'에 대한 구체적인 분석은 어디에도 써 놓지 않았다는 것입니다. 정말 희한한 일인데요. 이 점은 엥겔스에 의한 제2부 편집의 타당성을 둘러싼 큰 논점이기도 하므로 나중에 다시 한번 언급하도록 하겠습니다.

✕ 제3부는 자본가의 눈에 비치는 경제로

자, 서둘러 제3부로 넘어가 볼까요. 제3부의 제목「자본주의적 생산의 총과정」은 엥겔스가 붙인 것으로, 사실 마르크스는 제1부 초판에 대한 서언에서도 제3부 초고에서도 '총과 정의 여러 모습'이라고 하였습니다. 엥겔스처럼 '생산의 총 과정'이라고 하면, 과제는 생산 과정과 유통 과정 전체의 검 토로 보일 수 있지만, 마르크스는 그 작업은 제2부 제3편으 로 끝났다며, 제3부에서는 그 전체가 만들어 내는 '구체적 형태', 즉 '그것들이 사회의 표면에서 다양한 자본의 상호 행 동인 경쟁 속에, 또 생산 당사자들 자신의 의식 속에 나타나 는 형태'를 밝히는 것이라고 합니다.

돌이켜 보면 제1부의 내용은 주요 '생산 당사자'인 자본가 의 의식상에 올라오지 않습니다. 가치나 잉여가치라고 하는 세계는 자본가의 일상 활동에는 의식화되어 있지 않은 세계 입니다. 제2부도 고정자본과 유동자본의 구별 등은 있어도 그것이 잉여가치의 생산에 어떻게 영향을 미치는지 등에 대 한 내면의 논리는 역시 의식화되어 있지 않습니다. 제3부에 서는 드디어 그것들이 자본가들의 일상적인 경제활동 세계 에 어떻게 나타나고 있는지를 밝힌다는 것입니다. 현상의 세계에서 내면의 세계로 분석의 칼날을 들이대는 것만으로 는 부족해서, 내면의 세계가 왜 그런 현상의 세계로 나타날 수밖에 없는지, 거기까지 밝히지 않으면 내면의 해명은 사 실 단순한 독선에 불과하다는 것이 마르크스의 생각입니다.

자본가의 눈에 비치는 일상의 세계는 반드시 내면의 정답 을 그대로 반영한 것은 아니라서, 그 결과 자본가들은 표면

세계에서의 인식에 기초해서 경제활동을 전개합니다. 그것이 예를 들면 제1부에서 전개된 상품의 가치에 근거한 시장 경제를 이윤 개념을 바탕으로 한 생산가격에 근거한 시장경제로 전환시키게 됩니다. 이렇게 해서 그 내면의 세계에서 현상의 세계를 향해 필요한 절차를 뛰어넘지 않고 인식을 한 걸음 한 걸음 발전시키는 방법을 마르크스는 '발생론적인 방법'이라고 불렀습니다.

제3부의 과제를 이렇게 잡고 가면 제목으로는 역시 '총과정'이 아니라 '총과정의 총모습'이 적절했다고 생각합니다.

✖ 제3부의 줄거리: 이윤, 잉여가치의 분배, 미래 사회

구체적으로 제1·2·3편에서는 자본가들에게 의식되는 '이윤'의 세계가 검토됩니다. 제1·2부에서는 노동력에 투하된 '가변자본'으로부터 잉여가치가 발생했습니다만, 자본가의 일상 의식에서 '돈벌이=이윤'은 투하된 총자본이 만들어 내는 것으로, 노동력만으로 생기는 것은 아닙니다.

그리고 처음에 100의 총자본을 투하하더라도, 자본의 내적인 구성이 예를 들어 '가변자본' 80, '불변자본' 20의 부문에서는 가변자본의 증가율인 잉여가치율이 100%라면 잉여가치=이윤은 80이고 총자본의 증가율인 이윤율은 80%이지만, 다른 한편으로 '가변자본' 20, '불변자본' 80의 부문에서는 잉여가치율이 같은 100%라도 그 자본의 이윤율은 20% 밖에 되지 않습니다. 그래서 자본가들은 서로 보다 이윤율이 높은 부문을 찾아 이동하고, 그러한 행동의 결과로서, 그러려는 의도 없이도 사회 속에 '평균이윤율'이라는 균형점을 형성합니다.

여기에 이른 상품 가격의 기준은, 그 생산에 필요한 노동의 양에 근거하는 가치가 아니고, 그 상품의 생산에 필요한 '비용가격'(내실은 C+V)에 평균이윤을 더한 '생산가격'이 됩니다. 자본가들의 일상 의식에서 가치나 잉여가치 같은 내면 세계의 운동은 생산가격이나 이윤이라는 사회 표면에 드러나는 모습으로 다루어집니다.

개개의 자본가는 평균이윤 이상의 이윤을 획득하기 위해서 비용가격(C+V)의 축소를 목표로 합니다. 구체적으로는 기계 생산의 개량이나 노임의 절약으로 치닫고, 그 결과, C와 V의 균형에서는 점점 전자의 비율이 높아집니다. 그러나 이윤의 원천인 잉여가치는 V에서밖에 나오지 않기 때문에, 이 행동은 이 또한 아무도 그것을 의도하지 않았음에도 사회의 평균적인 이윤율을 끌어내립니다.

데이비드 리카도 등 마르크스의 선배에 해당하는 고전파 경제학자들은 이 이윤율의 감소 추세에서 자본주의의 위기를 느꼈습니다. 마르크스도 그 문제의식을 이어받아 주기적인 공황이야말로 위기의 구체적인 발현이라며 이윤율의 추세적 감소로부터 공황의 발생을 설명하려고 시도했지만, 아무래도 충분한 해명에는 이르지 못했습니다.

제4·5·6편에서는 잉여가치의 분배가 문제시됩니다. 기금까시의 『자본론』의 구명에서는, 잉여가치는 상품을 생산하는 자본(산업자본)의 수중에 모든 것이 남는 것이라고 가정되었습니다. 그러나 실제로는 제조를 하는 산업자본은, 그 판매를 백화점이나 양판점 등의 상업자본에 맡기고, 때로는 필요 자금을 은행자본으로부터 빌리며, 또 일본에서는 많지 않지만, 큰 공장을 건설한 장소의 지대를 지주에게 지불하지 않으면 안 되는 경우도 있습니다.

잉여가치는 노동자가 노동력의 가치를 넘어 새로운 가치를 만드는 데서 발생하기 때문에, 노동자로부터 자본가나 지주의 세계로 잉여가치를 빨아들이는 것은 산업자본입니다. 그러나 그 산업자본은 판매를 맡긴 상업자본에 '상업이윤'을 양도하고, 은행에는 '이자'를, 지주에게는 '지대'를 지불해야 합니다. 그 결과, 산업자본의 수중에 남는 것은 자신이 끌어낸 잉여가치로부터 이것들을 공제한 '산업이윤'이 됩니다. 이 4자에게는 경쟁 관계가 있지만, 노동자들로부터 더 많은 잉여가치를 빨아들이려 한다는 점에서는 이해가 일치합니다.

그러나 실은 제5편의 신용론과 제6편의 지대론은 원고다운 원고가 되지 않은 곳도 극히 많았고, 특히 제5편에 대해서는 엥겔스도 읽을 수 있는 문장으로 고쳐 쓰는 것을 마지막에는 던져 버렸을 정도로 '무질서' 상태였습니다. 또 제6편과 관련해서 마르크스는 세계적인 토지 소유의 역사와 미래에 대해서 등 여기에 남기지 않았던 문제의식을 그 후 여러 편지에 쓰기도 했습니다.

마지막 제7편은 자본론 전체의 마무리에 해당하는 부분인데, 앞에서 말한 것처럼 제3부의 초고가 쓰인 것은 제1부와 제2부가 쓰이기 전인 1864년부터 65년에 걸친 시기로, 제1부나 제2부보다 먼저 쓰인 것이기 때문에, 애초에 여기에서 무르익은 정리를 요구하기에는 무리가 있습니다. 그러나 재미있는 논점이 몇 가지 있습니다.

경제의 일상세계에 대한 서술로 일관한 '속류 경제학'이나, 그 배경에 있는 내면의 세계로 나아가면서 그것과 일상의 세계를 매개 없이 연결한 '고전파 경제학'에 대한 비판은 과학에서의 논증 방법을 재차 생각하게 하는 것이며, 물질적인 생산의 발전을 토대로 노동시간 단축을 진행하고 그로 인해 얻을 수 있는 자유시간 속에서 각자 자신의 능력을 자유롭게 발전시키는 조건을 넓혀 가는 것이 미래 사회의 가장 중요한 역사적 특징이라고 하는 논의도 등장합니다. 마지막은 제52장 「계급들」로 되어 있는데, 아쉽게도 처음의 극히 일부로만 끝났습니다.

3. 최신의 연구 성과와
　　관련해서

✕ 마르크스가『자본론』에서 밝히고 싶었던 것

　이러한 구성을 가진『자본론』전체에서 마르크스는 도대체 무엇을 밝히고자 했을까요? 다시 한번 그 내용을 마르크스 자신의 말로 확인해 두겠습니다. 이에 대해서는『자본론』제1부 초판에 쓴 '서언'이 가장 잘 정리되어 있다고 생각합니다.

　① 내가 이 저작에서 연구해야 할 것은 자본주의적 생산양식과 이에 조응하는 생산 제 관계 및 교역 제 관계이다.

　② 자본주의적 생산의 자연법칙에서 생기는 사회적 적대의 발전 정도의 높낮이가 그 자체로서 문제가 되는 것은 아니다. 문제는 이들 법칙 그 자체이며, 철저한 필연성을 갖고 작용해 자기를 관철하는 이들의 경향이다.

　③ 설사 한 사회가 그 사회를 운동하게 하는 자연법칙의 단서를 포착한다 하더라도 —그리고 근대 사회의 경제적 운동법칙을 폭로하는 것이 이 저작의 최종 목적이다— 그 사회는 자연적인 발전 단계들을 뛰어넘을 수도, 그것들을 법령으로 들춰낼 수도 없다. 그러나 그 사회는 낳음의 괴로움을 짧

게 하고 누그러뜨릴 수는 있다.

『신판 자본론 1』, 신일본출판사, 2019, 11-14쪽

　주석을 조금 보태겠습니다. 인용문 ①에서 물건의 교환이나 장사를 의미하는 '교역'이라고 번역된 것은 독일어의 'Verkehr'인데요.* 찾아보니 'Verkehr'는 원래 경제적인 관계에 한정되지 않고, 교통이나 운수, 사람과 사람과의 교제, 또는 사교 등의 폭넓은 의미가 있습니다. 그것을 생각하면, 직전의 '생산 제 관계'가 경제의 영역에서의 인간관계를 가리키고 있으므로, 'Verkehr'는 거기에 머무르지 않는, 보다 넓은 인간관계를 나타내고 있는 것 같습니다. 실제로 인용문 ②에도 '사회적 적대'라는 말이 등장합니다만, 『자본론』 본문에는 공장법을 둘러싼 노사 투쟁, 자본주의 발전에 따른 가족과 남녀 관계의 변화, 노동자들의 자발적인 단결과 결합의 진전 등 '생산'이나 '교역'이라는 범위에 그치지 않는 다양한 인간관계가 등장합니다.

　또 하나 '자본주의적 생산양식'이라는 용어인데요. 마르크스는 본문에서 대체로 기계제 대공업을 '독자적인 자본주의

---

　*　한국에서는 주로 'Verkehr'에 대한 번역어로 '교류' 또는 '교통'을 사용하고 있다. 이어지는 문장에서 서술되고 있듯이 Verkehr에 대한 번역어로는 교역보다 교류나 교통이 더 적절한 것으로 보이나, 여기에서는 그에 대한 설명을 제시하고 있으므로 일본의 번역어를 고치지 않았다.

적 생산양식'(자본주의에 독자적인, 그 이전의 사회에는 없었던 생산의 방법)이라고 부르고 있으며, 경제활동 속에서 그러한 생산양식이 지배적이게 된 사회를 자본주의 사회라고 불렀습니다. 그리고 그러한 사회가 확립하는 기점을 '산업 혁명'에서 찾았습니다.

인용문 ②에서는 노사관계를 중심으로 하는 '사회적 적대'의 높낮이가 아니라 그것을 발생시키는 '자본주의적 생산의 자연법칙'의 규명이야말로 문제라고 말하였습니다. 인용문 ③에도 '자연법칙', '자연적인 발전 단계'라는 말이 나오는데요. 여기서의 '자연'은 그 자체가 본래 가지고 있는 성질이라는 의미일 것입니다. 즉 자연과학이 자연을 분석하는 것처럼 마르크스는 사회 속에서 그 자체가 가진 구조나 발전의 법칙을 탐구하려고 했습니다. 인용문 ③에서는 보다 명확하게 그러한 제 법칙의 '폭로'가 이 연구의 '최종 목적'이라고 말하였습니다.

마지막으로 인용문 ③은 제 법칙을 폭로하는 의미에 관해서도 썼습니다. 근대 자본주의 사회의 성원이 '이 사회의 [자연스러운 ─이시카와] 운동법칙을 포착했다고 해도' 그것에 의해서 이것을 '없애는 것'이 가능한 것은 아니다. 그러나 그 '단서'가 잡히면 그 사회의 '발전' 법칙에 따라 만들어지는 미래 사회의 "낳는 고통을 짧게 하고 누그러뜨릴 수는 있다." 즉 자본주의가 오래 지속됨에 따른 사람들의 희생을 줄일 수 있다는 것입니다.

이 글들에는 사회의 변혁자·혁명가라고 생각했던 마르크스가 왜 이렇게까지 인간 사회의 학문적인 규명으로 치달았는가 하는 이유가 잘 나타나 있다고 생각합니다. 사회 변혁의 운동이란, 사회 자체가 본래 가지고 있는 발전 법칙의 실현을 촉진하는 운동에 지나지 않으며, 따라서 어떠한 선의에 근거하는 것이라도 과학적인 사회 인식이 빠진 운동은 성공할 수 없다. 이것이 마르크스 혁명 운동론의 근간에 있던 사고방식이었습니다.

덧붙여 이것도 마르크스의 큰 특징인데요. 마르크스는 사회의 개량이나 혁명을 향해서 싸우는 노동자들의 성장이나 발달을 "사회를 운동하게 하는 자연법칙"의 불가결한 요소라고 파악하였습니다. 그것은 자본주의의 밖 어딘가에서 나오는 것이 아니라 자본주의 그 자체의 산물이라는 것입니다. 노골적인 자본의 논리에 저항해 이를 규제하고 제어하려는 노력을 거듭하고, 그 속에서 노동자는 자본주의를 뛰어넘는 힘을 점차 체득한다. 그 과정 또한 자본주의의 '자연법칙'의 중요한 내용으로 파악하고 있습니다.

✕ 공황과 사회 변혁을 둘러싼 이론의 대선환

마지막으로 최근의 『자본론』 연구 내용과 관련하여 제가 매우 중요하다고 생각하는 논점을 하나만 소개하고자 합니다.

마르크스가 지금까지의 연구의 총정리를 시작한 『1857-58년 초고』로부터 그 후 『자본론』에 이르기까지에는 혁명 운동론의 큰 전환이 있다고 하는 것에 관해서입니다. 이 전환은 경제이론 그 자체의 연구 발전과 깊은 연관이 있었습니다.

『1857-58년 초고』 단계의 마르크스는 아직도 혁명은 공황에 이어 일어난다는 '공황=혁명'설의 입장을 취하고 있었습니다. 이는 마르크스도 참여한 1848년 혁명이 1847년의 공황에 이어 발발했다는 역사적 체험에 크게 영향받은 사고입니다. 동시에, 이 시기의 마르크스는 공황을 자본주의의 말기적 현상으로 보기도 했습니다. 그러나 1848년 혁명의 패배 후 강한 기대를 걸었던 다음 공황이 1857년에 발생했음에도 불구하고 노동자 운동의 새로운 고양은 일어나지 않았습니다.

마르크스는 이를 계기로 자본주의 경제의 운동과 혁명의 연관성 규명에 대해 새로운 모색을 시작합니다. 이 초고에는 자본주의의 제한과 한계를 논한 유명한 문장이 있는데, 사실 거기에는 자본주의를 한계에 도달시키는 데 있어 노동자 운동의 역할이 거의 아무것도 등장하지 않습니다. 이 시점에서 마르크스의 혁명에 대한 이미지는 공황으로 인한 생활의 어려움의 심화를 계기로 한 노동자의 '봉기'를 기본으로 한 것이었다고 생각합니다.

『1861-63년 초고』가 되면 새로운 문제의식이 생기게 됩니다. 생산력의 발전에 따라 자본에 의한 노동자의 결합이 진행되어 가는데, 그것은 자본주의의 개량이나 변혁을 향해서 어떠한 가능성을 만들어 낼 것인가 하는 문제의식입니다. 자본에 의해 결합된 노동자 집단을 포착하는 '전체 노동자'라는 개념도 이 단계에서 처음 등장합니다.

1864년 국제노동자협회(인터내셔널)가 출범하자 마르크스는 중심적인 역할을 하게 되는데, 그 경험은 변혁자로서 노동자의 성장에 대한 관심을 점차 심화시킵니다. 그러나 1864년에 쓴 『자본론』 제3부 제1-3편의 초고에서는 아직도 데이비드 리카도 등이 자본주의의 위기를 직감한 이윤율의 감소로부터 공황을 설명하고 거기서부터 자본주의의 몰락을 논하려 하는 데 그쳤습니다. 이는 『1861-63년 초고』부터 반복적으로 시도되었던 것으로, 이 시기의 마르크스는 아직도 '공황=혁명'설의 테두리 안에 있었다는 겁니다.

거기에 큰 전환을 가져온 것이 1865년의 『자본론』 제2부 제1초고입니다. 공황은 자본주의의 말기 증상을 나타내는 것이 아니라, 확립된 자본주의가 항상 그 안에 있는 일상적인 경기 순환의 한 국면일 뿐이다. 따라서 거기에서 자본주의의 역사적 한계가 유별나게 드러나는 것으로 보는 것은 잘못이다. 그런 인식에 도달한 거죠. 그리고 여기서부터 마르크스에게서는 공황과 혁명을 연결하는 시도나 공황을 이윤율의 추세적 감소로 설명하려는 시도 자체가 사라집니다.

그리고 같은 1865년 인터내셔널에서 한 강연 '임금, 가격 및 이윤'에서 마르크스는 자본주의 변혁론에 노동자계급 발달론을 두텁게 접목합니다. 공황이라는 생활의 위기에 노동자가 일어날 기대를 건 이른바 '위기 의존'의 변혁론이 아니라, 미리 많은 노동자를 조직해 노동이나 생활 곤란의 근거나 그것을 개선하는 방법에 대한 이해를 공유하는 것으로부터 사회의 변혁으로 나아가려는 입장을 취하는, 다수자 혁명론의 탐구가 여기서부터 본격적으로 시작되게 됩니다.

1865년 후반에는『자본론』제3부 제4-7편의 초고가 쓰이지만, 제4편의 상인자본론에서는 공황이 일어나는 막대한 과잉생산의 주기적 형성은 산업자본에 대한 상인자본의 '가공의 수요'에 기초하여 이루어진다는 것이 제2부 제1초고 이상으로 자세하게 전개되고, 또 제5편에서는 공황을 자본주의가 그 안에서 운동하는 '산업 순환'의 한 국면으로서 확실히 자리매김합니다.

이어진 1866년에는『자본론』제1부의 청서고를 쓰는데, 그 초고는 앞의 이론적 전환 이전(1863-64)에 쓰인 것이었기 때문에 대폭적인 가필이 이루어졌습니다. 특히 주목되는 것은 노동자가 자본에 의한 야만적인 지배에 농락당할 뿐만 아니라, 그렇기 때문에 변혁자로서 성장을 이룰 수밖에 없다고 지적하는 다음과 같은 부분입니다.

첫 번째는 제3편 제8장 「노동일」의 역사적 기술 확대입니다. 여기에는 자본에 의한 끝없는 장시간 노동의 요구에 저항해, 마침내는 공장입법을 쟁취하기에 이르는, 영국 노동자의 투쟁사가 대폭 추가되고 있습니다.

두 번째는 제4편 「상대적 잉여가치의 생산」에 '전체 노동자'의 개념을 구사해, 협업, 매뉴팩처, 기계와 대공업이라고 하는 생산력 발전의 3단계를 통해 자본에 의한 노동자 결합의 발전을 그려 내고, 그에 의해서 노동자가 미래 사회에서의 생산을 담당하는 집단적인 주체로서 성장하는 과정이 덧붙여졌습니다. 자본주의의 발전 자체가 노동자에게 자본가의 지휘를 필요로 하지 않고 생산과 경영을 할 수 있는 능력을 길러 준다는 논점입니다.

세 번째는 제23장 「자본주의적 축적의 일반법칙」을 새로 쓰면서 자본주의의 발전 자체가 자본가에 대한 부의 축적과 노동자에 대한 빈곤의 축적을 가져온다는 것을 밝히고, 노동자가 그 고난에서 벗어날 수 있는 길은 자본주의 그 자체로부터 탈출하는 것밖에는 없음을 강조한 점입니다. 제24장 제7절 「자본주의적 축적의 역사적 경향」에서 마르크스는 생산의 공동적 성격의 심화와 과학의 생산에의 적응 등 미래 사회를 준비하는 여러 객관적 조건과 함께, 자본에 의해 결합된 노동자가 자각적으로 단결하고 투쟁 속에서 훈련되어 충분히 성장하는 것을 변혁을 위한 불가결한 조건으로 삼고 있습니다. 거기에는 '공황-혁명'론을 빗이닌 후의 마르크스의 사회 변혁론의 도달점이 극히 간결하게 정리되어 있다고 해도 좋습니다.

✕ 마르크스의 전환과 엥겔스의 편집상의 문제점

하지만 그 후 곤란한 일이 벌어집니다. 마르크스 사후 『자본론』 제2·3부 편집에 도전한 엥겔스가 『자본론』 전 3부 초고 집필 과정에서 일어난 마르크스의 이론적 전환을 깨닫지 못해서, 그 도달점을 제2·3부의 편집에 활용하지 못한 것입니다. 그 결과 엥겔스판의 『자본론』 제2·3부에는 다음과 같은 문제가 남아 있습니다.

하나는 마르크스는 산업 순환의 동인이 되는 주기적인 공황의 운동론을 제2부 제3편에서 전개하려고 했습니다만, 엥겔스판의 제2부에는 이 논점이 전혀 포함되어 있지 않다는 것입니다. 실제로 엥겔스의 제2부 편집 작업은 마르크스가 남긴 8개의 초고를 출발점으로 이루어졌지만, 이론적 전환의 장이 된 해당 제1초고에 관해서 엥겔스는 제2부의 '서언'에서 "이용할 수 있는 것이 없었다"라고 썼습니다. 이 논점의 누락은 『자본론』에 있어서 공황론의 전체상이나 『자본론』전 3부 구성의 이해에 관해 마르크스의 도달점과는 크게 어긋나는 결과를 초래하게 됩니다.

또 다른 문제는 엥겔스가 이 이론적 전환 전에 쓰인 제1-3편과 그 이론적 약점을 극복한 후에 쓰인 제4-7편을 아무런 주석 없이 연결해 3부를 묶어 버렸다는 것입니다. 이에 따라 『자본론』 전 3부는 이 이론적 전환 이후에 쓰인 제1·2부와 그 이전의 '공황=혁명'론에 기초한 전반부를 남긴 제3부로 구성되어, 이것이 후에 제1·2부의 내용을 제3부 전반의 낡은 '공황=혁명'론과 정합적으로 이해하려고 하는 여러 가지 혼란을 낳는 씨앗이 되었습니다.

평생 마르크스와의 공동 연구자였던 엥겔스가 왜 이런 문제를 남겼는가. 그 이유에 관해서는 마르크스가 출판을 재촉당하는 것을 꺼려 『자본론』 연구의 도달점을 엥겔스에게 전하는 일이 거의 없었다는 점과 엥겔스에게는 마르크스 연구의 발전 과정을 보여 주는 『1857-58년 초고』 이후의 각종 초고를 검토할 시간이 충분하지 않았다는 점이 주된 사실이라고 생각합니다.

엥겔스에 의한 제2·3부의 편집이 없었다면 아마 관련 초고는 지금도 뿔뿔이 흩어져 남아 있을 뿐이었을 것이며, 이 점에서 엥겔스의 공적이 지극히 큰 것임은 틀림없습니다. 다만, 그 사실을 인정한 상태에서 최근의 『자본론』 연구는, 엥겔스판 『자본론』보다 마르크스 본인의 연구 결과에 가까운 마르크스판 『자본론』의 모색으로 진행되고 있어, 2019년부터 분책으로 출판되고 있는 신일본출판사의 『신판 자본론』은 그 최초의 정리된 시도라고 할 수 있습니다.

이것은 계속되는 논의의 새로운 출발점이 될 것입니다.

후, 슬슬 끝내도록 하겠습니다. 쓰고 싶은 것은 아직 많이 있습니다만, 그것은 다음 편지를 위해 남겨 두도록 하겠습니다.

그럼 우치다 선생님, 다음 편을 잘 부탁드립니다. 건강 관리 잘하시기 바랍니다.

2장

자본이 처음으로
날것의 인간에 닿을 때

우치다 다쓰루의 첫 번째 편지
2021년 5월 8일

이시카와 선생님.

오랜만입니다. '청년이여, 마르크스를 읽자'도 드디어 마지막 권입니다. 2010년 『청년이여, 마르크스를 읽자』 1권이 나온 지 무려 11년, 『공산당 선언』으로 시작해 『자본론』까지 당도했습니다. 감개무량합니다.

이 기획 덕분에 이시카와 선생님이라는 길잡이의 안내를 받으면서 마르크스의 텍스트를 알뜰하게 다시 읽을 수 있었습니다. 한 사상가의 저작을 이만큼의 시간을 들여 읽는다는 것은 좀처럼 할 수 없는 일입니다.

마지막 권을 쓰는 데 즈음해서 길잡이로서, 또 대화의 상대방으로서, 마르크스 읽기 여행을 함께해 주신 이시카와 선생님에게 감사의 마음을 전하고 싶습니다. 아울러 이 느긋한 독서 계획을 지원해 주신 가모가와출판사 마쓰다케 노부유키 씨의 인내와 아량에도 감사의 말씀을 드리고 싶습니다.

왠지 '후기'를 앞당겨서 말씀드리는 것 같습니다만, 이야기를 시작하기 전에 어쨌든 "드디어 여기까지 왔구나" 하는 간희에 조금만 젓게 해 주시길 바랍니다.

1. '청년이여, 마르크스를 읽자'가
    중국과 한국에서 받아들여지다

✖ 중국 공산당의 추천 도서가 된 이유?

아시다시피 저희 책이 수신인으로 삼고 있는 독자는 일본의 고등학생입니다. 교과서 같은 서술 방식을 취해서는 고등학생은 읽지 않습니다. 그래서 저희가 채용한 것은 지나가던 고등학생의 소매를 잡고 "제발 아저씨들의 말을 들어다오!" 하고 간청하는 자세였습니다. 쓰는 쪽이 이만큼 필사적이라면, "그렇게까지 말한다면…" 하고 조금이라도 돌아봐 줄지도 모를 일입니다.

그래서 이 '청년이여, 마르크스를 읽자' 시리즈가 중국 공산당 중앙기율위원회中央紀律委員會의 추천 도서로 선정되었다는 소식에는 솔직히 놀랐습니다. 물론 해외의 '마르크스 전문가'로부터 평가받은 것은 기쁘지 않을 리 없습니다. 근데 이거 '고등학생용 입문서'입니다. 어째서 그것이 '공산당 간부 당원 지정 도서'가 되었을까요?

그것은 역시 지금의 중국 공산당원들이 그다지 진지하게 마르크스를 읽지 않게 되었다는(물론 큰 소리로는 말할 수 없는) 그쪽 나름의 사정이 있었기 때문이 아닐까 생각합니다. 어쨌든 중국 공산당에는 당원만 해도 9200만 명이나 있습니다. 모두가 마르크스를 충분히 음미하며 읽었을 리는 없습니다. "저 사실 마르크스의 책을 한 권도 읽어 본 적이 없습니다…"와 같은 말씀을 하실 분도 계실 거예요. 그래서 공산당 간부도 그래서는 곤란하다고 생각해서 이런 당원들을 위해 마르크스를 알기 쉽게 해설한 입문서를 찾고 있었는데, 그때 마침 '청년이여, 마르크스를 읽자'가 눈에 띄었다…. 뭐 그런 게 아닐까요(제 추측이 틀렸다면 미안합니다).

어떤 사정이든 마르크스주의로 봤을 때 '전통 있는 유명 가게'가 있는 이웃 나라에서 '공산당 간부 당원용 입문서'라고 추천해 주셨으니 이것은 좀 기뻤습니다. 미야자키 하야오 씨는 전에 인터뷰에서 "지브리의 애니메이션은 일본의 어린이용으로 만들고 있다. 세계시장 따윈 노리고 있지 않다." "세계에서 팔렸다면 그것은 보너스 같은 것이다"라고 말씀하셨습니다. 지브리와 저를 비교하는 것은 너무 외람되지만, '일본 고교생용'으로 썼는데 의도치 않게 '보너스'를 받았다는 점만큼은 좀 비슷합니다.

'일본 고등학생을 위해' 어쨌든 필사적으로 썼던 것의 공덕이 아닐까 생각합니다. 누구를 독자로 글을 쓰던 '읽어 줘'라는 간청의 바람이 강하다면, 그것은 모종의 국제적 공통성으로 통한다는 것을 알게 된 것은 우리에게는 매우 기쁜 일이었습니다.

✖ 한국어판이 출간된 사정

『청년이여, 마르크스를 읽자』의 한국어판도 나왔습니다. 단, 중국과 한국은 사정이 전혀 다릅니다. 중국은 사회주의 국가이기 때문에 마르크스는 '읽어야 할 책'입니다. 그런데 한국은 사정이 반대입니다. 한국에서 마르크스는 오랫동안 금서였습니다.

한국에는 지금도 '국가보안법'이라는 법률이 존재합니다. 1948년 대한민국 건국 직후 제정된 이 법은 '북한과 공산주의를 찬양하는 행위 및 그 징후'를 단속 대상으로 하고 있습니다. 87년 민주화 이후 표현의 자유를 요구하는 시민들이 이 법의 폐기를 요구해 왔지만, 오늘날까지 폐기되지 않았습니다.

그래서 지금도 법률상으로 한국 내에서 마르크스주의를 찬양하는 행위는 처벌의 대상이 될 수 있습니다. 그래서 한국에서는 "마르크스 따윈 읽어 본 적이 없다"라는 것이 디폴트입니다.* 그래서 한국에는 마르크스 연구의 축적이 없습니다. 조선, 한일합병, 한국전쟁, 반공 군사정권으로 이어졌

---

* 　　　사실 한국에서 '마르크스를 읽어 본 적이 없다'라는 것은 한국의 정치적 지형보다는 낮은 독서율과 관련이 깊다. 한국에서 마르크스가 가장 많이 읽히던 시절은 오히려 국보법이 한창이던 1980년대라고 할 수 있기 때문이다. 마르크스에 대한 대중적 관심은 1990년대 이후 소강상태에 접어들었으나, 이후로도 많은 연구자가 마르크스를 연구하며 연구 결과를 축적해 왔다.

으니, 한국에는 마르크스 연구가 뿌리내릴 역사적 환경이 없었습니다.

히지만 마르크스주의에 대한 지식 없이는 19세기 이후 서구 사회과학을 이해할 수 없습니다("할 수 없다"라고까지 단언할 수는 없지만 매우 어렵습니다). 그것은 기독교에 대한 지식 없이 서양 철학이나 문학을 이해하기 어렵다는 것(거의 불가능)과 같습니다. 한국이 앞으로 자기만의 사회과학·인문과학을 만들기 위해서는 마르크스에 대한 지식이 필수적입니다. 하지만 시중에 나와 있는 마르크스 연구서는 거의 모든 것이 독자가 마르크스의 주저를 다 읽었다는 것을 전제로 쓰여 있으므로 입문서로는 사용할 수 없습니다. 필요한 것은 입문서입니다. 그것도 '쓸 만한 입문서'입니다.

제가 생각하는 쓸 만한 입문서의 조건이 있습니다. 그것은 독자를 '다루고 있는 주제에 대해 아직은 충분한 지식을 가지고 있지 않지만, 조리 있게 잘 설명하면 상당히 까다로운 이야기라도 이해해 줄 지성을 갖춘 사람'이라고 설정하는 것입니다. 저의 개인적인 정의이기 때문에 일반성은 요구할 수 없지만 저는 그렇게 생각하고 있습니다.

그런데 그런 책은 좀처럼 없습니다. 독자를 '충분한 지식을 가진 사람'이라고 마음대로 상정하고, '알다시피'라는 식으로 갑자기 전문적인 '그들만의 리그에서만 통용되는' 이야기를 시작해 버리는 책이거나, 아니면 독자를 아무것도 모른다고 정해 놓고 그냥 피상적인 말만 하고 재빨리 끝내 버리려는 책이거나 둘 중 하나입니다.

입문서는 대체로 후자가 되기 쉽습니다. 그런데 저희는 그 어느 쪽도 아닌 책을 쓰려고 생각했습니다. 충분히 전문적이기는 하지만 설명을 할 때는 독자에게 충분히 친절한 책. 아마 저희의 목표는 어느 정도까지는 달성이 됐을 것으로 생각합니다. 아무튼 이웃 나라에서 독자를 얻은 것을 저희는 정말 기쁘게 생각합니다. 이『자본론』읽기도 중국이나 한국이나 다른 나라의 독자들이 읽는 것을 가정하고 정성스럽고 친절하게 써 나가고자 합니다. 머리말은 여기까지입니다.

✕ 『자본론』 읽기를 제1부에 한정하는 이유

지금까지의 마르크스 읽기와 마찬가지로, 이번『자본론』읽기도 우선 이시카와 선생님에게 제대로 된 전문적인 해석을 부탁드렸습니다. 저의 일은 평소처럼 비체계적으로 생각나는 대로 쓰는 것입니다.

우리의『자본론』읽기는 기본적으로 제1부로 한정됩니다. 이시카와 선생님이 해설해 주신 것처럼『자본론』중 마르크스가 제대로 훑어보고 교열한 것은 제1부뿐입니다. 제2부, 제3부는 마르크스가 남긴 상형문자처럼 읽기 어려운 방대한 초고를 엥겔스가 청서하고 편집한 것입니다. 이런 작업에서는 아무래도 청서자·편집자가 '이해할 수 없는 아이디어'는 넘어가거나 때에 따라서는 '이해한 수 있는 아이디어'로 고쳐 쓰게 됩니다. 그런 일은 초고로부터 책을 만들 때 자주 일어나는 일입니다.

20세기 언어학의 창시자인 페르디낭 드 소쉬르의 『일반언어학강의』는 소쉬르의 저술이 아니라 청강한 사람들의 노트와 소쉬르의 초고를 편집한 것입니다. 그런데 편집자는 둘 다 소쉬르의 강의를 청강하지 않았습니다. 그래서 『강의』 내용에 대해서는 그 후 꽤 여러 가지 의문이 제기되었습니다. "소쉬르가 그런 말을 할 리 없다!"라고 말이죠. 비록 불완전한 텍스트라고는 하지만, 『강의』를 읽은 사람들이 소쉬르의 아이디어에 영향을 받아서 거기서부터 '구조주의'라는 지극히 생산적인 지적 패러다임이 형성된 것은 역사적 사실입니다. 거대한 사상가는 그 단편적인 텍스트에서도 풍부한 지적 선물을 후세에 남길 수 있습니다.

마르크스도 그렇다고 생각합니다. 앞으로 초고에 관한 연구가 더 진행되면 머지않아 『자본론』도 정본이 확정되겠죠. 하지만 그렇다고 지금까지의 '불완전한 『자본론』 텍스트'에 근거해 쌓아 올린 학문과 지식이나 그에 근거해 사유된 운동의 역사적인 의미가 현저하게 줄어든다고는 생각하지 않습니다.

2. 자본주의의 시작에
본질이 집약되어 있다

✖ 마르크스의 분노가 극에 달해 있다

그렇다고는 해도, 지면의 제약도 있고 해서 저희는 틀림없이 마르크스의 정합적인 식견이 쓰여 있는 제1부를 축으로 해『자본론』을 읽기로 하겠습니다.

'비체계적'이라고 선언한 대로 저는 먼저 제1부의 끝부분인 제24장「이른바 자본의 본원 축적」이야기부터 시작하겠습니다. 여기서 마르크스는 어떻게 자본주의가 시작되었는가 하는 이야기를 하였습니다. 저는『자본론』의 가장 본질적인 부분이 여기에 집약된 느낌이 듭니다. 게다가 이 장이 이해하기 쉬운 것은 무엇보다도 구체적인 역사적 사실을 바탕으로 하고 있기 때문입니다.

이시카와 선생님은 아마『자본론』을 처음부터 차례로 해설할 계획이셨던 것 같습니다. 하지만 상품과 화폐 분석부터 이야기를 시작하면 아마 보통의 고등학생들은 눈 깜짝할 사이에 잠들지 않을까 생각합니다. 그런데 잠들어서는 곤란합니다. 그보다는 어떻게 마르크스가 상품과 화폐에 대해 정밀한 분석을 해야 한다고 생각하기에 이르렀는지 그 전사前史부터 이야기를 시작하는 것이 낫지 않을까요. 그 이유는 마르크스로 하여금 『자본론』을 쓰게 한 것은 이 세상의 부정불의에 대한 격렬한 분노이기 때문입니다(『공산당 선언』부터 계속 바뀌시는 않았시만 날입니나). 그리고 세가 읽은 바도는 세 24장이 마르크스의 분노가 극에 달하고 있는 부분인 것 같습니다. 인간은 추상적인 것에 대해서는 분노를 느끼지 않습니다. 그러나 눈앞의 인간이 실제로 겪고 있는 구체적인 고통과 굴욕과 기아 앞에서는 분노를 느낍니다. 용서할 수 없다고 생각하는 거죠.

'측은지심惻隱之心'이 인仁의 시작이라는 맹자의 말이 있습니다. 어린아이가 우물에 빠질 것 같으면 누구나 얼른 손을 뻗어 구하려고 합니다. 여기서 도와주면 나중에 아이의 부모로부터 고맙다는 말을 들을지도 모른다거나, 돕지 않으면 동료들로부터 나중에 몰인정한 놈이라는 비난을 받을지도 모른다는 계산 없이 그저 무심코 손이 갑니다. 그것이 인간의 가장 깊은 덕성의 발동이라고 맹자는 설명하고 있습니다. 저도 옳다고 생각합니다.

『자본론』 제24장은 말하자면 마르크스의 '측은지심'이 발동하고 있는 곳입니다. '인클로저'로 땅을 잃고 생산수단에서 분리돼 노동력을 파는 것 이외에 살길이 없어진 프롤레타리아트에 대한 억제하기 어려운 동정과 그들을 그런 처지로 몰아간 자본가들에 대한 직설적 분노로 움직이면서, 마르크스는 '자본의 본원 축적'이라는 아이디어에 이르게 됩니다. 여기서 중요한 것은 '본원적primitive/ursprüngliche'이라는 형용사입니다.

'본원적本源的'은 '기원적起源的' 또는 '전사적前史的'이라는 말로 바꿔도 되는데, '시간적으로 선행한다'는 뜻입니다. 하지만 저는 그뿐만 아니라, 마르크스가 '본원적'이라는 말을 빌려서 '인간의 신체에 관계된다'는 의미를 담은 게 아닌가 하는 생각이 듭니다. '자본제 생산양식이 생겨나는 바로 그때의'라는 의미뿐만 아니라, '자본이 비로소 인간의 신체에 실제로 닿고, 그것을 훼손하고 탐하게 된 바로 그때의'라는 생생한 의미를 부여하려 했던 것이 아닌가 하는 생각이 듭니다. 물론 사전적으로 '본원적'이라는 말에 그런 의미는 없습니다. 그런데 저는 그런 생각이 들었습니다. 왜 '그런 생각이 들었는지' 그것을 설명하기 위해서 제24장을 여러분과 함께 읽어 보도록 하겠습니다.

✕ 어째서 부조리한 과정이 시작되었는가

먼저 마르크스의 사자후를 들어보겠습니다.

물론 한 번 읽는 것만으로는 의미를 알 수 없을 거라고 생각합니다. 그래도 괜찮습니다. 오페라의 아리아 같은 겁니다. 아리아를 예로 들면 조금 이해하기 쉬워질 겁니다. 이탈리아어를 모르는 사람은 물론 아리아의 의미를 알 수 없습니다. 그래도 듣고 "뭔가 대단하다"는 것은 압니다. 그러므로 번거로우시겠지만 여기서부터는 소리 내어 읽어 보세요. 의미를 놀라노 웁니나.

처음에는 출발점에 불과했던 것이 과정의 단순 반복, 즉 단순 재생산을 매개로 하여 자본제 생산 고유의 결과로서 끊임없이 새롭게 생산되고 영속화되어 간다. 한편으로는 생산 과정이 계속해서 소재상의 부를 자본으로, 즉 자본가를 위한 가치 증식 수단과 향락 수단으로 변화시킨다. 반면 노동자들은 항상 이 과정에 끼어들었을 때와 같은 모습으로 이 과정에서 나온다. 부의 인적 원천이면서 이 부를 자신을 위해 실현할 수단을 모두 빼앗긴 채로 말이다. 이 과정에 끼어들기 전에 그 자신의 노동이 그 자신에게서 소외되어 자본가에게 취득되어 자본에 포섭되어 있으므로, 그 노동은 이 과정이 계속되는 동안 끊임없이 소원한 생산물 안에서 대상화된다. … 노동자 자신이 객체로서의 부를 자본으로, 즉 그에게는 소원하며 그를 지배하고 착취하는 권력으로 끊임없이 생산하고 있다. 이 부의 원천은 자신을 대상화하고 실현하는 수단에서 분리되어 추상적이며 노동자의 단순한 육체성 속에서만 존재하는 것, 요컨대 임금노동자로서의 노동자와 다름없다. 노동자의 이 끊임없는 재생산과 영속화야말로 자본제 생산의 필수 불가결한 조건이다.

『자본론』제1권하, 이마무라 히토시 옮김,

지쿠마쇼보, 2005, 291-2쪽

소리 내어 읽어 보고 느끼셨겠지만, 이 인용의 특징은 "과정"이라는 명사와 "끊임없이", "계속해서", "끝나지 않는"과 같은 부사가 반복되고 있다는 것입니다. 아마 그게 마르크스가 제일 하고 싶은 말이었던 것 같습니다. 어떤 프로세스가 이미 달리기 시작해서 더는 멈추지 않는다.

노동자들은 그 노동을 통해 부를 창출하고 있습니다. 노동자야말로 부의 원천입니다. 하지만 그 노동자는 자신이 창출한 부를 빼앗겨 극빈한 상태에 놓여 있습니다. 노동자들이 부를 생산할수록 점점 수탈은 가혹해지고, 그들에게서 수탈하는 자들은 점점 강대해집니다. 그러한 불가역적인 '과정'이 이미 시작되어 더는 멈추지 않게 되었습니다.

그럼 언제, 어디서, 왜 그런 부조리한 과정이 시작되어 버린 것일까요? 확실히 현상은 '이미'와 '끊임없이'라는 부사대로이지만, 어떤 사건에도 '시작'은 있을 것입니다. '이미'의 앞이 있을 겁니다. 정지해 있던 것이 움직이기 시작해서 '과정'이 된 순간이 있을 것입니다. 마르크스는 그것을 찾으려고 했습니다. 그것이 '자본의 본원 축적'입니다.

✕ 지금 여기에 있는 노동자의 신체에 관하여 이야기하고 싶다

아까 '본원적'이라고 하는 것은 시간에서 '앞'이라는 것뿐만 아니라 '신체'를 말하는 것이라고 썼습니다. 제가 그렇게 생각한 것은 사실 마르크스의 이 '본원 축적'에 대한 분석이 시간적 선후 관계에 대해서는 상당히 비체계적이기 때문입니다.

일의 선후, 인과관계를 분명히 하려고 하면, 보통 사람은 통사적인 기술법을 채용합니다. 일본사라면 조몬 시대부터 시작해서 야요이 시대, 고분 시대…라는 식으로 순서에 따라 이야기를 진행합니다. 역사적 연구라는 게 그런 거죠. 하지만 마르크스는 자본의 본원 축적에 관해 쓰겠다고 선언해 놓고도 시간의 흐름에 따른 변화를 차례로 따라간다는 식의 글을 쓰지 않았습니다.

마르크스는 먼저 그가 이와 같은 텍스트를 쓰고 있는 1850-60년대 영국의 이야기부터 시작합니다. 동시대 노동자들의 신체가 어떤 상태에 있는가 하는 이야기부터 시작합니다. 이상하죠?

근데 저는 그게 마르크스에게 '본원적'이라는 뜻이 아니었나 싶어요. "나는 이제 역사에 관해 이야기할 것인데, 내가 역사 이야기를 하는 것은 지금 여기에 있는 노동자들의 신체에 관해 이야기하고 싶기 때문이다." 마르크스는 그렇게 말하고 싶었다고 저는 생각합니다.

『자본론』은 어려운 이론서라고 생각하고 멀리하는 사람들이 많겠지만 사실은 아닙니다. 물론 이론적인 부분도 많지만, 실제로 읽어 보면 그 절반 가까이는 다른 사람이 쓴 통계나 보고서를 인용한 것입니다. 그 많은 부분은 당시 행정관이나 의사나 사회운동가의 보고서입니다. 그리고 마르크스가 인용하는 것은 거의 모든 것이 노동자들의 신체와 관련된 것입니다. 구체적으로 몇 가지 여기에 가져와 보겠습니다.

1863년 6월 초 듀스베리(요크셔) 치안판사에게 고발장이 왔다. 그에 따르면 버틀리 근교의 8대 공장 경영자가 공장법을 위반했다고 한다. 이들 신사 중 일부가 고소당한 것은 이들이 12세부터 15세까지의 소년 5명을 금요일 아침 6시부터 다음 날 토요일 오후 4시까지 식사시간 및 새벽 **1시간의 수면시간** 외에는 전혀 휴식을 주지 않고 계속 일하게 하였기 때문인 것으로 알려졌다. 더구나 소년들은 '쓰레기 구멍'이라 불리는 동굴 같은 곳에서 휴식 없이 30시간 노동을 해야 한다. 그곳에서는 보푸라기 제거 작업이 이루어지는데, 공중에는 먼지와 보푸라기가 가득 차 성인 노동자들조차 폐를 보호하기 위해 끊임없이 입에 손수건을 매어 두어야 한다.

『자본론』 제1권상, 354쪽, 강조는 마르크스

이것은 마르크스의 문장이 아닙니다. 한 공장 시찰관의

보고서에서 발췌한 것입니다. '1시간의 수면시간'이라는 점을 강조한 것은 아마 인용한 마르크스일 텐데요. 이것은 독자들에게 '34시간당 수면시간이 1시간인 노동을 하는 12세 아이'의 몸이 되어 보라는 것으로 생각합니다. 마르크스는 많은 문헌을 인용하는데요. 그것은 모두 독자들에게 '이 사람들의 몸이 되어 보라'라는 식의 '참여'를 요구하고 있는 것으로 보입니다.

✕ 아동노동과 여성노동의 사례를 취하다

또 하나 아동노동에 관해서,

성냥 제조업은 그 비위생과 불쾌함 때문에 극히 평판이 나쁘며, 기아에 처한 과부 등 노동자계급에서 가장 신분이나 재산 등이 보잘것없는 층만 아이를 보내는 곳이었다. "거기에 오는 것은 누더기를 걸치고 굶어 죽기 직전이었던, 완전히 방치되고 교육받지 못한 아이들이다." 화이트 위원이 청취한 증인 중 270명이 18세 미만, 40명이 10세 미만, 그중 10명은 불과 8세, 5명은 불과 6세였다. 노동일은 12시간에서 14, 5시간 사이였으며, 야간근무에 불규칙한 식사, 게다가 대부분은 인에 오염된 작업장 내에서의 식사이다.

같은 책, 361쪽

성냥 제조라는 것은 1831년에 축에 직접 황린을 칠하는 방법이 발명되고 나서 일대 사업이 된 것입니다. 원료인 황린은 강한 독성을 가진 화학물질로, 제조 중 황린을 흡입하면 '인중독성 괴저壞疽'에 걸려 아래턱이 괴사합니다. 이것은 그런 시대의 이야기입니다.

그렇게 어릴 때부터 건강을 해칠 위험이 큰 중노동을 시켜서야 과연 사람이 살아남을 수 있을까 걱정이 되었을 겁니다. 물론 살아남지 못합니다.

> 맨체스터의 보건위생관 닥터 리가 확인한 바에 따르면, 이 도시 유산계급의 평균수명은 38세이지만, 노동자계급의 평균수명은 17세에 불과하다. 리버풀에서는 전자가 35세, 후자가 15세이다.
>
> 『자본론』제1권하, 395쪽

1866년 영국 대도시의 노동자계급에서 태어난 사람은 20세를 맞이하기 전에 지쳐 수명이 다하는 삶을 받아들일 수밖에 없었습니다. 비틀즈 네 사람은 리버풀의 노동자계급 출신이었습니다. 제게는 1970년에 발표된 '노동계급의 영웅 Working Class Hero'에 15세에 죽음을 맞던 100년 전 리버풀 소년들의 신음이 잔향하는 것처럼 들립니다.

또 하나는 1863년 런던에서 일어난 일입니다. 궁중용 여성복 제조소에 근무하던 20세 여공 메리 앤 워클리의 사망 소식을 전하는 기사입니다.

> 이 소녀들은 평균 16시간 빈, **시즌**에는 종종 30시간도 쉬지 않고 일한다. … 그것은 마침 시즌이 한창 진행되던 때의 일이다. 외국에서 막 맞이한 영국 왕세자빈 축하연으로 열리는 무도회를 위해 귀부인들의 의상을 마법사처럼 순식간에 완성해야 했다. 메리 앤 워클리는 다른 60명의 소녀와 함께 26시간 반 동안 쉬지 않고 일했다. 30명마다 필요한 공기량의 3분의 1도 공급되지 않는 한 방에 갇혀, 밤에는 밤대로 두 사람씩 한 침대에 들어갔다. 게다가 침대가 놓여 있는 곳은 침실 하나를 갖가지 판벽으로 가득 메운 숨이 막히는 구덩이 같은 곳이었다.
>
> 『자본론』 제1권상, 373쪽, 강조는 마르크스

그녀가 죽은 뒤, 의사는 그녀가 "과밀한 작업장에서의 장시간 노동과 너무 좁고 통풍이 잘되지 않는 침실 때문에 사망했다"고 부검 배심원단에서 증언했습니다. 이 젊은 여성은 그녀와는 전혀 무관한 곳에서 우아한 소비생활을 하는 귀부인들의 몸을 장식할 의상을 만들기 위해 목숨을 바친 겁니다. 그녀가 목숨을 대가로 창출한 부가 '그녀와는 소원하고, 그녀를 지배하고 착취하는 권력'으로 나타난 겁니다. 그게 '소외된 노동'이라는 거죠. 마르크스가 그 말에 담으려고 했던 것은 말 그대로 노동자의 몸을 깎고 목숨이 닳아 없어지게 함으로써 부가 생산된다는 현실을 말합니다.

✕ '자본의 본원 축적'이라는 말의 첫 등장

어떻게 이렇게 비인도적인 노동환경이 성립되는가. 자본가들이 모두 탐욕적이고 몰인정했다는 속인적屬人的 이유만으로 설명을 끝낼 수는 없습니다. 자본주의는 개인이 발명한 것이 아니기 때문입니다. 자본제 생산양식은 역사적인 구축물입니다. 자본가도 노동자도, 정신을 차리고 보니 이미 그 과정에 휘말려 있었습니다. 그리고 자본가는 수탈하는 것을, 노동자는 수탈당하는 것을 제도적으로 강요받고 있습니다. 자본 관계라고 하는 것은 "한쪽에 자본가를, 다른쪽에는 임금노동자를 생산하고 재생산하는" 구조입니다(『자본론』 제1권하, 303쪽).

그렇다면 이 과정은 언제, 어떻게 시작되었는가 하는 것이 마르크스의 '본원적'인 것에 대한 물음이었습니다. 우선간략하게 자본의 축적에 대해 확인해 보겠습니다.

자본의 축적 자체는 극히 단순한 구조입니다. 일반적으로장사를 하는 경우와 같습니다. 마르크스가 든 예를 그대로빌려 오겠습니다.

어떤 사람이 방적업을 시작하려고 했습니다. 수중에

1만 파운드의 자금이 있었기 때문에 그 자금 중 80%를 면화와 기계에 투자하고 20%를 노동임금에 투자했습니다. 그리지 1만 2천 파운드의 가치를 지닌 실이 생산돼 투자한 자본의 20%에 해당하는 2천 파운드의 이익이 나왔습니다. 이 2천 파운드가 잉여가치입니다. 사업주는 당연히 이 2천 파운드를 추가 자본으로 다음 생산 과정에 투자합니다. 그러면 다음은 이 2천 파운드에서 그 20%, 400파운드의 잉여가치를 얻을 수 있습니다. 그것을 다시 다음 생산 과정에 투입하면 400파운드가 80파운드의 잉여가치를 가져옵니다. 이하 같습니다. 이렇게 나선형으로 '자본이 규모를 키우면서 재생산'되는 과정, 그것이 '자본의 축적'이라 불리는 것입니다. 간단한 구조죠.

문제는 어떻게 이 프로세스가 시작되었는가 하는 것입니다. 처음 1만 파운드는 사업주가 꾸준히 모은 것일 수도 있고, 부모로부터 유증받은 것일 수도 있으며, 주웠을 수도 있습니다. 발생 기원은 불분명합니다. 그리고 불분명하더라도 딱히 문제가 있는 것은 아닙니다. 어쨌든 자본가는 어느 시점에서 '타인의 불불노동에 의하지 않는 어떠한 본원적 축적으로 화폐의 소유자가 되고, 그것을 통해 노동력의 매수자로서 시장에 등장'한 것입니다.

이 글이 본원 축적이라는 말이 처음 등장한 곳입니다. 자본제 생산 과정이 시작되려면 어딘가에서 자본가 쪽에 자본의 본원 축적이 있어야 한다. 그런데 그것은 어떻게 축적되었는가. 즉 자본제 생산 과정에 '최초의 킥오프'를 한 것은 무엇인가?

✗ 마르크스는 노동자의 몸을 필사하고 있다

제24장 「이른바 자본의 본원 축적」에서 이 물음에 임하기 전에, 마르크스는 제23장에서 「자본주의적 축적의 일반법칙」이라는 제목의 긴 페이지를 썼습니다. 여기서 흥미로운 것은 '장제목'과는 달리 이 장은 그 과반을 일반법칙에 대해서가 아니라 도시 노동자와 농촌 노동자의 개별적·구체적인 주택 사정에 대한 보고에 할애하고 있다는 점입니다. 프롤레타리아트가 얼마나 열악한 주거환경에서 가혹한 노동을 강요받고 있는지, 그것을 이 장에서 마르크스는 미세하게 파고들어 세밀하게 보고하는 것입니다.

우리는 마르크스가 대영도서관에 틀어박혀 『자본론』을 썼다는 한 문장에서 마르크스가 경제학 서적과 통계자료를 책상에 쌓아 놓고 이론 구축을 하는 모습을 상상하기 쉽지만, 마르크스가 『자본론』을 쓸 때 가장 시간을 할애해서 필사한 것은 사실 노동자들의 몸이었습니다. 그들이 무엇을 먹고, 어떤 옷을 입고, 어떤 집에 살고, 그곳은 얼마나 불결하고, 어떤 냄새가 자욱하고, 얼마나 덥고, 또 추웠는지 그것이『자본론』에는 상세하게 적혀 있습니다.

마르크스가『자본론』의 독자로서 상정했던 이는 나름의 교양을 빌고 나름의 생활 수준에 있는 사람들이었다고 생각합니다. 마르크스의 책을 손에 들었을 정도였으니, 정치 의식은 높고 정의감도 강했으며, 사회개혁의 열정도 충분히 가지고 있었을 것입니다. 그런데 그런 사람들일지라도 프롤레타리아트의 현실을 과연 얼마나 알고 있었는가. 그래서 마르크스는 그의 독자들을 향해 프롤레타리아트의 몸에 파고들어 그들이 사는 세계를 상상력을 발휘해서 추체험해 달라고 그렇게 간청한 것 같습니다. 상상 속이긴 하지만, 프롤레타리아트의 몸을 한번 파고들어 보면 이 세계가 얼마나 잘못된 것인지는 자명할 것이다. '소외'라든가 '수탈'이라는 말이 개념이 아니라 신체적 굶주림이나 아픔으로 실감이 나는 것임을 알 수 있을 것이다. 마르크스는 그렇게 말하고 싶었던 것이 아닐까 생각합니다.

보통 마르크스의『자본론』을 해석하는 책에서는 이 '문서' 부분은 거의 무시됩니다. 그것도 어찌 보면 당연합니다. 남이 쓴 것을 베끼고 있을 뿐이니까요. 하지만 마르크스는 이 '문서' 부분을 건너뛰지 말고 세세한 부분까지 꼼꼼히 읽어 줄 것을 독자들에게 강력히 요청했다고 생각합니다. 그걸 읽으면 '소외'나 '수탈'이 머릿속에서 만들어 낸 개념이 아니라 손으로 만질 수 있는 생생한 현실임을 스스로 알 수 있을

테니까요.

그 점에 대해서 마르크스는 다른 학자들, 예컨대, 애덤 스미스나 리카도나 벤담이나 밀에 비해서 자신에게는 강점이 있다고 생각하지 않았을까요. 마르크스는 기아를 알고 있었고 런던 빈민가가 얼마나 불결한지 몸소 알고 있었으니까요. 신사들은 그걸 모릅니다. 『자본론』에서 마르크스의 경제학 비판의 원점은 거기에 있다고 생각합니다. 신사들은 숫자를 보고 있다. 그런데 나는 현실을 보고 있다.

마르크스는 '제2판 후기'에서 『자본론』에 대한 호의적인 서평을 몇 가지 소개했는데요. 마르크스가 선택적으로 인용하는 것은 『자본론』이 사실적인 책이라는 평언입니다.

> 너무 전문적인 몇 안 되는 곳을 제외하면, 그 서술은 이해하기 쉽고, 명료함에서 뛰어나며, 또 대상의 과학적 수준이 높음에도 불구하고 매우 드문 생동감을 갖추고 있다.
>
> 『자본론』 제1권 상, 19쪽

> 경제학 비판에 참여한 그의 전임자 중 누구보다도 마르크스는 훨씬 리얼리스트이다.
>
> 같은 책, 20쪽, 강조는 우치다

마르크스는 사회운동을 하나의 자연사적 과정으로 관찰한다.

이 과정을 지배하고 있는 법칙은 인간의 의지, 의식, 의도로부터 독립적이기만 한 것이 아니다. 그것은 역으로 인간의 의지, 의식, 의도를 견정하고 있다. 이시저 요소가 문화사에서 이만큼 종속적인 역할만 수행한다면, 문화 그 자체를 대상으로 하는 비판이 의식의 어떤 형태나 산물에도 입각할 수 없음은 자명하다. 그렇다면 그 비판의 출발점이 될 수 있는 것은 이념이 아니라 외적 현상뿐이라는 것이다.

같은 책, 21-22쪽, 강조는 우치다

마르크스는 이 서평이 "내가 실제로 채용하고 있는 방법이라고 생각하는 것을 실로 적확하게 설명하고 있다"(같은 책, 23쪽)고 받아들입니다. 비판은 이념이 아니라 외적 현상에서 출발해야 한다. "이념적인 것은 인간 머릿속에 전이되어 번역된 물질적인 것과 다름없다."(같은 책, 23쪽, 강조는 우치다)

그것은 『자본론』에 기초해서 말하자면, 마르크스가 끄집어내는 '이념'과 '법칙'을 이해하기 위해서는 무엇보다도 프롤레타리아트의 현실, 그들의 물질생활을 알아야 한다는 것입니다.

마르크스가 가져오는 구체적인 사례를 계속하겠습니다. 다음은 뉴캐슬의 의사 엠블턴의 보고로부터,

장티푸스의 지속과 만연의 원인은 의심할 여지 없이 인간의

과도한 밀집과 주거의 불결함에 있다. 노동자들이 많이 사는 집은 폐쇄된 막다른 골목이나 뒷마당에 있다. 일조, 통기, 넓이, 청결 어느 것 하나도 결함과 건강에 좋지 않은 환경의 본보기가 될 것이며, 모든 문명국에 있어 치욕이다. 밤에는 남녀와 아이가 함께 잠을 잔다. … 집은 급수가 잘되지 않는다. 화장실은 더 나쁘고 불결하며, 환기 장치가 없어 역병의 원인이 되기 쉽다.

『자본론』 제1권 하, 424쪽

브래드퍼드의 의료봉사자의 보고로부터,

빈센트가 그린 에어 플레이스와 리즈에는 223채의 집이 있으며, 그곳에는 1,450명의 거주자, 435개의 침대, 36개의 화장실이 있다. … 침대라고는 해도 그것은 더러운 누더기를 롤 형태로 만든 것이거나 한 덩어리의 톱밥에 불과하지만, 그러한 침대 하나에 평균 3.3명, 종종 4명에서 6명이 잔다. 침대 없이 옷을 입은 채 맨바닥에서 잠을 자는 이도 많다. 젊은 남자든 여자든, 기혼자든 미혼자든 모두 한데 섞여서 잔다. 이러한 주거지는 대개 어둡고 습하며 불결하고 악취가 나는 움막이다. 인간다운 주거에는 전혀 부적격하다는 것을 덧붙일 필요가 있을까.

같은 책, 426쪽

✕ 농업 노동자에 대해서 가장 자세하게 묘사하고 있다

마르크스는 도시 노동자에 이어 철도 부일, 광산 노동자 등 이동 노동자, 구빈원(救貧院)에 매달리는 자들, 그리고 마지막으로 가장 긴 쪽수를 할애하여 농업 노동자들의 생활에 대한 보고를 인용하였습니다. 그것은 "자본제 생산 및 축적의 **적대적** 성격이 가장 **잔인한 형태**로 실증된 것은 **영국 농업**(목축 포함)**의 진보와 영국 농업 노동자의 퇴보**에서"이기 때문입니다.

영국 농촌에서는 도대체 무슨 일이 일어난 것일까. 대토지를 소유한 지주는 자신의 토지에 대해서는 인구 삭감에 유의합니다. 구빈세를 피하기 위해서입니다. 하지만 농사를 짓기 위한 일손은 필요합니다. 그래서 농업 노동자들은 인접한 '개방 촌락'으로 내몰리고, 그곳에서 '출퇴근'해야 합니다. 인접이라고는 해도, 그곳은 노동자들이 매일 중노동을 해야 하는 소작지에서 3마일이나 4마일이 떨어져 있는 경우도 있습니다. 개방 촌락에는 땅 주인이 좁은 땅에 판잣집을 짓습니다. 바로 "열린 전원으로 통하면서도 최저의 도시 주택이 가진 최악의 특징을 갖춘 비참한 주거"입니다.

노동자와 그 가족에게는 마구간을 하나 마련해 주면 충분하다고 생각하는 지주가 있다. 게다가 그 집세에서 가능한 한 많은 이익을 얻으려고 하는 것을 그들은 수치라고 생각하지 않는다. 그 주거지에는 침실이 하나밖에 없고, 벽난로도, 화장실도, 여닫을 수 있는 창문도 없으며, 배수구 이외에는 급수시설도 없고 정원도 없는 무너져 가는 오두막일 수도 있다.

같은 책, 458쪽

막사의 집주인은 종종 촌락의 술집이나 잡화점 주인을 겸했습니다. 그럴 경우 "노동자는 동시에 그들의 고객이 되어야" 합니다(같은 책, 460쪽). 월세를 내고 남은 돈으로 노동자들은 집주인으로부터 밀가루나 차나 설탕이나 비누를 제값에 사야 한다는 것입니다.

마지막으로 마르크스의 주거환경에 관한 메모 중에서도 인상적이었던 것을 인용해 보겠습니다.

소작지는 집에서 멀고, 집에는 화장실이 딸려 있지 않다. 가족은 자신들의 오물을 버리기 위해 그 밭에 가거나, 아니면 … 선반 서랍에 그것을 모아 두어야 한다. 서랍이 가득 차면 그것을 빼내어 그 내용물이 필요한 곳으로 가져가서 비운다.

같은 책, 467쪽

농업 노동자들은 어느 시기부터 그들이 속해 있던 농지로부터 '유리'되어 마르크스가 "**영국 농업 프롤레타리아트의**

'**유배지**'"(같은 책, 460쪽, 강조는 마르크스)라고 불렀던 개방 촌락
에 모여 살 것을 강요받았습니다.

농업 노동자의 몰락은 급격하고 철저하게 진행되었습
니다.

> 로저스 교수가 내린 결론에 따르면, 오늘날 영국의 농촌 노
> 동자는 14세기 후반과 15세기의 옛사람들에 비하면 아직도,
> 1770-1780년의 옛사람들과 비교해도 그 상황은 극도로 악화
> 되고 있다고 한다. "그들은 다시 농노가 되었다." 게다가 식사
> 도 주거도 열악한 농노가 되었다고 교수는 말한다.
>
> 같은 책, 449쪽

> 한 연구자는 18세기 동안 노동자의 임금이 5배가 되는 사이에,
> 곡물은 7배, 육류는 15배에 달했다고 지적하였다. 과거 생활비
> 와 비교하면 절반도 안 된다. … 그 결과로 조만간 온 왕국이 신
> 사와 거지에서 귀족과 노예로 이루어지게 될 것이다.
>
> 같은 책, 442-3쪽

농촌 노동자의 몰락은 농업의 근대화로 인해 야기되었습
니다. 대규모 관개시설의 조성, 증기기관의 도입, 화학비료
의 사용, 집약농업으로의 전환 등이 근대화의 특징입니다.
물론 근대화로 인해 토지의 생산성은 극적으로 향상됩니다.

그리고 생산성이 높아지면 노동자의 수는 감소합니다. 농지에 대한 투자가 늘고 농업 생산이 증대하며 자본가의 부가 팽창함에 따라, 농업 노동자의 절대적 숫자는 감소하고 그 생활 수준은 열화해 갑니다.

✗ 농지의 생산성이 높아졌는데도 농업 노동자들이 가난해진 이유

그런데 왜 농지의 생산성이 올라가면 농업 노동자는 가난해지는 걸까? 왠지 이상한 생각이 들지 않습니까? 마르크스는 이 부조리한 과정에 대해 자본의 본원 축적으로부터 단서를 찾아냅니다.

열쇠가 되는 것은 인구의 움직임입니다. 농업 노동량이 일정하고 노동자의 수만 증감하는 경우에는 노동자가 늘어나면 임금은 내려가고, 줄면 올라갑니다. 이치상으로는 그렇게 됩니다. 반대로 노동자 수가 일정하고 작업량이 증감하는 경우에는 작업량이 늘어나면 임금은 오르고, 작업량이 줄어들면 임금은 내려갑니다. 이것도 당연히 그렇게 되겠지요.

하지만 이 '이치로는 당연'한 일이 일어나지 않았습니다. 일이 있는 곳에는 인원이 부족하고, 일이 없는 곳으로 사람이 몰리는 일이 벌어졌습니다. 일어났다기보다는 그런 인구 쏠림이 인위적으로 조작됐습니다. 이 인위적으로 창출된 인구의 편중이 자본의 본원 축적을 낳습니다.

조금 까다로운 이야기가 되므로, 자본가가 됐있나고 생각해 보세요. 자본가로서는 "노동자에게 가능한 한 싼 임금으로 가능한 한 많은 작업을 시킴"으로써 이익이 극대화합니다. 어떻게 하면 그런 '달콤한 이야기'가 실현될지 생각해 보세요. 어려운 일이 아닙니다. 일하고 있는 노동자들을 향해 "더 싼 임금으로, 더 오랜 시간 일해라"라고 명령할 수 있기 위해서 자본가들은 이런 '필살기'를 마련해 놓으면 된다. 그것은 "너의 대신은 얼마든지 있다. 너보다 더 싼 임금으로 일하고 싶다는 녀석이 얼마든지 있다"라는 말입니다. '더 싼 임금으로, 더 열악한 고용 조건에서도 일하고 싶어 하는 인간이 남아도는' 상황을 인위적으로 만들어 낼 수 있다면, 노동자를 얼마든지 싸게 부려 먹을 수 있습니다.

그것이 농촌 노동자들을 그들의 땅에서 떼어 내 밖으로 내쫓은 이유입니다. 농지에는 최소한의 노동자밖에 남기지 않습니다. 임금을 지불할 상대를 가능한 한 적게 하기 위해서입니다. 그리고 인접한 '유배지'에는 난민캠프처럼 직업이 없는 인간들로 북적거리게 만듭니다. 그런 인구의 불균형을 만들어 내면 노동자의 수탈이 가장 효율적으로 진행되기 때문입니다. 어쨌든 "어떤 조건이라도 좋으니 일하게 해 달라"라는 무위의 실업자들이 주위에 얼마든지 있으니까요. 그걸 엄포로 쓰면 취업한 근로자들의 고용 조건을 한없이 낮출 수 있습니다. 또 숙련된 노동자가 아니면 할 수 없는 일이라면 "얼마든지 너 대신은 있어"라는 엄포가 먹히지 않습니다. 그래서 숙련되지 않은 아이라도, 여성이라도 할 수 있도록 작업 내용을 '근대화'해 나갑니다.

즉 자본의 본원 축적을 위해 이루어진 것은 인구의 불균형을 창출하는 것이었습니다. 이 조작 자체는 아무것도 가치를 창출하지 않았습니다. 왜냐하면 아무것도 생산하고 있지 않으니까요. 다만 "너희들은 저리 가라, 너희들은 이리 와라"라는 구분을 했을 뿐입니다. 그런데 이게 자본의 연금술처럼 작동해서 없던 가치를 만들어 냈습니다.

✕ 일본의 '졸업예정자 일괄 채용'과 같은 일이다

읽다가 눈치채셨겠지만, 이것은 지금 일본 사회에서 행해지고 있는 것 그대로죠. '졸업예정자 일괄 채용'이라는 것은 구직 활동 시간을 한정함으로써 인위적으로 '과잉 인구'를 창출하는 것입니다. 그렇게 구인에 비해 구직자가 압도적으로 많다는 고용 환경을 창출합니다. 그래서 "좀처럼 내정이 되지 않는다." "몇 군데나 채용 시험에 계속 떨어진다." 그러면 취준생들은 점차 자기평가가 내려갑니다. 마침내는 "어떤 심한 조건이라도 좋으니 일하게만 해 주면 좋겠다"라고 매달리게 됩니다. 이렇게 하면 고용주 측은 한없이 열악한 고용 조건에서 사람을 고용할 수 있습니다.

이것이 만약 졸업예정자가 아니어도 좋고, 4월 입사가 아니어도 좋고, 상장 기업이 아니어도 좋고, 도시가 아니어도 좋다는 것이 취업 활동의 기본이 되면, 구직자의 '과잉 인구'를 창출할 수 없습니다. 그렇게 되면, "당신 말고도 얼마든지 대체할 수 있는 인력은 있다"라는 엄포를 사용할 수 없게 됩니다. 당연히 임금은 오르고 고용 조건은 좋아집니다. 그러면 기업 측은 자기 입맛대로 할 수 없게 됩니다. 그래서 기업은 졸업예정자 일괄 채용을 고집합니다.

실제로는 지방은 어디나 일손 부족이기 때문에 구인도 다종다양하게 있습니다만, 취직 정보를 독점하고 있는 대기업은 이것을 학생들에게 전하는 것에 극히 열심이지 않습니다. 학생들이 각자의 뜻에 따라 지방으로 흩어져 버리면 '과잉 인구'를 창출할 수 없기 때문입니다. '졸업예정자 일괄 채용'은 19세기 영국에는 존재하지 않았던 제도이지만, 인위적으로 '인구 쏠림'을 창출한다는 아이디어 자체는 변하지 않았습니다.

✄ 세계의 모든 자본주의 국가에 공통되는 현상

지금의 일본에서는 비정규직이 40%에 달하고 있습니다.

어느 직장에서도 인건비 절감이 진행되어 전보다 적은 노동자 수로 같은 일을 하는 것이 당연한 것처럼 '합리화'라든가 '생산성의 향상'이라고 불리고 있습니다. 이름은 그럴듯합니다만, 이것도 내용은 19세기 영국에서 행해지던 '고용 시프트'와 같은 것입니다. 같은 작업량을 가능한 한 적은 노동자에게 하도록 하는 것뿐이니까요.

> 자본가는 누구나 일정한 노동량을 가능한 한 소수의 노동자 수에서 짜내는 데 절대적인 이해利害 관심을 가지고 (있다.)
>
> 같은 책, 386쪽

맞습니다. 그래서 "자본가는 비숙련 노동자로 숙련 노동자를, 미성숙 노동자로 성숙 노동자를, 여성 노동자로 남성 노동자를, 청년·유년 노동자로 성년 노동자를 서서히 몰아내고, 그에 따라 같은 자본가치로 더 많은 인력을 사게 된다."(같은 책, 386-7쪽)

일본에서도 직장이나 아르바이트 장소에서 실제로 일어나고 있는 일이므로, 여러분도 알 수 있지요. 일하는 사람의 수가 점점 줄어들고, 그만큼 일이 늘어납니다. 그런데도 월급은 오르지 않습니다. 그것은 일자리를 잃은 사람들, 노동하고 싶지만 할 수 없는 노동자 '예비군'이 고용 조건을 낮추는 압력이 되기 때문입니다. 일자리를 지키고 싶다면 취업 노동자들은 지금까지보다 더 많은 노동을 지금까지보다 더 나쁜 조건으로 맡을 수밖에 없습니다.

> 노동자계급 중 취업자 일부가 맡게 되는 과잉 노동은 그들의 예비군 대열을 팽창시킨다. 한편 반대로 그 예비군은 이들 간의 경쟁으로 인해 취업자 일부에 더 강한 압력을 가하고, 그에 따라 취업자 일부를 과잉 노동으로 몰아 자본의 명령에 굴복하도록 강요한다. 노동자계급 일부가 다른 일부의 과잉 노동으로 강제적으로 무위를 강요당하고, 또 그 반대도 행해지고 있다는 것은 개개의 자본가를 부유하게 만드는 수단이 된다.
>
> 같은 책, 387쪽, 강조는 우치다

마르크스가 여기서 쓴 것은 정도의 차이는 있지만 전 세계 모든 자본주의 사회에서 지금도 일어나고 있는 일입니다. 한 장소에서의 '노동 인구의 과잉'과 다른 장소에서의 '노동 인구의 부족'이 동시적으로 일어나는 것, 이것이 자본의 본원 축적이 이루어지는 하나의 중요한 기점입니다. 이 자체는 단지 인구의 쏠림일 뿐, 어떤 의미에서도 생산이 아닙니다. 아직 어떠한 잉여가치도 발생하지 않았습니다. 그런데도 이 조작을 통해 자본가가 노동자가 창출하는 가치를 착취할 수 있는 자본제 생산 과정이 시작됩니다.

당장은 노동자의 수탈을 아직 시작하지 않은 인간이 노동력의 구매자로서 시장에 등장했을 때, 그는 자본가가 됩니다. 그것이 '자본의 본원 축적'이라는 장면의 구조입니다. 그가 '시장에 등장'할 수 있었던 계기가 우연히 수중에 있던 화폐였는지, 어떤 이유로 손에 넣은 토지의 명목상 소유권이었는지, 아니면 노골적인 폭력이었는지, 그것은 아무래도 좋습니다. 노동력을 파는 것 외에 살길이 없는 프롤레타리아트가 출현한 날이 자본가와 자본제 생산양식의 생일이었다는 것입니다.

> 이렇게 노동자들은 왜 자신들이 더 많이 일하고, 더 많은 다른 사람들의 부를 생산하며, 자신의 노동 생산력이 향상됨에 따라 자본의 증식 수단으로서의 자신들의 기능까지 자신들에게 점점 더 불안정해지는가 하는 비밀을 깨닫는다. 그리고 그들은 그들 사이에서 행해지고 있는 경쟁의 강도가 철두철미하게, 상대적인 과잉 인구의 압력에 의한 것임을 발견한다.
>
> 같은 책, 393쪽, 강조는 우치다

마르크스가 발견한 것은 자본의 축적은 궁핍의 축적과 동시에 일어난다는 것이었습니다.

> 그 법칙은 자본의 축적에 대응하는 궁핍의 축적을 가져온다. 한쪽 극단에서의 부의 축적은 동시에 그 대극, 즉 자기 자신의

생산물을 자본으로 해서 생산하는 계급 측에서의 궁핍, 노동
고, 노예 상태, 무지, 잔인화와 도덕적 퇴폐의 축적이다.

같은 책, 100쪽

3. 자본주의는
이렇게 생성되었다

마르크스가 자본제 생산 과정을 어떤 것으로 파악하고 있
었는지에 대한 예비적인 설명은 이것으로 충분할 것입니
다. 앞으로의 이야기는 훨씬 구체적일 것입니다. 어떻게 해
서 영국의 농촌에 '과잉 인구'가 생겨나고 '궁핍의 축적'이 시
작되었는가. 마르크스는 그 역사적 경위를 여기서 밝히려고
합니다.

자본제 생산 과정이 시작되는 조건은 한쪽에 자본가가,
다른 한쪽에 노동력 이외에 팔 것을 가지지 않은 이가 있는
것입니다.

자본 관계를 만드는 이 과정은 노동자가 자신의 노동 조건의 소
유로부터 분리되어 가는 것 이외의 어떤 것도 의미하지 않는다.

같은 책, 503쪽

이른바 **자본의 본원 축적**이란 **생산자와 생산수단의 역사적 분리 과정** 외에 아무것도 아니다. 그것이 '본원적'이라고 보이는 것은 자본 및 자본에 입각한 생산양식의 전사前史를 이루고 있기 때문이다.

같은 책, 503쪽, 강조는 마르크스

여기까지 살펴본 대로, "자본의 본원 축적"이라는 것은, 말하자면 자본제 생산이 시작되기 전에, 그 '무대장치'를 만드는 것이었습니다. "생산자와 생산수단의 역사적 분리"가 그것입니다. 구체적으로는 농민들을 그들의 땅에서 떼어 내는 것이었습니다.

자본의 본원 축적의 역사에서 획기적이었던 것은 … 대량의 인간이 자신들의 자급자족 수단에서 갑작스럽고 폭력적으로 쫓겨나고, 완전히 법의 보호 밖의 프롤레타리아로서 노동시장에 내던져지게 된 여러 가지 움직임이다. **농촌의 생산자인 농민들로부터 땅을 빼앗은 것**이 전 과정의 기초에 있다.

같은 책, 505쪽, 강조는 마르크스

도대체 어떤 경위로 영국 농민들은 그 땅을 빼앗기게 된 것일까. 그것이 '코먼'의 상실입니다.

✕ '코먼'이 사라지게 된 이유

고먼은 고대 게르만의 마르크협동체Markgenossenschaft에서 유래한 제도라고 합니다. 이에 대해서는 사이토 고헤이齊藤幸平 씨의 설명을 인용하겠습니다.

> 게르만 민족은 땅을 공동으로 소유하고 생산방법에도 강한 규제를 가하고 있었다. 마르크협동체에서는 토지를 공동체 구성원 이외에게 파는 것은 당치도 않은 일이었다고 한다. 토지 매매뿐 아니라 목재, 돼지, 와인 등을 공동체 밖으로 내놓는 것도 금지되어 있었다. 그런 강한 공동체 규범에 따라 토양 양분의 순환은 유지되고, 지속 가능한 농업이 실현되고 있었다.
>
> 사이토 고헤이,『지속 불가능한 자본주의』, 2020, 슈에이샤, 181쪽

중세 말기의 영국 농민들 또한 이러한 '협동체Genossenschaft'를 형성하고 있었습니다. 농민들은 대체로 자영농으로, 자신들의 경지를 소유하고 있었습니다. 그뿐만 아니라 그들은 '마을 공유지 입회권'을 소유하고 있었습니다. 이 공유지가 '코먼common'입니다.

코먼에서 농민들은 가축을 방목하고, 장작을 패고, 열매를 따고, 물고기를 잡을 수 있었습니다. "그들은 자신들이 경작하는 땅의 농산물, 그리고 공동의 땅에 풀어놓고 기르

는 양, 새, 돼지 등으로 먹고살 수 있으므로 식료품을 살 필요가 거의 없는"(『자본론』제1권하, 520쪽) 풍요로움을 누리고 있었습니다.

공공재가 풍부한 공동체에서는 빈부격차가 좀처럼 생기지 않습니다. 가난한 이는 공공재의 분배에 관여함으로써 사재의 부족을 보충할 수 있기 때문입니다. 부자나 교회의 자선에 기대지 않고 우리 재산의 일부를 받을 수 있었습니다. 그러나 마을 주민 모두에게 조금씩 다양한 풍요로움을 분배하는 원자原資였던 코먼은 당연히 생산성이 낮은 땅이었습니다. 상업 작물의 단일재배monoculture 같은 것은 코먼에게는 허용되지 않았습니다. 당연하죠. 아무도 코먼을 자본으로 간주하지 않았으니까요. 아무도 코먼에서 돈벌이를 하려 들지 않았습니다.

하지만 자본주의는 '모두의 땅'을 놀려 놓을 만큼 느긋하지 않습니다. 끌어낼 수 있는 곳에서 끌어낼 수 있는 모든 부를 끌어내는 것이 자본주의의 의무입니다. 16세기의 주요 산업은 방직이었습니다. 그래서 코먼에서 마을 사람들을 쫓아내고 그곳을 목양지로 전환하려는 사람들이 나왔습니다. 목양은 광대한 땅에 약간의 양치기를 두기만 하면 되기 때문에 농업보다 생산성이 높습니다. 코먼을 사유지화하면 큰 부를 거기서 끌어낼 수 있습니다. 그래서 문제는 어떤 대의명분을 세우면 마을 사람들을 코먼에서 쫓아내고 그곳을 누군가의 사유지로 만들 수 있느냐 하는 것이 됩니다.

✕ '인클로저'는 어떻게 행해졌는가

이 코먼의 사유지화를 '인클로저enclosure'라고 부릅니다. 고등학교 세계사 수업에서 배운 적이 있을 거라고 생각합니다. 마을 사람들이 누구나 이용할 수 있도록 코먼에는 '울타리'가 없었습니다. 그 개방적인 토지 주위에 '울타리'를 만들어, '출입 금지'로 한 것이 '인클로저'입니다. 요컨대, 코먼의 사유지화를 말합니다. 그것이 16세기부터 19세기에 걸쳐 영국 전역에서 철저하게 이루어졌습니다. 실로 다양한 구실 아래에 '인클로저'가 행해졌습니다. 하나는 종교개혁입니다. 종교개혁 이전의 영국에서는 가톨릭교회가 대지주로서 많은 영지를 소유하고 있었고, 그 교회 영토에는 오래전부터 자영농이 살고 있었습니다. 물론 넓은 코먼도 있었어요. 하지만 종교개혁으로 교회가 가진 영토가 몰수되었습니다. 땅은 매물로 나왔고, 부자들이 싼값에 이 교회 땅을 사들였습니다. 새로운 지주들은 수백 년 전부터 가톨릭교회와의 약속으로 영지에 살고 있던 농민들에게 계약 무효를 선언하고 그들을 추방했습니다.

이 제1차 인클로저는 상당히 폭력적인 과정이었습니다. 그래서 위정자들은 농촌의 황폐화를 두려워하여 다양한 법적 조치로 코먼의 사유화를 막고 농촌을 지키고자 했습니다. 예를 들어 토머스 모어는 군사적 관점에서 강한 보병을 구성하는 것은 '자유롭고 어느 정도 부유한 사람들'이며, 국민의 대부분이 노예노동자여서는 강한 군대를 보유할 수 없다며 농민 보호를 호소하였습니다. 법률이나 왕권이 자본가에 항거하여 농민을 지키고자 했던 시대가 있었습니다. 그런데 그것도 오래가진 않았습니다. 18세기가 되자 법은 농민을 지키는 역할을 포기했습니다. 토지 소유자인 부르주아들이 다수파를 휘어잡은 의회에서는 오히려 '마을 공유지의 체계적인 절도'를 합법화하는 법이 제정된 것입니다.

부르주아들뿐만이 아닙니다. 봉건적인 토지 소유자도 인클로저의 주도자였습니다. 마르크스가 꼽고 있는 것은 스코틀랜드의 서덜랜드 공녀의 예입니다. 그녀는 권좌에 오르자 공국公國*의 전 국토를 목양지로 바꾸기로 했습니다. 그리고 3천 가족, 1만 5천 명의 공국민은 '구제驅除'되었습니다. 마을은 불타고 밭은 모두 목양지가 되었습니다. 공녀는 씨족 전체의 공유지의 명목상 대표자에 불과했습니다만, 그것을 사적 소유권으로 바꾸어 읽어 버린 것입니다.

이렇게 해서 이 귀부인은 아주 오래전부터 씨족 전체의 것이

* 　　원수(元首)를 공(公)으로 부르는 유럽의 작은 나라이다.

었던 79만 4천 에이커의 땅을 자신의 것으로 만든 것이다.

같은 책, 525쪽, 강조는 마르크스

쫓겨난 공국민에게는 해안가의 토지 6천 에이커가 대여되었습니다. 공국의 토지는 29개의 방목지로 분할되어 방목지마다 잉글랜드에서 한 가족이 이주해 왔습니다. 3천 가족이 살던 땅에 29가족이 살게 된 셈입니다. 단순 계산으로 방목지의 인구는 농촌 인구의 100분의 1이 되었습니다. 그러면서도 과거 80만 에이커의 땅에 흩어져 있던 사람들이 6천 에이커의 땅으로 밀려들었습니다. 한 지역의 인구 감소와 다른 지역의 인구 과잉이 동시에 일어났습니다. 이것이 전형적인 '인클로저'입니다.

과거에는 자신의 경지와 코먼에서 생산된 것을 먹었기 때문에 식료품을 살 필요조차 없었던 사람들이 노동력을 팔아 얻은 화폐로 시장에서 식량을 조달해야 하는 신세로 전락했습니다.

"교회령 탈취, 국유지의 사기적 양도, 공유지 절취, 봉건소유지 또는 씨족 소유지의 행세를 막론하고 테러리즘으로 이뤄진 근대적 사적 소유지로의 약탈적 변경"(같은 책, 531쪽)으로 "이른바 자본의 본원 축적"은 완수되었습니다. 공유지는 사유지가 되어 농민들은 집과 경지를 잃고 "도시의 산업에 필요한 법의 보호 밖의 프롤레타리아트"(같은 책, 531쪽)로 다시 태어났습니다.

✖ 마르크스는 유민화된 농민도 묘사하고 있다

그렇다고 해도 프롤레타리아트가 바로 도시의 임금노동자가 된 것은 아닙니다. 시간은 좀 더 천천히 흘러갑니다. 16세기의 '인클로저'로 땅을 잃은 농민들은 종종 유민화되었습니다. 그들의 운명은 자본제 생산 과정의 분석에서는 거의 무관하지만, 마르크스는 그들을 위해 한 구절을 할애하였습니다. 아마 마르크스는 '노마드'라는 삶의 방식에 대해 권력이 얼마나 가열차게 굴었는지 그것을 기록해 두고 싶었을 것입니다.

유민화된 농민의 일부는 거지, 산적, 노숙자가 되었습니다. 헨리 8세 치세의 법률에서는 노숙자는 채찍질 후 본래의 토지로 돌아가 정업正業에 종사할 것을 명령받고 나서 방면됩니다. 두 번째로 잡힌 경우에는 채찍질 후 귀 절반이 잘려 나갑니다. 세 번 잡히면 사형. 에드워드 6세 치세의 법률에서는 부랑자를 고발한 자는 그 부랑자를 노예로 삼을 수 있습니다. 2주간 도망간 노예는 종신노예로 이마나 뺨에 S자를 낙인찍었습니다. 세 번 도망갔을 경우에는 사형. 엘리자베스 1세 치세에서는, 거지 증명서를 가지지 않은 부랑자는 채찍질, 이 자를 고용하겠다는 제의가 없으면 귀에 낙인이 찍힙니다. 재범의 경우 고용주가 없으면 사형.

> 이렇게 땅을 폭력적으로 탈취당하고 쫓거니 부랑자기 되어 비
> 린 시골 주민들은 그로테스크한 테러적 법률에 따라 채찍질당
> 하고, 낙인찍히고 고문당하며, 임금노동 시스템에 필요한 규율
> 에 맞게 조련되어 갔다.
>
> 같은 책, 536쪽, 강조는 마르크스

'권력'의 틀에 회수되지 않은 신체는 근대적 생산 과정에 적합하도록 폭력적으로 교정된다. 그 사실을 마르크스는 미셸 푸코의 『감시와 처벌』에 100년 앞서 지적하였습니다.

✖ 자본제 사적 소유의 끝을 알리는 종

'자본의 본원 축적'은 자본제 생산양식 분석의 열쇠가 되는 개념인데, 사실 마르크스는 이 술어를 상당히 넓은 의미로 사용하였습니다. 식민지의 개발도, 원주민에 대한 살육과 노예화도, 동인도회사도, 국채도, 조세제도도, 보호무역도… 자본주의의 '전사前史'에 등장한 것은 모두 '자본의 본원 축적'의 파일 안에 묶을 수 있습니다.

다수 민중의 땅, 그리고 **생활수단과 노동수단의 수탈**, **민중**에 대

한 이 무섭고 곤란한 **수탈**이야말로 자본의 전사前史이다. 이 **수탈**은 여러 가지 폭력적 방법을 포함하고 있지만, 지금은 그중 획기적인 것epoch-making만을 **자본의 본원 축적**의 방법으로서 대충 보아 왔다.

같은 책, 573쪽, 강조는 마르크스

중세부터 19세기에 이르는 이 긴 시간 속에서 일어난 많은 일을 정리하여 마르크스는 '본원적'이라고 이름 지었습니다. 시간의 폭이 너무 넓고, 일어나고 있는 사건도 너무 다양하므로, 이것들을 '본원적'이라는 하나의 형용사로 끝내 버리는 것이 적절한지 저는 판단할 수 없습니다. 하지만 그곳에서 일어난 모든 일이 민중으로부터의 '수탈'이라는 단 하나의 목적을 향한 것이었음은 확실합니다.

언젠가 본원적인 프로세스가 완료된 후에는 '새로운 변모'를 이루어 다음 프로세스가 시작될 것임을 마르크스는 예언합니다. 이른바 자본주의의 종말로 향하는 과정입니다. '본원적' 다음은 갑자기 '말기적'입니다.

이 프로세스에서는 자본가 자신이 수탈의 대상이 됩니다. 한 명의 자본가가 존재하므로 많은 자본가가 학살당합니다. 더 높은 생산성, 더 큰 이익, 더 거대한 폭력을 가진 자들에게 배타적으로 자본이 집중됩니다.

거대 자본가들은 이렇게 그 수를 줄이면서 이 변화 과정이 가져오는 일체의 이익을 빼앗아 가고 독점해 가는데, 그것과 함께 기대한 빈곤이, 억압이, 그리고 예종과 퇴락과 착취가 심해진다.

같은 책, 574쪽

세계의 부가 어떤 극에 배타적으로 축적되고, 세계의 비참 또한 다른 극에 집중되며 세계가 완전히 양극화될 때, "자본제 사적 소유의 종말을 알리는 종이 울린다."(같은 책, 574쪽) 『공산당 선언』에서 예고했듯이 그때 "부르주아지의 몰락과 프롤레타리아의 승리"의 날이 온다. 마르크스는 미래를 그렇게 예측하였습니다.

자, 이 예측은 맞았을까요? 유감스럽게도 제가 보기에 '본원적인' 자본 축적은 지금도 아직 계속 진행되고 있는 것 같습니다. 노동 인구의 부족과 과잉이 동시에 일어나고, 부의 양극화가 더 진행되고 있는 현실을 보면 '본원적' 단계는 아직 끝나지 않은 것 같습니다.

지금 세계에서 가장 부유한 8명이 가진 부는 가난한 36억 명의 사재 총계와 같은 액수라고 합니다. 세계의 부가 어떤 극에 축적되고, 세계의 비참이 반대의 극에 집중되는 양극화 과정은 여전히 진행 중입니다.

과연 이 뒤에 "자본제 사적 소유의 종말을 알리는 종"이 울린다고 해서, 그것이 언제, 어떤 소리를 울려 퍼뜨릴지 저는 잘 상상이 되지 않습니다. 어쨌든 저나 이시카와 선생님은 이제 나이를 먹을 만큼 먹은 사람이므로, 아마 그날에 입회할 수는 없을 겁니다. 하지만 지금 이 책을 읽고 있는 독자 중에는 '종' 소리를 들을 기회를 만나는 사람이 있을지도 모릅니다.

3장

미래 사회는
어떻게 그려졌는가

이시카와 야스히로의 두 번째 편지
2022년 6월 27일

우치다 선생님, 안녕하세요. 작년 3월에 편지를 받았음에
도 답장이 너무 늦어 버렸습니다. 그 후 여름에는 효고현의
지사 선거가 있었고, 가을에는 중의원 선거가 있어서, 정신
을 차려 보니 이 3월에는 정년퇴직을 하게 되어 연구실의 책
을 옮기는 일과 사무적으로 처리해야 할 일 등으로 손 쓸 틈
이 없었습니다.

'청년이여, 마르크스를 읽자'의 원고(편지)를 우치다 선생
님에게 보내는 것도 드디어 이것이 마지막입니다. 출판을
결정한 2008년부터 햇수로 14년. 18세의 대학 1학년이 아직
보육원이나 유치원에 다닐 때부터이니까 정말 오래 지속한
셈이죠. 저의 대학 재직 기간은 27년이었는데요. 그 절반 이
상 작업을 함께한 셈입니다.

그러고 보니 편집자인 마쓰다케 씨로부터 2020년도 중국
어판 『청년이여, 마르크스를 읽자』 1권의 판매 부수가 5만
부에 가깝다는 소식이 있었네요. 인구가 일본의 10배 이상

이라고는 하지만, 그래도 꽤 많이 팔렸습니다. 어떤 사람이 어떤 관심을 가지고 읽어 주고 있을까요? '대만 위기'를 둘러싼 신상치 않은 관계도 있습니다만, 우리가 더 나은 일본 사회를 목표로 하는 것과 같이, 더 나은 중국 사회를 목표로 하는 분들이 읽어 주신다면 기쁘겠습니다.

1. 마르크스의 공황론, 혁명론의 발전

✖ 『자본론』에 추가된 노동자의 살아 있는 모습

우치다 선생님은 『자본론』 제1부의 제23장 「자본주의적 축적의 일반법칙」과 제24장 「이른바 자본의 본원 축적」에 초점을 맞추셨습니다. 거기에 포함된 노동자의 상태에 대한 생생한 묘사에 대해, 특히 제24장의 '본원적'(번역어에 따라서는 '원시적')이라는 말은 노동자의 '신체'를 의미하는 것이 아닌가, 또는 적어도 '신체'에 깊게 관계되는 것으로 마르크스가 말한 것은 아닌가 하는, 대담한 문제 제기도 포함되어 있었습니다.

이 '신체' 이야기를 읽고 떠오른 것은 역시 '청년이여, 마르크스를 읽자'의 번외편인 『마르크스의 마음을 듣는 여행』에 담은 영국 여행 중의 우치다 선생님의 말씀이었습니다. 맨체스터의 '과학산업박물관'에 발을 들여놓고 산업 혁명 당시의 방적기계 등을 본 후에, 우치다 선생님은 "저기에 늘어선 기계는 '흉악한 얼굴'을 하고 있다"라는 말씀을 하셨습니다. 그것이 기계 박살을 촉진했을 거라고 말이죠. 기계의 경제적·사회적인 기능에 대해서가 아니라, 당시 노동자의 오감에 그것이 어떻게 받아들여졌는가 ―아니, 그것도 사회적 기능의 하나이긴 합니다만— 를 상상한 것으로, 이번 편지 쓰기도 그것과 통하는 것으로 생각했습니다.

사실 마르크스가 『자본론』에서 노동자의 생활이나 두생의 모습을 그렇게 리얼하게 쓴 것은 제1부의 완성 원고가 처음으로, 그때까지의 초고에는 그런 이야기가 거의 없었습니다. 앞서 언급했지만, 마르크스의 『자본론』 구상은 1864년에 시작된 인터내셔널(국제노동자협회)에서의 실제적인 활동과 1865년 제2부 제1초고에서의 공황 운동론에 대한 발견 때문에 크게 전환되었습니다. 그 전환된 내용 중 하나가 '자본론'에 '임금노동론'을 끼워 넣는다는 것이었습니다.

그 전의 마르크스는 『자본론』은 어디까지나 '자본'에 관해 논하는 것으로, '임금노동론'에 관해서는 다른 책으로 쓰려는 계획을 세우고 있었습니다. 경제학 이론 전체를 자본·토지 소유·임금노동·국가·국제무역·세계시장이라는 6부 편성으로 구상하고 있었습니다(이를 설명한 첫 문장인 『정치경제학 비판을 위하여』의 '서언'에서는 토지 소유와 임금노동의 순서가 바뀌었습니다만). 이 플랜은 완성 원고 2년 전에 쓴 『자본론』 제1부의 초고에서도 유지되어, 예를 들어 거기에 지금으로 말하면 제6편 「노임」은 한 줄도 없었습니다.

그런데 우치다 선생님도 많이 주목하셨듯이 완성 원고에서는 살아 있는 노동자의 모습을 여기저기에 쓰는 것으로 바뀌었습니다. 그동안 『정치경제학 비판 요강』(1857)에서의 독자에 대한 공약이기도 했던 6부 편성 구상이 크게 바뀐 거지요.

✘ 공황은 자본주의의 말기 현상, 혁명은 공황에 이어서

변경의 이론적 기초가 된 것은 공황론의 심화였는데요. 그것은 '공황=혁명'론을 대신하는 새로운 혁명론의 탐구를 수반하기도 했습니다. 그때까지의 마르크스는 오랫동안 공황을 자본주의의 말기 증상의 발현으로 여겼지만, 제2부 제1초고에서 공황은 확립된 자본주의의 일상적인 경기 순환의 한 국면에 불과했고, 애초에 자본주의는 그러한 경기 순환을 당연한 일상으로 운동하고 있는 것이라는 이해로 바뀌었기 때문입니다.

조금 되돌아보면, 예를 들면 『청년이여, 마르크스를 읽자』 1권에서 다룬 『공산당 선언』(1848)에서의 공황을 파악하는 방법은 이런 식이었습니다.

이 "수십 년 이래"의 "공업 및 상업의 역사는" "근대적인 생산 제 관계"나 "소유 제 관계에 대해 근대적 생산력이 반역한 역사에 지나지 않아서" "그것에는 주기적으로 반복해 부르주아 사회 전체의 존립을 의심케 하도록 점점 위협하는 상업 제 공황을 꼽는 것만으로도 충분하다." "상업 제 공황에서는 이미 만들어진 생산력조차도 그 대부분이 규칙적으로 파괴된다."

이 직전의 글에서 마르크스는 부르주아 사회(『공산당 선언』 년세에시는 아직 '자본주의 사회'라는 용어가 없었습니다)에 앞선 봉건 제 사회의 붕괴에 대해 이렇게 말하였습니다.

> 한마디로 봉건적 소유 제 관계는 이미 발달한 생산력에 더 이 상 조응하지 않게 됐다. 그들의 관계는 생산을 촉진하는 대신 저해했다. 그것들은 딱 그 수만큼의 족쇄로 바뀌었다. 그것들 은 폭파됐어야 했고 폭파됐다. 우리 눈앞에서 이와 비슷한 하 나의 운동이 진행되고 있다. 근대 부르주아 사회는 자신이 마 법으로 불러온 지하의 마력을 더는 제어할 수 없게 된 마법사 와 닮았다.
>
> 『공산당 선언/공산주의 원리』, 신일본출판사, 57-58쪽

즉 앞 문장에서 "주기적으로 반복해 부르주아 사회 전체 의 존립을 의심케" 한다고 여겨진 공황은 자본주의가 더는 그 아래에서 발달한 생산력에 조응하지 않게 되었다거나, 그것을 제어할 수 없게 되었다거나, 더는 폭파될 수밖에 없 는 단계에 이르렀음을 상징하는 것인 셈이죠. 물론 마르크 스는 사회의 변혁이 경제의 파탄으로 자동적으로 진행된다 고 하는 '경제 결정론'이나 '자동 붕괴론'의 입장에는 서지 않 기 때문에, 이후에 프롤레타리아트(노동자계급) 투쟁의 발전

이나 과제를 말하고 있습니다.

✖ 혁명론의 다수자 혁명으로의 전환

아울러 마르크스는 미래 사회의 실현을 위한 혁명 운동은 공황을 계기로 일어난다고도 생각했습니다. 1848년 혁명에 이은 "새로운 혁명은 새로운 공황 이후에만 일어날 수 있다. 그러나 혁명은 또한 공황이 확실한 것처럼 확실하다"(『마르크스=엥겔스 전집』 제7권, 450쪽)와 같이 말했습니다.

그러나 그 10년 후인 1857년 '새로운 공황'이 일어났을 때, 혁명 운동의 새로운 고양은 일어나지 않았습니다. 공황의 발생에 처음에는 기대와 기쁨을 감추지 못했던 마르크스와 엥겔스의 대화도 시간이 지남에 따라 진정됩니다. 이 무렵 두 사람의 편지에 노동자의 모습이 소개된 것은 엥겔스가 초조하게 쓴 다음 문장 정도일 것입니다.

> 프롤레타리아트 사이에서의 고난도 시작되고 있다. 당장 아직 혁명적인 곳은 별로 보이지 않는다. 오랜 번영 탓에 사기가 몹시 시들해지고 있다. 길거리의 실업자들은 아직도 구걸하며 빈둥빈둥 놀고 있다.
>
> 1857년 12월 17일, 『마르크스=엥겔스 전집』 제29권, 186쪽

이리하여 1857년의 혁명은 불발되었고, 마르크스에게는 혁명의 발발에 관한 새로운 탐구가 필요하게 되었습니다. 이 부분의 사정에 관해서는 엥겔스가 사망하는 1895년에 과거를 돌이켜 정리한 문장이 있습니다. 마르크스의 『1848년에서 1850년까지 프랑스에서의 계급투쟁』 1895년판에 부친 서문입니다. 관련 부분 요약해 놓겠습니다.

① 1848년 혁명의 패배 후 우리는 "새로운 세계 경제공황이 발발하기 전까지는 아무것도 기대할 수 없다"라고 표명하였다. 그 때문에 배신자로 불리기도 했지만, 그러나 우리를 그렇게 부른 이뿐만 아니라 "역사가 우리의 생각을 또한 잘못이라고 보고 당시의 우리의 견해가 하나의 환상이었음을 폭로했다."

② 역사는 대륙의 경제 발달 수준이 당시에 아직 도저히 자본주의적 생산을 폐지할 수 있을 만큼 성숙하지 못했음을 분명히 했다. 역사는 이를 1848년 이후 전 대륙을 휩쓴 경제 혁명으로 증명했다. '경제 혁명', 즉 '산업 혁명'은 "진짜 부르주아지와 진짜 대공업 프롤레타리아트를 낳고 그들을 사회 발달의 전면으로 밀어내며", 양자의 계급투쟁을 본격적으로 시작시키는 것이 되었다.

③ 나아가 1866년 이후 독일 노동자들이 "보통선거권을 현명하게 이용하고" 이를 "기만의 수단"에서 "해방의 도구로 전환시킨" 새로운 경험도 생겨났다.

④ 그리고 "무자각한 대중의 선두에 선 자각한 소수자들이 수행한 혁명의 시대는 지났다"라는 결론에 이른다. "사회조직의 완전한 개조라고 하면, 대중 자신이 거기에 참가해, 그들 자신이 무엇이 문제가 되고 있는지, 무엇 때문에 그들은 육체와 생명을 바쳐 행동하는지를, 이미 이해하고 있어야 한다." "대중이 무엇을 해야 하는지를 이해하기 위해서 — 그러기 위해서는, 오랫동안의 근성 있는 일이 필요하다."

엥겔스, 『다수자 혁명』, 신일본출판사, 247-261쪽

엥겔스는 이렇게 해서 소수자에 의한 소수자를 위한 혁명이나 소수자에 의한 다수자를 위한 혁명 시대는 끝나고, 다수자에 의한 다수자의 혁명 시대, 다수자 혁명 시대가 시작되었다고 정리하였습니다. 일상의 끈질긴 활동을 바탕으로 다수가 사전 합의에 도달해야만 새로운 사회가 가능하다. 그것이 마르크스 등의 혁명론의 도달이었습니다. 그것은 소수자에 의한 음모나 과격한 폭력이라는 흔한 혁명의 이미지

와는 전혀 다른 것이었습니다.

엥겔스는 1848년 당시에는 "우리 모두"가 1789년 이래의 "프랑스의 역사적 경험에 사로잡혀 있었다"고 말했고, 그로부터 이 전환은 '프랑스 혁명형'에서 '다수자 혁명형'으로의 혁명론의 전환이라고도 합니다.

✄ 공황론의 발전에서 자본주의 발전관의 전환으로

이 혁명론의 전환과 함께 경제이론, 특히 공황 운동론의 해명이 진행되었습니다. 시대는 아직 자본주의를 확립시키는 '산업 혁명' 단계에 불과했고, 이를 잘못 판단했다는 엥겔스의 총괄은 공황의 주기적 발현을 자본주의의 말기 현상으로 파악한 『공산당 선언』의 자본주의관을 잘못으로 보는 것이기도 했습니다.

그것을 시정하는 데 결정적인 의의가 있는 것이 1865년의 제2부 제1초고에서의 공황 메커니즘의 해명이었습니다. 수요와 공급의 균형을 잡아야 할 시장경제상에서 대폭적인 과잉생산이 반복적으로 발생하는 이유는 무엇일까. 그것은 생산자본과 최종 소비자 사이에 상업자본이라는 중개자가 들어가 그것이 만들어 내는 '가공의 소비'가 생산자본의 '유통'과 순환을 '단축'하고, 또한 세계시장의 확대가 실제의 소비 규모를 생산자본으로 보기 어렵게 해, 은행자본에 의한 투자력의 확대가 생산자본이나 상업자본의 과잉 활동을 격려한다. 게다가 사적 자본 상호의 생산량 조정이 이뤄지지 않고, 서로서로 앞지르려고 하는 자유경쟁 아래서 경기 과열에 제동을 걸 이성도 작동하지 않는다. 이것이 주기적인 과잉생산과 직후의 경제 파탄을 낳는 주된 요인임을 밝혀낸 것입니다.

이에 따라 마르크스는 공황 국면을 포함한 경제의 순환을 자본주의에서 당연한 '생활행로'로 보고, 공황은 자본주의의 말기 현상이 아니라 반대로 자본주의의 평범한 일상의 한 장면에 불과하다고 고쳐 생각하게 됩니다. 이것은 마르크스의 자본주의 발전관의 대전환이었습니다. 그리고 이 전환이 일어난 것은 『자본론』 제1부의 초고를 다 쓴 후의 일이었기 때문에, 완성고의 집필에 즈음해 마르크스는 대폭적인 원고의 재작성을 피할 수 없게 되었습니다.

『자본론』에서의 혁명론 모색도 전환됩니다. 제2부 제1초고 직전에 쓴 제3부 제1-3편 초고에서 마르크스는 공황의 원인을 이윤율의 추세적 감소로 연결하려 했지만 성공하지 못했습니다. 그 발상의 배후에는 '공황=혁명'론이 있었습니다. 혁명의 계기가 되는 공황의 필연성을 리카도 이래 자본주의의 역사적 위기의 발현으로 여겨져 온 이윤율의 추세적 감소로부터 설명하고자 했습니다. 그것이 완전히 바뀌어 제2부 제1초고 직후에 쓴 제3부 제4편 이후의 초고에서는 이윤율 감소를 자본주의의 위기로 연결하는 논리는 등장하지 않게 됩니다. 이윤율의 감소 자체는 자본주의의 발전에 따라 총자본으로 민드는 기계설비 등 불변자본의 비율이 커지는 지극히 당연한 현상으로 여겨집니다만, 마르크스는 그것을 공황 및 자본주의의 위기로 연결하는 논의를 그 후 어디에서도 반복하지 않았습니다.

✄ 노동자 발달론 집중 가필

그 대신, 제1부의 완성 원고에서 새로운 탐구를 집중한 것이 그때까지 '임금노동'의 이론에 포함한다고 했던 노동자에 관한 연구였습니다. 그 하나는 다수자 혁명의 기수가 되는 노동자의 정치적 역량 발달입니다. 마르크스는 1866년 1월부터 67년 4월에 걸쳐 집필한 완성 원고에서 지금까지의 6부 편성의 경제학 플랜을 변경해, 이 논점을 제1부에 처음으로 넣어 대폭적인 가필을 합니다. 1864년 이후 인터내셔널에서의 날것의 노동자 운동과의 밀접한 관계도 많은 검토 재료를 제공한 것이 되었겠죠.

이렇게 해서 제1부의 완성 원고에는 제6편 「노임」이 통째로 덧붙여지고, 제8장 「노동일」에서도 표준 노동일(하루 노동시간의 상한)의 제정을 쟁취해 가는 투쟁의 서술이 대폭 확충됩니다.

한편, 제4편 「상대적 잉여가치의 생산」에서는 단순 협업, 매뉴팩처, 기계와 대공업이라는 생산력과 생산양식의 발전에 따라 노동자 집단이 자본가의 지령과 명령 없이 사업을 추진하는 능력을 획득하는 과정이 등장합니다. 이는 변혁을 위해 싸우는 힘의 발달과는 별개로 미래의 공동사회를 담당할 경제적 힘의 발달을 모색한 것이었습니다.

우치다 선생님이 주목한 제23장과 제24장은 자본주의의 역사적 발전을 크게 논한 제7편 「자본의 축적 과정」의 일부인데요. 터무니없이 쪽수가 많은 제23장도 통째로 완성 원고에 추가된 부분이었습니다. "자본의 증대가 노동자계급의 운명에 미치는 영향을 다룬다"라고 쓰기 시작하면서 고난에 휩싸인 노동자들이 ―당시 역사적 사정을 배경으로 마르크스는 "부의 축적"의 대척점에 "궁핍, 노동고, 노예 상태, 무지, 잔인화와 도덕적 퇴폐"가 축적된다고까지 썼는데요― 스스로를 구하기 위해서는 노사관계를 벗어나 자본주의를 넘어서는 것 외에는 없다고 결론지은 대목입니다.

이어지는 제24장에서는 확립된 자본주의의 '자본의 축적'이 아니라 봉건제 속에서 자본주의를 만들어 내는 역사의 최초 축적으로서의 '본원 축적'을 검토하고, 마지막 제7절에서는 확립된 자본주의가 내부에 그다음 사회를 준비하고 다음 역사 단계를 향해 발전하지 않고는 있을 수 없다는 전망을 말한 것이었습니다.

2. 자본주의의 발전이 미래 사회를 준비한다

✘ 자본주의의 긍정적 이해 속에 필연적 몰락의 이해를

자, 이번 주제는 마르크스의 미래 사회론이죠.

어떻게 쓰는 게 좋을지 망설였지만 결국 『자본론』에서 관련된 주요 논점을 꺼내 소개하는 정통적인 방식으로 마음을 정하였습니다. 우치다 선생님과 저와의 자연발생적 분업에서의 역할이라는 것도 있습니다만, 아울러 『자본론』의 날것의 논의를 가능한 한 넓게 독자 여러분에게 제공하고 싶은 생각도 있었기 때문입니다. 마르크스의 미래 사회론은 여러 사람에게 오해를 받고 있으니까요.

먼저 『자본론』의 서술 방식에 대한 문장부터입니다. 『자본론』의 첫머리에는 몇 종류의 '서언', '후기'가 나열되어 있는데요. 그중 독일어 제2판(1873)을 위한 '후기'에서 마르크스는 자신의 '변증법적 방법'에 대해 이렇게 말하였습니다.

> 그 합리적인 자태에서 변증법은 부르주아지나 그 공론적 대변자들에게는 꺼림칙하고 두려운 것이다. 왜냐하면, 이 변증법은 현존하는 것의 긍정적 이해 속에 동시에 그 부정, 그 필연적 몰락의 이해를 포함하며, 어떠한 생성 형태라도 운동의 흐름 속

에서, 따라서 또한 경과적인 측면에서 파악하고, 어떠한 것에 의해서도 위압되는 일 없이 그 본질상 비판적이며 혁명적이기 때문이다.

「[제2판을 위한] 후기」,『신판 자본론』①, 신일본출판사, 33-34쪽, 번역문은 일부 변경한 경우가 있음

그러나 이렇게 말한 것은 연구 대상인 자본주의를 파악하는 '선험적'인 시각으로서, 특정한 방법을 현실 분석에 앞서 채용했다는 의미는 아닙니다. 자본주의의 구조나 운동을 그 자체에 기초해서 포착하지 않으면 개혁을 위한 정확한 지침을 제시할 수 없다는 마르크스의 근본 자세에 대해서는 지금까지의 '청년이여, 마르크스를 읽자'에서도 몇 번이나 소개해 온 대로입니다. 그래서 이 점에 대해서 마르크스는 앞 문장의 조금 앞에서 다음과 같은 주의사항을 썼습니다.

"'서술의 방법'과 '연구의 방법'의 관계인데, 소재를 상세하게 우리 것으로 하는 연구가 만들어진 후에, '처음으로, 현실의 운동을 거기에 걸맞게 서술할 수 있다.' 그 서술이 제대로 성공했을 때에는 서술은 마치 어떤 '선험적인' 구성과 관련된 것처럼 생각될 수도 있다."(같은 책, 32쪽)

그러나 그것은 그렇게 보일지도 모르는 것일 뿐, 현실에 대해 밖에서 이 방법을 적용하고 있는 것은 아니며, 그 점을 오해해서는 안 된다는 것입니다.

✕ 생산수단·생산력의 발전과 노동자의 발달

앞에서 마르크스가 "긍정적 이해"라고 밀힌 깃은 민지 인간 사회의 역사 속에서는 자본주의 또한 필연적인 한 단계라는 것이고, "필연적 몰락의 이해"라는 것은 그 자본주의 자신의 운동이 자본주의를 넘어서는 새로운 사회로의 전환을 필연적으로 하고 있다는 것입니다. 그래서 미래 사회의 필연성에 관한 식견의 타당성은 무엇보다 자본주의 분석 그 자체의 타당성에 의한 것이지, 미래는 '이래야 한다'라는 공상과 설계도의 우열에 의한 것이 아닙니다.

이 "긍정적 이해", "필연적 몰락의 이해"에 대해서는 제1부 말미에 이에 대응한 총괄적이고 간결한 문장이 있습니다. 앞서 언급한 제24장 제7절의 한 문장입니다.

> (자본들의 약육강식 경쟁 속에서) 점점 증대하는 규모에서의 노동 과정의 협업적 형태, 과학의 의식적인 기술적 응용, 공동적으로만 사용될 수 있는 노동수단의 전환, 결합된 사회적 노동의 생산수단으로서의 생산수단의 사용을 통한 모든 생산수단의 절약, 세계시장의 그물망 속으로의 모든 국민 편입, 따라서 또한 자본주의 체제의 국제적 성격이 발전한다.
>
> ④, 1331~1332쪽

이것은 생산수단의 발전에 중점을 두면서 자본주의가 생산력을 어떻게 확충하고 또 미래 사회에서 공동의 노동을 어떻게 준비하는지 등을 말한 뒤 자본주의의 "긍정적 이해"를 간결하게 정리한 것입니다.

이어서 마르크스는 "필연적 몰락"으로 가는 과정에 대해서 이렇게 씁니다.

앞의 문장과 같은 "전환 과정의 일체의 이익을 횡탈하고 독점하는 대자본가의 수가 계속해서 감소해 감에 따라 빈곤, 억압, 예속, 타락, 착취의 총량은 증대하지만, 또한 끊임없이 팽창하는 곳의 자본주의적 생산 과정 자체의 기구에 의해 훈련되고 연합되어 조직되는 노동자계급의 반항 또한 증대한다. 자본 독점은 그것과 동시에 그것의 밑에서 개화한 이 생산양식의 질곡이 된다. 생산수단의 집중과 노동의 사회화는 그들의 자본주의적 외피와는 조화할 수 없게 되는 한 점에 도달한다. 이 외피는 분쇄된다. 자본주의적 사적 소유의 조종弔鐘이 울린다. 수탈자가 수탈된다."(④, 1332쪽)

앞의 "긍정적 이해" 속에 자본에 의한 노동자 착취의 증가와 이에 저항하는 노동자의 힘의 증대가 있고 그것들이 생산력의 발전과 노동자 공동의 본연의 자세를 자본주의적인 외피로부터 해방하기에 이른다는 것입니다. 즉 자본주의의 쇠퇴가 아니라 발전이야말로 보다 풍부한 미래 사회의 객관적인 준비와 그것을 실현하는 주체(인간)의 준비를 한다는 것입니다.

이 점과 관련해 마르크스는 반세기에 걸친 '내전'을 통해 노동자가 획득한 공장입법의 전 영역(연령·성별·산업 분야)으로의 확산을 자본주의의 테두리 안에서의 노동자의 싸움이 미래 사회의 준비를 진행하는 구체적인 사례로서 파악하는 문장도 남겼습니다.

> 공장입법의 일반화는 생산 과정의 물질적 조건 및 사회적 결합과 함께 생산 과정의 자본주의적 형태의 모순과 적대를, 그러므로 동시에 새로운 사회의 형성 요소와 낡은 사회의 변혁 계기를 성숙시킨다.
>
> ③, 877쪽

✕ 끝없는 자본의 치부 충동

자본주의에 필연적 몰락의 길을 걷게 하는 추진력은 개개의 자본의 끝없는 잉여가치 생산에의 충동입니다. 자본주의의 "긍정적 이해" 그 자체입니다. 그 주요 내용과 방법에 대한 분석이 『자본론』 제1부의 많은 부분을 차지하고 있는데요. 마르크스는 '단순한 상품 유통'과 구별되는 '자본으로서의 화폐 유통'을 검토하는 첫 부분에서, 자본의 운동을 다음과 같이 간결하게 묘사하였습니다.

이 운동의 의식적인 기수로서 화폐 소유자는 자본가가 된다. 그의 인격, 또는 오히려 그의 주머니는 화폐의 출발점이자 귀착점이다. 앞의 유통[G-W-G]의 객관적 내용 —가치의 증식— 은 그의 주관적 목적이다. 그리고 단지 추상적 부를 점점 더 많이 취득하는 것이 그의 조작의 유일한 추진적 동기인 한에서만 그는 자본가로서, 또는 인격화된 —의지와 의식을 부여받은— 자본으로서 기능한다.

②, 266쪽

자본가 이전의 경제적 지배자가 구체적인 형태를 가진 부-사용가치의 획득을 목표로 한 것에 비해, 자본가는 추상적인 부-가치·화폐의 획득을 목적으로 해 그에 의해서 무제한으로 부를 원하는 특질을 갖게 됩니다. 단, 마르크스는 『자본론』 어디에서도 화폐나 자본의 축적 충동을 자본가의 탐욕이나 악의로 설명하지는 않습니다. 이것에 관해서는 '[초판을 위한] 서언' 중에서 마르크스 자신이 이렇게 해설하였습니다.

나는 결코 자본가나 토지 소유자의 자태를 장밋빛으로 묘사하지 않는다. 그러나 여기서 제 인격이 문제가 되는 것은 단지 그들이 경제적 카테고리들의 인격화이며, 특정한 계급 관계나 이해의 담당자인 한에 있어서이다. 경제적 사회구성체의 발전을 하나의 자연사적 과정으로 보는 나의 입장은 다른 어떤 입장에서도 개개인에게 여러 관계의 책임을 지울 수 없다. 개인은 주관적으로는 여러 계급을 이무리 초월해도 사회적으로는 여전히 여러 관계의 피조물이다.

①, 14쪽

자본가를 "여러 관계의 피조물"로 파악하는 이 방법은 노동자를 파악하는 방법에 대해서도 마찬가지입니다. 노동자가 자본주의의 시정이나 변혁에 나서지 않을 수 없게 된다고 마르크스가 말할 때, 그 행동의 동기나 정치적인 능력의 발달, 또 자본가 없이 생산수단을 운영할 능력의 발달도, 오로지 노동자가 처한 사회적 제반 관계로부터 설명됩니다. 노동자는 선인이고 자본가는 악인이라는 단순한 가정에 의한 것은 물론 아닙니다.

✕ 치부 충동 자체가 몰락으로의 추진력

다음의 잘 알려진 문장은 그 한 가지 예가 됩니다.

"대홍수여, 내가 죽은 뒤에 와라!" 이것이 모든 자본가 및 모든 자본 국가의 슬로건이다. 그래서 자본은 사회에 의해 강제되는 것이 아니라면 근로자의 건강과 수명에 대해 아무런 고려도 하지 않는다. 육체적·정신적 위축, 이른 죽음, 과잉 노동의 책임에 대한 불만에 대답해 자본은 말한다 — 우리가 (그 고통 덕에) 즐거움(이윤)을 더한다고 해서, 우리가 그 간고艱苦로 고민해야 하는가?라고.

그러나 전체적으로 보면 이 또한 개별 자본가의 선의 또는 악의에 의존하는 것은 아니다. 자유경쟁은 자본주의적 생산의 내재적 법칙을 개별 자본가에게 외적 강제법칙으로 통용시키는 것이다.

②, 471쪽

과로사나 요절(夭死)을 포함한 건강 파괴에 대해 아무런 고려도 하지 않는 자본가의 행동도 개개인의 악의에서가 아니라 그의 배후에 있는 자본주의의 제 법칙에 의한 '강제'에서 설명되며, 마찬가지로 그러한 충동으로부터 스스로의 생명과 건강을 지키기 위해 노동자가 자본의 활동 자유를 제한하고자 행동하는 것도 마르크스는 그들이 처한 여러 관계로부터 설명합니다.

덧붙여 노동자가 만들어 내는 자본에의 사회에 의한 강제를 마르크스는 "국법"(②, 532쪽)에 근거하는 것으로 하고 있습니다. 자본의 활동에 대한 법적 규제가 필요하다는 이 논점은 신자유주의로부터의 전환을 절실한 과제로 하는 현대 일본에서도 중요한 지침이 되고 있다고 말할 수 있겠죠.

또한 마르크스는 이러한 가치 증식에 대한 자본의 광신이 미래 사회의 토대를 창조한다고 말했습니다.

> 자본가는 인격화된 자본인 한에 있어서만, 하나의 역사적 가치를 가진다. 그러한 한에서는 또한 사용가치와 향유가 아니라 교환가치와 그 증식이 그의 추진적 동기이다. 가치 증식의 광신자로서 그는 가차 없이 인류를 강제하고, 생산을 위해 생산하게 하며, 따라서 사회적 생산력을 발전시키고, 또한 모든 개인의 충분하고 자유로운 발달을 지배원리로 하는 보다 고도의 사회 형태의 유일한 현실적 토대가 될 수 있는 물질적 생산 제 조건을 창조하게 한다.
>
> ④, 1030쪽

자본주의를 자본주의로 만드는 잉여가치 생산의 추구(긍정적 이해)야말로 동시에 생산력의 발전과 노동자의 발달을 통해 스스로를 필연적 몰락으로 치닫게 하는 원동력(필연적 몰락의 이해)이 된다 ─ 마르크스는 그렇게 자본주의의 운동을 파악하였습니다.

덧붙여 여기서 "고도의 사회 형태"라는 것은 자본주의를 넘어선 미래 사회인데요. 마르크스가 그것이 "모든 개인의 충분하고 자유로운 발달을 지배원리"로 한다고 말한 것은 미래 사회의 단적인 특징 부여로서 중요한 점이라고 생각합니다.

3. 미래 사회란
어떤 사회인가

✖ 공동으로 생산하는 자유로운 사람들의 연합체

미래 사회가 어떤 모습일지 그 이야기로 넘어갑시다. 『자본론』 중에서 그것이 가장 먼저 나타나는 것은 '상품론'에서입니다. 노동 생산물이 상품 형태를 취하는 것을 역사의 한 시기의 일로서 인간 사회의 다른 단계와 상품 생산 사회를 대비한 곳에서입니다.

> 마지막으로 바로 지금을 바꾸기 위해 공동적 생산수단으로 노동하고, 자신들의 많은 개인적 노동력을 자각적으로 하나의 사회적 노동력으로 지출하는 자유로운 사람들의 연합체를 생각해 보자. 이 연합체의 총생산물은 하나의 사회적 생산물이다. 이 생산물의 일부분은 다시 생산수단에 도움이 된다. 이 부분은 계속 사회적이다. 그러나 또 다른 부분은 생활수단으로서 연합체 성원들에 의해 소비된다. 이 부분은 그래서 그들 사이에 분배되어야 한다. 이 분배 방법은 사회적 생산 유기체 그

자체의 특수한 종류와 이에 조응하는 생산자들의 역사적 발전 정도에 따라 변화할 것이다.

①, 140-141쪽

　마르크스는 미래 사회를 먼저 "자유로운 사람들의 연합체"로 보고 있습니다. 앞의 인용에도 "모든 개인의 충분하고 자유로운 발달을 지배원리로 한다"라는 말이 있었는데요. 마르크스는 자유로운 사람들, 자유로운 개인, 그들의 자유로운 발달을 이 사회의 첫 번째 특징으로 삼았습니다. 20세기에 '사회주의'를 자칭한 나라들에서처럼 사람들이 국가권력에 의해 감시되고 지배당하는 것과는 전혀 다른 사회입니다.

　그것을 지탱하는 경제적인 특징의 첫 번째는 노동자가 "공동적 생산수단으로 노동"한다는 것입니다. 자본주의에서는 소수의 자본가가 소유하고 있는 생산수단이 여기서는 "자유로운 사람들의 연합체"의 소유로 바뀝니다. 그러한 변화는 다른 곳에서는 생산수단의 '사회화'나 생산수단의 '사회적 소유'라고 불리고 있습니다.

　두 번째 경제적 특징은 노동자가 스스로의 노동력을 "자각적으로", 게다가 상품 생산 사회에서처럼 사적 노동력으로서가 아니라 처음부터 "사회적 노동력"으로 지출한다는 것입니다.

　조금 앞에서 마르크스는 미래 사회를 "사회적 생활 과정"

이나 "물질적 생산 과정"이 "자유로운 사회화된 인간의 산물로서 그들의 의식적·계획적 관리하에 놓이는" 사회로 묘사하고 있는데요(①, 142쪽). 각자의 "자각적"인 노동력 지출은 그들이 미리 공유하는(국가 등의 외적인 힘으로 강제되는 것은 아닌) "계획적 관리"에 근거해 행해집니다.

이렇게 공동적 생산수단을 가지고 공동의 계획적 관리하에서 수행된 노동의 생산물은 자유로운 사람들 자신의 공동소유가 될 수밖에 없습니다. 그 일부는 다시 공동적 생산수단으로 활용되고, 다른 한편으로 생활수단은 사람들 사이에서 '분배'됩니다.

생활수단은 사람들의 사적 소유가 되는 것으로, 마르크스가 전망한 미래 사회를 '뭐든지 공유하는 사회'라고 그리고 싶어 하는 사람도 있지만, 그건 너무나도 허술한 논의입니다.

✖ 인간적인 노동으로, 경쟁에 맡기지 않는 계획적인 공동으로

생산수단을 '자유로운 사람들의 연합체'가 소유하고 관리하게 되면 인간 사회에는 어떤 새로운 변화가 생길까. 이 점에 관한 서술은 제1부의 틀을 넘는 부분이 많아집니다.

첫 번째는 노동의 성격 자체의 변화에 관해서입니다. 생산 과정을 관리하는 것은 노동하는 사람들 자신이기 때문에

자유경쟁에 압박을 받아 자연과 함께 노동을 파괴하는 것과
같은 노동 방식은 개선됩니다.

> 사회화된 인간, 협동하는 생산자들이 자신들과 자연과의 물질
> 대사에 의해 ―맹목적인 지배력으로서의 그것에 의해― 지배
> 되는 것이 아니라, 이 자연과의 물질대사를 합리적으로 규제
> 해 자신들의 공동의 관리하에 두는 것, 즉 최소한의 힘의 지출
> 로 스스로의 인간성에 가장 적합한 여러 조건하에서 이 물질
> 대사를 수행하게 되는 것이다.
>
> ⑫, 1460쪽

동시에 노동시간의 단축이 진행되어 사람들이 자유롭게
사용할 수 있는 시간이 늘어납니다.

> 한 사회층이 노동의 자연적 필요성을 자기 자신에게서 다른
> 사회층으로 전가할 수 없게 될수록 사회적 노동일 중 물질적
> 생산을 위해 필요한 부분이 그만큼 짧아지고, 따라서 개인들
> 의 자유로운 정신적·사회적 활동을 위해 획득되는 시간 부분
> 이 그만큼 커진다. 자본주의 사회에서 한 계급의 자유로운 시
> 간은 대중의 모든 생활시간을 노동시간으로 전환함으로써 창
> 출된다.
>
> ③, 920-921쪽

이 점과 관련해서 '임금, 가격 및 이윤'에서 마르크스는 이렇게 말했습니다.

> 시간은 인간 발달의 장이다. 마음대로 처분할 수 있는 자유로운 시간을 갖지 않은 인간, 수면이나 식사 등에 의한 단순한 생리적 중단을 들여다보면, 그 전 생애를 자본가를 위해 노동으로 빼앗기는 인간은 우마에 버금간다.
>
> 『임금노동과 자본/임금, 가격 및 이윤』, 신일본출판사, 170-171쪽

마르크스는 자본주의의 틀 안에서도 노동시간 단축을 노동자 발달의 근본 조건으로 여겼던 것입니다.

두 번째는 경제활동의 목적 자체가 바뀐다는 것입니다.

앞의 "모든 개인의 충분하고 자유로운 발달을 지배원리로 하는 보다 고도의 사회 형태"(④, 1030쪽)라는 문장은 미래 사회에서는 개개의 자본에 의한 잉여가치 생산의 추구가 아니라, 개인의 자유로운 발달의 보장이야말로 경제활동 그 자체의 목적이 되어 감을 제시하였습니다.

동시에 경제활동은 이것도 앞서 "사회적 생활 과정"이나 "물질적 생산 과정"이 "자유로운 사회화된 인간의 산물로서 그들의 의식적·계획적 관리하에 놓인다"(①, 142쪽)라는 문장을 소개하였는데요. 똑같이 그것은 자유경쟁을 통한 사후적 조정에 맡겨지는 것이 아니라 미리 계획적으로 이루어지는

것으로 바뀝니다. 마르크스는 다음과 같이 썼습니다.

> 자본주의적 생산에서 총생산의 연관은 맹목적인 법칙으로서
> 생산 당사자들에게 자기를 강요하는 것이지, 그들의 협동한
> 이성에 의해 파악되고 따라서 지배된 법칙으로서 생산 과정을
> 그들의 공동의 관리하에 두지 않았다.
>
> ⑧, 441쪽

> 사회적 이성이 언제나 축제가 끝나고 나서야 비로소 타당한
> 것으로 여겨지는 자본주의 사회에서는 항상 큰 교란이 생길
> 수 있고, 또 생기지 않을 수 없다.
>
> ⑥, 500쪽

이 점이 바뀐다는 것입니다.

✖ 낭비의 일소, 생산력 발전이 가져올 노동시간 단축

이러한 논의 위에 서서 마르크스는 경제사회의 새롭고 큰
발전 가능성에 관해서도 썼습니다.

> 자본주의적 생산양식은 개개의 사업소 내에서는 절약을 강제
> 하지만, 그 무정부적인 경쟁 제도는 사회적인 생산수단과 노

동력의 끝없는 낭비를 낳아, 그것과 동시에 오늘날에는 불가

결하지만 그 자체로서는 불필요한 무수한 기능을 낳는다.

③, 920쪽

개별 자본의 이익을 원동력으로 하는 "무정부적인 경쟁"을 사람들의 협동에 기초한 계획적 관리로 전환하면 각종의 "낭비"를 크게 줄여 나갈 수 있는 것으로, 그것은 주기적인 과잉생산과 생산력이나 상품의 폐기라고 하는 양의 문제뿐만이 아니라, 단기간의 교환을 당연시하는 제품 만들기 등 생산의 질의 시정으로도 이어질 것입니다. 또 지금은 리먼 사태에 나타난 것과 같은, 실물경제를 종속시키고 혼란에 빠뜨리는 금융경제(머니게임 시장)의 발전도 "절약"되어야 할 "불필요한 무수한 기능"의 하나라고 할 수 있을 것입니다.

더 나아가 경제의 보다 적극적인 발전의 내용이 제3부의 제7편, 즉 『자본론』 전체의 마지막 편에서 전개됩니다. 여기는 『자본론』에서 가장 집중적으로 미래 사회론을 이야기한 부분입니다.

우선 자본주의에 의한 미래 사회 준비의 중심적인 조건이 그에 따른 생산력 발전이라고 말하였습니다.

자본이 이 잉여노동을 노예제, 농노제 등 이전의 여러 형태하에서보다 생산력의 발전에 있어 사회적 제반 관계의 발전에

있어서, 또 보다 고도의 사회 형성을 위한 제반 요소의 창조에
있어서 한층 유리한 양식과 제반 조건에서 강제한다는 것이야
말로 자본의 문명화적 제반 측면의 하나이다.

⑫, 1459쪽

그에 따라 "자본은 한편으로는 사회의 일부분에 의해 다
른 부분을 희생시켜 강제와 사회적 발전(그 물질적 및 지적 제 이
익을 포함하는)의 독점화가 보이지 않게 되는 한 단계를 가져
온다. 한편으로는 그것을 사회의 한층 더 고도한 형태에서,
이 잉여노동을 물질적 노동 일반에 적용되는 시간의 한층
더 큰 제한과 연결하는 것을 가능하게 하는 여러 관계를 향
한 물질적 여러 수단 및 그 맹아를 만들어 낸다."(⑫, 1459쪽)

자본에 의한 생산력의 거대한 발전이야말로 사회의 일부
사람들에 의해 그 외의 사람들이 희생되는 일이 없는 진정
으로 협동적인 사회를 만들어 내는 토대가 된다. 그리고 거
기에 머무르지 않고, 그러한 생산력의 발전은 사람들에게
노동시간의 '제한', 즉 노동시간 단축에의 큰 물적 조건을 낳
기도 한다는 것입니다.

✕ 필연의 왕국 개혁과 자유의 왕국 확대와

나아가 마르크스의 미래 사회론은 사람들의 경제적 평등

과 풍요의 향유뿐만 아니라 '인간 발달의 장'인 자유시간의 확대에서 가장 큰 특질을 보았습니다. 여기는 의외로 잘 알려지지 않은 곳이기 때문에 조금 길어지겠는데요. 관계 부분을 정리해서 인용해 두겠습니다.

⑴ 자유의 왕국은 사실 궁박함과 외적인 목적 적합성에 의해 규정되는 노동이 존재하지 않게 되는 곳에서 비로소 시작된다. 따라서 그것은 당연히 본래의 물질적 생산 영역의 저편에 있다. ⑵ 미개한 사람이 자신의 욕구를 충족시키기 위해, 자신의 삶을 유지하고 재생산하기 위해 자연과 씨름해야 하는 것처럼, 문명인도 그렇게 해야 하고, 게다가 모든 사회 형태에서 모든 생산양식하에서 그는 그런 격투를 해야 한다. 그의 발달과 함께 욕구들이 확대되니, 자연적 필연성의 이 왕국은 확대된다. 그러나 동시에 이들 욕구를 만족시키는 생산력도 확대한다. ⑶ 이 영역에서의 자유는 단지 사회화된 인간, 결합한 생산자들이 자신들과 자연의 물질대사에 의해서 —맹목적인 지배력으로서의 그것에 의해서— 지배되는 것이 아니라, 이 자연과의 물질대사를 합리적으로 규제해 자신들의 공동의 관리하에 두는 것, 즉 최소한의 힘의 지출로 스스로의 인간성에 가장 걸맞은, 가장 적합한 여러 조건에서 이 물질대사를 실시하는 것, 이 점에만 있을 수 있다. 하지만 그래도 이는 여전히 필연의 왕국이다.

(4) 이 왕국의 저편에서 그 자체가 목적이라고 여겨지는 인간의 힘의 발달로 진정한 자유의 왕국이 —라고 해도, 그것은 단지 저기의 기초로서의 위의 필연의 왕국 위에서만 개화할 수 있지만— 시작된다. 노동일 단축이 근본 조건이다.

⑫, 1459-1460쪽

노동시간 단축을 미래 사회론의 핵심으로 규정하는 이 논의는 마르크스의 연구에서 갑작스러운 것이 아닙니다. 『1857-58년 초고』이래, 반복적으로 탐구를 깊게 해 온 것입니다.

(1), (4)에서 마르크스는 인간이 생존하기 위해 어떤 사회의 발전 단계에 있어도 피할 수 없는 "물질적 생산 영역"을 "필연의 왕국"이라고 부르고, 다른 한편 사람들이 노동에서 해방되는 자유시간의 영역을 "자유의 왕국"이라고 불렀습니다.

(2), (3)에서 마르크스는 "필연의 왕국"의 역사적 발전을 이야기하였습니다. 사람들의 발달과 함께 욕구가 확대되었고, 그것이 노동시간의 확대를 가져왔으며, 동시에 생산력도 발전시켜 왔다. 그러나 생산수단의 공동 소유에 기초한 미래 사회로의 전환은 자연과의 물질대사의 합리적인 규제 때문에 "최소한의 힘의 지출"로 이것을 실시하는 것을 가능하게 한다.

(4) 다만, 그것은 어디까지나 "필연의 왕국"의 테두리 내에서의 변화이며, 보다 중요한 것은 그것에 의해서 가능해지는 "자유의 왕국"의 확대이고, "그 자체가 목적이라고 여겨지는 인간의 힘의 발달"이다. 그리고 그 밑거름이 되는 것은 '노동시간의 단축'이라는 것입니다.

✕ 시간 단축 등 자본주의를 개량하는 싸움의 의의

마르크스는 앞의 문장 뒤에 쓴 『자본론』 제1부 「노동일」의 장에서 본래 "자유롭게 처분할 수 있는 노동자의 시간"이 "자본의 자기 증식을 위한 것"으로 여겨짐에 따라 "인간적 교양을 위한, 정신적 발달을 위한, 사회적 역할을 수행하기 위한, 육체적·정신적 생명력의 자유로운 활동을 위한 시간", "일요일의 안식 시간조차도" 빼앗기고 있다고 말했는데요(②, 462쪽). 미래 사회는 모든 사람에게 이러한 시간을 보장한다는 것입니다.

『1861-63년 초고』에는 "자유롭게 이용할 수 있는 시간을 가지는 사람이기도 한 사람의 노동시간은 노동하는 것뿐인 인간의 노동시간보다 훨씬 더 고도의 질을 가지는 것이 틀림없다"(『자본론 초고집』⑦, 오쓰키서점, 314쪽)라는 문장도 있어서 마르크스는 "자유의 왕국"의 확대가 인간의 노동력의 질을 높이고, 그에 의해서 "필연의 왕국"이 한층 더 발전하는 것도 가능하게 한다고 하는, 두 나라의 상승적인 발전을 전망하기도 했습니다.

현대 자본주의 강국에서 이 시간 단축 선진국이라고 하면 독일, 프랑스의 주 35시간제인데요. 그 프랑스의 20세기 초 노동시간은 주 70시간이었기 때문에 지난 1세기 동안 노동시간은 반으로 줄었습니다. 마르크스 이후의 자본주의의 이러한 발전은 노동시간의 단축을 특질로 하는 미래 사회에 대한 사람들의 충동의 세기를 재차 보여 주는 것입니다.

자본주의를 넘어선 미래 사회라고 하면 과거 소련처럼 국가가 경제자원을 독점하고(사람들의 공동 소유가 소수의 권력자에 의한 소유로 전환되는), 국가가 정한 계획에 따른 경제활동이 노동자들에게 강제되는(계획의 입안이나 생산수단의 운용이 자유로운 사람들이 아니라 소수의 권력자에 의해 독점되는), 그러한 사회로부터의 일탈을 허용하지 않기 위한 시민의 감시나 관리가 일상화된 억압적인 사회라는 이미지가 있을지도 모르지만, 그것은 마르크스의 미래 사회론 전망과는 전혀 방향을 달리하고 있습니다. 소련의 붕괴로 "마르크스는 죽었다"라고 말하는 것의 오류는 명백합니다.

그렇다면 왜 소련에서는 마르크스가 전망한 사회가 실현되지 않았을까. 여러 가지 요인을 들 수 있겠지만, 이미 소개한 마르크스의 견해에 따라 말하자면, 미래 사회를 여는 근본 조건인 풍부한 생산력과 사회를 자신들의 힘으로 민주적으로 운영할 힘을 가진 노동자의 발달이 함께 실현되지 못했다는 것, 즉 그것들을 준비하는 자본주의의 발달을 충분히 체험하지 않은 사회였다는 것이 가장 큰 요인이 될 것 같습니다. 스탈린이라는 특이한 개성의 출현도 있었지만(그것에 대해서는 '청년이여, 마르크스를 읽자'의 번외편인 『마르크스의 마음을 듣는 여행』에서 조금 정리해 말했습니다), 그와 그의 후계자들의 독재를 '소련 붕괴'까지 계속해, 그 후의 오늘날도 푸틴에 의한 장기의 강권 정치를 유지하고 있는 현실은, 자본주의의 형성과 발전을 통한 많은 '개인'의 확립(봉건제 사회에서 거기에 매몰되어 있던 공동체로부터의 탈출)과 그렇게 해서 자립을 깊게 단결하면서 다수 합의로 자본주의를 개량하는 역사적 경험의 중요성을 재차 가르쳐 주는 것 같습니다.

4. 미래 사회의 몇 가지 측면에 관해서

✘ 여러 개인이 자발적으로 결합한 노동에 기반한 사회

『자본론』에서의 '골라 읽기'는 여기까지입니다. 다음은 몇 가지 보충입니다.

하나는 용어 문제입니다. 지금까지 미래 사회를 나타내는 마르크스의 용어로 '사회주의 사회'나 '공산주의 사회'라는 말을 가능하면 사용하지 않았습니다. 그것은 의외라고 생각할 수도 있지만, 마르크스 자신이 그 용어들을 특별히 자신의 연구 성과를 표현하는 것으로는 많이 사용하지 않기 때문입니다.

예를 들면 『청년이여, 마르크스를 읽자』 1권에서 다룬 『공산당 선언』에서도, 지금 여기서 다루고 있는 『자본론』에서도 '공산주의 사회'라는 말은 각각 두 군데씩에서밖에 사용되지 않았습니다(심지어 『자본론』의 두 군데 중 한 곳은 주석에 있습니다). 작은 팸플릿이었던 『공산당 선언』은 그렇다고 해도, 방대한 『자본론』 전체 3부 중에서 단 두 곳이라면 이건 더 찾기가 힘듭니다. 또 후년의 마르크스는 '사회주의'와 '공산주의'를 같은 의미의 말로 사용했습니다만, '사회주의 사회'라는 말은 『자본론』에는 한 번도 등장하지 않았습니다.

그렇게 되어 있는 이유에 관해서인데요. 마르크스가 사회운동에 참여한 1840년대에는 거의 법적 규제를 일절 하지 않는 자본주의의 야만으로부터 노동자를 해방하려고 하는 운동이나 사상, 또 목표로 해야 할 사회를 공산주의(주로 독일에서)나 사회주의(주로 프랑스에서)라는 말로 나타내는 사람들이 이미 많이 있어서, 그러한 말은 사회 속에서 일정한 시민권을 얻고 있었습니다. 그래서 마르크스도 그것을 사회와 노동자 운동 속의 공통 언어로 받아들여 자신의 운동이나 연구를 시작합니다.

그러나 자세히 검토해 보면, 그것들이 의미하는 바는 논자의 수만큼 다양했습니다. 그래서 마르크스는 1848년의 『공산당 선언』에서 "하나의 유령이 유럽을 배회하고 있다." "이제 공산주의자들이 전 세계를 향해 자신의 견해와 자신의 목적과 자신의 의향을 공개적으로 표명함으로써 공산주의의 유령이라는 소문을 당 자체의 선언으로 대치해야 한다"라고 쓰기 시작했습니다. '공산주의·사회주의'라는 말의 진정한 의미를 나 또는 공산주의자동맹이 밝히자는 것입니다.

이『선언』에서 마르크스는 당시 유럽 사회의 상황, 노동자가 처한 엄중한 입장, 그 시정을 위해서 행해지고 있는 운동, 미래 사회의 전망이나 거기로의 과정 등을 말한 다음, 부르주아 사회의 변혁으로 만들어지는 새로운 사회를 간결하게 다음과 같이 말했습니다.

> 각자의 자유로운 발달이 만인의 자유로운 발달을 위한 조건인 연합체Assoziation
>
> 『공산당 선언/공산주의 원리』, 신일본출판사, 86쪽

후에 자본주의 경제 분석의 핵심이 되는 잉여가치론도 없었던 단계에서의 인식이지만, 그래도 마르크스는 사람들의 '자유로운 발달'을 이미 미래 사회의 중심 요소로 삼고 있었

습니다.

그 상태에서 주목하고 싶은 것은 위에 등장한 'Assoziation' 이라는 용어입니다. 이 말은 『자본론』 중에서도 미래 사회 의 특징짓기로서 반복적으로 사용되고 있는 것으로, 그것은 노동자가 자본이라는 외적인 힘에 의해 특정한 노동 양식이 나 노동의 편성에 결합되어 있는Kombiniert 자본주의의 경제와 달리, 어떠한 외적인 힘에 의해서가 아니라, 제 개인(생산자) 이 어디까지나 자발적으로 협동하여Assoziiert 노동하는 것을 토대로 하는 사회로 변화하는 것을 제시하는 것이었습니다. 이 점을 단적으로 표현한 것으로, 『자본론』에는 다음과 같은 문장도 등장합니다.

> 자본주의적 생산양식에서 협동하는 노동의 생산양식die Produktionsweise der Assoziierten Arbeit으로의 이행
>
> ⑩, 1096쪽

『자본론』에서 마르크스가 미래 사회의 경제관계를 자신 의 말로 표현한 것으로는 이것이 가장 단적이고 핵심적인 것이 아닐까 생각합니다. 그것은 이미 소개한 "공동적 생산 수단으로 노동하고, 자신들의 많은 개인적 노동력을 자각적 으로 하나의 사회적 노동력으로 지출하는 자유로운 사람들 의 연합체"(①, 140쪽)를 보다 간결하게 나타낸 것이라고도 할 수 있습니다.

✖ 공동 경영을 실현하는 현장의 인간의 힘

또 하나, 이렇게 사람들이 자각적으로 협동하는 노동 양식의 구체상에 대해서인데요. 마르크스는 그것에 대해서 얼마 되지 않지만, 탐구의 글을 남겼습니다. 파리 코뮌의 싸움을 총괄한 『프랑스 내전』에서 글을 남겼습니다. 본문 중에 이렇게 나옵니다.

> 만약 협동조합 연합체가 하나의 공동 계획에 따라 전국의 생산을 조정하고, 이렇게 해서 그것을 자신의 통제 아래에 두고 자본주의적 생산의 숙명인 부단한 무정부 상태와 주기적 경련[공황을 의미합니다 —이시카와]을 끝내야 한다면 — 제군, 그것이야말로 공산주의, '가능한' 공산주의가 아니고 무엇이란 말인가!
>
> 『마르크스=엥겔스 전집』 제17권, 319~320쪽

이 점을 좀 더 파고들어 서술한 것이 『내전』 제1초고의 다음 문장입니다.

> 노동자계급은 그들이 계급투쟁의 여러 국면을 거쳐야 한다는 것을 알고 있다. 노동의 노예제[자본주의를 의미합니다 —이시카와]의 경제적 조건을 자유로운 협동 노동의 조건과 바꾸

는 것은 시간을 필요로 하는, 점진적인 일로만 있을 수 있는 것으로(그 경제적 개조), 거기에는 분배의 변경뿐만 아니라 생산의 새로운 조직이 필요하다는 것, 또는 오히려 현재의 조직된 노동에 기초한 사회적 생산의 여러 형태(현재의 공업에 의해 만들어진)를 노예제의 족쇄로부터, 그 현재의 계급적 성격으로부터 구해 내서(해방해서) 국내에서도 국제적으로도 조화로운 협력을 만드는 것이 필요하다는 것을, 그들은 알고 있다.

같은 책, 517-518쪽

자발적으로 협동하는 노동을 실현하는 데는 시간이 걸리며, 그것은 분배의 평등의 실현 이상으로 "생산의 새로운 조직"의 실현에 달려 있다. 그 조직은 '협동조합'적 운영을 하나의 형태로 한, 현재의 노사관계로부터 해방된 노동자(생산자)의 자발적인 연합에 기초한 생산 조직으로, 또한 그것들은 국내적·국제적으로 조화로운 상호 관계를 만들어 나가야 한다는 겁니다.

그렇다면 서로 자발적으로 협동하는 노동의 현장은 개별적이고 구체적인 경영이기 때문에, 거기에 일하는 노동자(생산자)들에게는 자본주의하에서보다 효율적인 경영을 실현할 힘이 없어서는 안 됩니다. 생산수단을 형태 위에서, 예를 들어 법적으로 공유하기만 하면 그것으로 일이 끝나는 것이 전혀 아니고, 반대로 그 순간부터 내실 있는 진정한 공유를 만드는 것이야말로 진정한 과제라는 것입니다. 마르크스는 『자본론』 제1부에서 노동자계급의 발달을 탐구했을 때, 자본주의를 개량하거나 노동자의 정치권력을 수립하는 이른바 '싸울' 능력의 발달뿐만 아니라, 미래 사회의 특히 경제활동을 담당할 능력의 발달에도 초점을 맞췄는데, 그것은 이러한 논리의 맥락을 전망한 것이었다고 생각합니다.

실제로 현대 일본에서도 이 능력은 자본주의 테두리 내에서의 경영 개선의 대처나 직장의 보다 민주적이고 효율적인 운영을 목표로 하는 나날의 대처를 통해서 점차 단련되는 것입니다. 예를 들면, 고베여학원대학의 교직원조합이 임금이나 노동시간 등 일하는 여러 조건의 개선을 주장할 뿐만 아니라, 학부생이나 대학원생의 교육·연구 조건의 정비, 또 학원 경영 전체에 대한 제안의 능력을 풍부하게 해, 경영에 그 의견을 반영시키는 구조를 조금씩 확장해 가는 ―예를 들면 유럽에서의 종업원 대표 제도와 같이― 등의 매일의 리얼한 활동이야말로 그러한 능력을 발달시키는 장소가 됩니다. 보다 좋은 노동 조건뿐만이 아니라 동시에 보다 좋은 대학 만들기를 목표로 하는 현재의 일이 미래에서(담당자는 세대 교체 하겠지만) 이 경영을 학생이나 대학원생도 포함해 정말로 공동적으로, 또는 '협동조합'적으로 보다 효율적으로 운영할 능력을 획득하는 것으로 이어지겠죠.

그런 것을 생각하면서 임금이나 노동시간 등의 노동 조건

개선의 지연이나 노동조합에의 가입자의 비율의 실제를 보면, 일본에서의 미래 사회의 실현은 아직 상당한 시간이 걸릴 것 같습니다. 사회나 정치를 바꾸는 싸움의 힘도, 미래 사회의, 특히 경제를 담당하는 힘도 모두 미숙하니까요.

동시에 유럽연합이나 북유럽 사회를 참고로 할 때는 노동자·시민의 생활을 지키는 제도의 내용뿐만 아니라, 그러한 제도를 실현해 온 노동자·시민의 역사적인 발달도 파악하는 것이 필요합니다. 시간당 노동 생산성이나 GDP가 높다는 점에서도 그러한 사회의 대부분이 객관적으로는 일본보다 미래 사회에 접근한, 보다 발달한 자본주의입니다. 이러한 현실이 보여 주는 것은 사회민주주의인가 사회주의인가가 아니라, 사회민주주의적인 개혁의 충분한 발전을 이루는 것 자체가 사회주의의 풍부한 준비라는 것입니다.

✖ 젠더 시각에서의 자본주의 분석

젠더 시각으로부터의 분석에 대해서도 『자본론』은 재미있는 문장을 몇 개 남겼습니다. 헬레나 데무트Helena Demuth와의 사이에서 아이를 만들었다고 하는 마르크스의 행동에 관해서는 『마르크스의 마음을 듣는 여행』에서 다루었는데요.

그 마르크스도 연구의 영역에서는 선구적인 분석을 몇 개 남겼습니다.

마르크스는 남자가 가족을 부양하는 임금을 받아야 한다고 주장하는 '가족 임금 사상의 소유자'라는 논의가 아직도 있는 것 같습니다만, 그 생각이 잘못되었다는 것은 『자본론』을 읽으면 바로 알 수 있습니다.

마르크스는 '노동력의 가치'에 대해 처음 말한 부분에서는, 즉 가장 추상적으로 그것을 논한 부분에서는 거기에 가족의 생활비가 포함된다는 것을 지적했지만, 그 후 성인 남성뿐만 아니라, 여성도, 아이도 임금노동자로 되어 있다는 구체적인 현실의 분석으로 논의를 진행해, 거기에서는 노동자 가족 내부에서 노동력의 가치 분할이 이루어지고, 그에 따라 성인 남성만 임금노동자인 경우보다 가족에 복수의 노동자가 있는 것이 노동자(가족) 전체에 대한 착취율이 높아지고 있다고 논의를 발전시켰습니다.

이것은 현대 일본에서의 임금의 남녀 격차나 비정규직 고용 노동자의 극단적으로 낮은 임금의 의미를 생각하는 데도 중요한 포인트입니다. 게다가 원래 마르크스의 임금론은 실제로 지불되고 있는 임금이란 무엇인가를 분석하는 것으로, 본래는 이렇게 되어야 한다는 규범을 현실에 강요하기 위한 논의가 아닙니다.

또 『자본론』은 시장경제 분석에 한정돼 있고, 시장에 등장하지 않는 가사노동(힘)의 경제적 의의는 시야 밖으로 떨어뜨리고 있다는 논의도 잘못입니다. 『자본론』은 자본이 직접

구입한 노동자(힘)를 직장에서 어떻게 착취하고 있는지를 논할 뿐만 아니라, 그렇게 해서 노동력을 착취당한 노동자가 집에 가서 식사를 하고 몸을 쉬는 것을 통해, 다음 날까지 다시 착취당하기에 충분한 노동력을 회복한다는 관계도 분석하였습니다.

또 차세대 노동자의 탄생과 육성이 어떻게 보장되어 있는가 하는 각도에서 자본에 있어서 노동자 가족의 역할을 논하고 노동력의 생산과 재생산을 논하기도 합니다. 그것은 자본주의 사회에서의 가사노동의 경제적 의의에 대한 분석 그 자체로서, 이것들은 모두 『자본론』 제1부에서 전개된 논의입니다.

✕ 보다 인간 사회에 적합한 생산력으로

한편, 야생동물 세계에의 인간의 무분별한 침입이 최근 수십 년 동안 '인수 공통 감염증'의 유행을 빈발시키고 있는 문제나 기후 위기의 심각화와의 관계로, 마르크스의 '인간과 자연의 물질대사'론에 대한 새로운 주목도 일어나고 있습니다. 이것에 관해서는 마르크스가 장래에 걸친 생산력의 발전이나 경제 성장의 가능성을 어떻게 보고 있었는지에 관계되는, 새로운 문제 제기도 이루어지고 있으므로 조금만 소개해 보겠습니다.

"노동은 … 인간이 자연과의 물질대사를 그 자신의 행위를 통해 매개하고, 규제하며, 관리하는 한 과정이다"(②, 310쪽)라는 것이 마르크스의 인간 노동 일반에 관련되는 가장 기초적인 분석입니다.

> 자본주의적 생산은 … 인간과 대지 사이의 물질대사를 교란한다. 동시에 그 물질대사의 단순히 자연발생적으로 발생한 여러 상태를 파괴함으로써 그 물질대사를 사회적 생산의 규칙적 법칙으로서, 또한 완전한 인간의 발전에 적합한 형태로서 체계적으로 재건할 것을 강제한다.
>
> ③, 880-881쪽

여기서 문제시되는 것은 인간 사회의 어느 발전 단계에도 공통되는 노동 일반이 아니라, 역사의 한 단계로서 자본주의에서의 노동입니다. 그것은 무한한 잉여가치 생산의 추구로 물질대사를 교란하는데, 그것을 통해 인간 사회에 물질대사를 "체계적으로 재건"시키는 강제력도 된다. 자본주의는 그러한 역사적으로 과도적인 역할을 한다는 것입니다.

그리고 마르크스는 미래 사회에서의 "자유의 왕국"과 "필연의 왕국"의 상호 관계를 말하면서 그 단계에서의 '욕구'나 '생산력'의 확대를 언급하며, 나아가 "필연의 왕국", 즉 "물질적 생산의 영역에서의 자유는 (자신들과) 자연과의 물질대사를 합리적으로 규제해 자신들의 공동의 관리하에 두는 것, 즉 최소한의 힘의 지출로 스스로의 인간성에 가장 걸맞은, 가장 적합한 여러 조건에서 이 물질대사를 실시하는 것"(⑫, 1460쪽)이라고 썼습니다.

생산을 공동으로 관리하고 담당하는 미래 사회의 노동자들은 '생산력'을 발전시키는 동시에 물질대사를 "합리적으로 규제"하고 이를 체계적으로 재건해 나간다는 것입니다. 생산력의 발전이 노동시간의 추가적 단축과의 상승 관계를 만들 것이라는 전망에 대해서는 이미 말한 대로입니다.

마르크스는 『자본론』 제1부를 1867년에 출간한 뒤, 사망하기 2년 전인 1881년까지 초고를 계속 쓰면서 『자본론』 제1부의 개정 작업도 진행하였습니다. 실제로 마르크스가 죽은 직후인 1883년의 제3판 개정에서 엥겔스는 마르크스가 이를 위해 남긴 지시를 활용하였습니다. 그러나 마르크스가 이러한 견해를 전환했음을 보여 주는 기술은 어디에서도 발견되지 않았습니다.

앞선 마르크스의 전망은 현대의 발달한 자본주의를 개혁하려는 노력으로 이미 실증되고 있다고 생각합니다. 예를 들면, 재생 에너지 활용의 선진국인 덴마크에서는 그림과 같이 오일 쇼크로부터의 반세기 동안 에너지의 소비량을 변동이 없는 상태로 만들고, CO_2의 배출량을 감축했으며, 그럼에도 불구하고 GDP를 크게 늘리는 데 성공하고 있습니다.

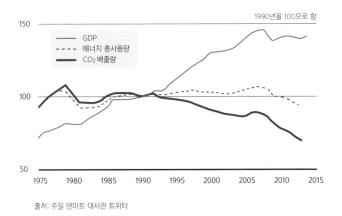

덴마트의 GDP, 에너지 사용량, CO$_2$ 배출량

출처: 주일 덴마트 대사관 트위터

물질대사의 재건을 위한 노력이 자본주의의 틀 내에서 성과를 거두기 시작하고 있는데요. 그것은 생산력의 확대와 온난화 저지의 노력을 양립시키는 것입니다. 동시에 특히 유럽연합 여러 나라에 퍼져 있는, 개개의 자본에 화력 발전에서 재생 가능 에너지로의 전환을 요구하는 사회적인 대처*는 자본의 운동을 제어하는 제도에의 충실이라는 점에

*　　2014년, 국제 비영리 단체 클라이밋그룹(Climate Group)이 2050년까지 기업이 사용하는 모든 전력을 재생 가능 에너지로 대체한다는 RE100(Renwable Electricity 100) 캠페인을 출범시킨 이후, 유럽연합은 지속 가능한 경제활동을 위하여 2050년까지 탄소 중립을 달

서도, 그것을 달성해 가는 노동자·시민 능력의 발달이라는 점에서도 결과적으로 미래 사회를 보다 앞으로 끌어당기는 의미가 있다고 생각하고 있습니다.

생산력이나 경제 성장이라고 하면 그 양적인 변동에만 눈이 쏠리기 쉽지만, 마르크스가 가치나 자본을 양과 질의 양면에서 파악했던 것처럼, 생산력도 그 양면에서 파악하지 않으면 안 됩니다. 같은 양의 전력을 손에 넣는 방법으로서 우리는 석탄 화력이나 원자력이 아닌 재생 가능 에너지의 활용을 요구하고 있는데요. 그것은 생산력의 질을 전환해, 그것에 의해서 생산력을 보다 인간 사회에 적합한 것으로 발전시키려는 시도입니다.

생산력의 질의 전환이라는 논의에 관해서는 과거의 공해와의 싸움 속에서의 경제학, 특히 기술론의 검토가 참고가 될 수 있습니다.

『자본론』이 나오면 아무래도 어깨에 힘이 들어가게 됩니다. 아직 쓰고 싶은 것은 있습니다만, 이번에는 여기까지만 하겠습니다. 이것이 '청년이여, 마르크스를 읽자'에서의 저의 마지막 편지입니다.

우치다 선생님, 마지막의 마지막을 잘 부탁드립니다.

성한다는 목표 아래 ① 온실가스 감축, ② 기후 변화 적응, ③ 수자원 및 해양 생태계 보호, ④ 자원 순환 경제로의 전환, ⑤ 오염물질 방지 및 관리, ⑥ 생물 다양성 및 생태계 복원 등을 골자로 한 녹색분류체계(Green Taxonomy)를 제정하였다.

4장

대홍수란 무엇인가: 자본주의와 세계의 미래 예측

우치다 다쓰루의 두 번째 편지
2023년 1월 11일

이시카와 선생님.

안녕하세요. 우치다 다쓰루입니다.

2008년에 시작한 이 편지 주고받기를 통한 마르크스 읽기라는 공동 작업도 마침내 15년을 맞이하였습니다. 그리고 제가 이 편지를 다 쓰면 그 작업도 끝이 납니다. 지금까지 잘 계속해 왔습니다. 주고받은 편지만으로 이루어진 공동 작업이 10년을 넘어서 계속된다는 것은 꽤 드문 일이 아닐까 생각합니다. 편지를 주고받는 두 사람의 지적 관심이 향하는 주제가 흔들리지 않았다는 것은 좀처럼 없는 일이니까요.

우리의 경우에는 여하튼 상대할 인물이 마르크스라는 대물이니까, 10년이라도, 20년이라도 "이제는 어지간하다 — 질렸다"라든지 "극복했다"와 같은 일이 일어날 리가 없습니다. 읽으면 읽을수록 마르크스에 관해서 쓰고 싶은 것이 점점 늘어나죠. 당연한 말입니다만, 아무리 써도 '이제 충분하다'라는 일은 일어나지 않습니다.

그러므로 우리가 마르크스를 둘러싸고 주고받은 편지는 이 편지로 끝납니다만, 이시카와 신생님도 저도 "마르크스에 관해서 쓰고 싶은 것은 다 썼다"라는 마음은 전혀 들지 않을 것으로 생각합니다.

긴 라쿠고의 경우라면 "이쯤 해서 대략 마무리를 짓겠습니다"라고 관객에게 고하는데요. 저는 왠지 그것과 가까운 느낌으로 좋지 않은가 생각합니다. 객석에서는 그것으로 화를 내는 세상 물정 모르는 손님은 없습니다. 어중간하게 이야기가 끊어져도 쿨하게 웃어 줍니다. 우리의 이 책도 "'청년이여, 마르크스를 읽자' 좀 어중간합니다"라고 이야기를 마치고 벗은 하오리를 주섬주섬 챙겨서 부리나케 대기실로 돌아가는 풍정의 끝내는 방식을 취해도 좋지 않을까 생각합니다.

또 하나 다행이었던 것은 가모가와출판사의 마쓰다케 노부유키 씨라는 배포가 큰 편집자가 있어서, 우리와 같은 '두 마리의 말'을 '당근과 채찍'을 나누어 사용하면서 제대로 조련해 준 것입니다(다행스럽게 거의 '당근'이었습니다만). 바로 발을 멈추고 풀을 먹기 시작하거나, 엉뚱한 방향을 보고 몽상하는 두 '말'을 마쓰다케 씨가 인내심 강하게 조련해 주신 덕분에, 이만큼 길게 하나의 기획을 지속할 수 있었습니다. 시리즈 완결에 즈음해서 무엇보다도 마쓰다케 씨의 아량과 인내력에 감사드리지 않으면 안 됩니다. 정말로 고마웠습니다.

보통 '출판물'이라는 것은 '시장의 수요'를 배려해서 기획을 세우고 출판하는 것입니다만, 고맙게도 이 시리즈는 '시장의 수요' 같은 것을 전혀 신경 쓰지 않고 계속할 수 있었습니다. 이 시리즈는 제목에서 알 수 있는 대로 '청년들'의 소매를 붙잡고 "부탁이니, 마르크스를 제발 읽어 줘"라고 간청하는 취지의 책입니다.

그래서 처음부터 애당초 '시장의 수요' 같은 것이 없었습니다. 여하튼 '청년이 마르크스를 읽지 않는다'라는 사실이 초기 조건이므로 수요 같은 것이 있을 리가 없습니다. '수요가 없는 시장에 수요가 없는 출판물을 내는' 앞뒤가 바뀐 도착이야말로 이 기획의 출발점입니다.

그런데 저는 그래도 좋다고 생각합니다. '선교'라든지 '전도'는 본래 그런 것이니까요.

우리 두 사람이 근무했던 고베여학원대학은 메이지 초기에 두 사람의 미국인 여성 선교사가 세운 작은 학숙에서 발전한 학교였습니다. 이 두 사람이 샌프란시스코에서 배를 타고 극동의 섬나라로 향했을 때, 이 나라에는 아직 '그리스도교 금지령' 간판이 세워져 있었습니다. '시장 수요'가 없는 정도가 아닙니다. "오지마!"라는 말을 들었습니다. 거기에 두 사람이 온 것이죠. 그런데 '전도'라는 것은 애당초 그런 일입니다.

　우리 두 사람의 공저도 또한 일종의 '전도'라고 저는 생각합니다. "오지마!"라는 말을 들어도 다가가고, "너의 이야기 같은 건 듣고 싶지 않다!"라고 하는 사람의 귓가에 대고 계속 이야기를 합니다. 그런 어떻게 보면 다른 사람에게 꽤 폐를 끼치는 활동입니다. 그런데 이 '전도' 활동 과정에서 우연히 마주친 사람 중에 "아저씨들이 그 정도까지 이야기한다면…" 하고 이야기를 들어 준 독자가 적지 않게 있었습니다. 그런 독자를 얻은 것을 정말로 고맙게 생각합니다.

　먼저 이시카와 선생님과 마쓰다케 씨의 오랜 기간의 진력盡力에 대해 감사의 말씀을 드리고 마지막 편지를 써 내려가고자 합니다.

1. 홍수는
   내가 죽은 후에 와라

이번 주제는 앞으로 자본주의는 어떻게 될 것인가. 미래 세계는 어떻게 될 것인가입니다. 마르크스는 자본주의에 대한 이해를 어떠한 것으로 멀리서 바라봤는지. 이시카와 선생님이 인용하신 마르크스의 말을 단서로 해서 이하 저의 의견을 말해 보도록 하겠습니다.

> 홍수는 내가 죽은 후에 와라Besides, after us, the Deluge; Apres moi le Deluge. 이것이 모든 자본가와 자본 국가의 암호이다.*
>
> 『자본론』제1권상, 395쪽

이번 저의 논고는 전편의 이 말에 관한 것입니다. '대홍수'란 무엇을 의미하는가입니다.

---

*　　본 인용문은 앞의 인용문과 조금 상이한데, 이시카와 선생님과 우치다 선생님이 인용한 도서가 서로 다르기에 통일하지 않았다. 다른 인용문의 경우에도 마찬가지로 인용한 도서가 다를 경우에는 통일하지 않았다.

✖ 마르크스가 '대홍수'에 담은 의미

자본주의가 지금처럼 계속 폭주하면, 언젠가 파국적인 사태가 찾아올 것이다. 그 사실은 자본주의자들도 왠지 알고 있습니다. 그런데 그것은 '내가 죽은 후'입니다. 자신이 죽은 후의 일은 모른다. 그래서 지금은 '대홍수'가 어떠한 것인가에 관해서 상상력을 발휘할 일도 없고, 그 도래를 저지하기 위해 어떤 일을 해야 할 것인가를 생각할 마음도 없다. 이 허무적인 마음가짐 안에는 자본주의 체제에 최적화된 인간의 시간 의식과 윤리의 쇠퇴, 두 가지가 깊게 각인되어 있다고 생각합니다.

이 말이 '프랑스어'라는 점에서 알 수 있듯이, 원래는 프랑스 역사에 등장하는 문구입니다. 전쟁에서 대패를 당한 루이 15세를 위해서 애인인 퐁파두르 후작 부인Madame de Pompadour이 "앞으로 찾아올 파국적 사태 같은 것은 생각하지 않아도 된다"라고 격려한 것이 출전이라고 합니다. 그 이후 부르봉 왕조 국왕의 '좌우명'이 되었다고 전해집니다.

'대홍수'는 루이 15세의 경우에는 국지적인 전투의 패배에 이은 최악의 사태(부르봉 왕조의 와해)를 의미하였는데요. 과연 마르크스는 '대홍수'라는 말에서 무엇을 그렸던 걸까요.

그것은 공황이라든지, 쿠데타라든지, 총파업이라든지, 그런 상상할 수 있는 것이 아니라, 좀 더 웅장하고 뛰어나며 좀

더 근원적이어서 자본제 생산양식의 모든 것을, 국민국가도
계층 관계도 전부 없애 버리고 마는 스케일의 파국을 의미
하는 게 아닌가 하는 것이 이번 편지에서 저의 가설입니다.

✖ '쇠사슬' 이외에도 잃는 것이 있다

'대홍수'라는 말은 『자본론』 중에서도 노동일에 관한 고찰
안에서 나옵니다. 즉 '대홍수'라는 것은 노동력의 재생산에
관해서 고찰하다가 마르크스의 뇌에 떠오른 말입니다. 아
마도 마르크스가 '대홍수'라고 부른 것은 "육체적, 정신적 쇠
약, 너무 빠른 죽음, 과잉 노동에 의한 학대"가 어느 한도를
넘어서 노동자가 완전히 피폐해져 재생산할 능력조차 잃어
버리고 노동가치를 만들어 내는 능력을 잃게 되어 자본가가
노동자로부터 수탈할 수 없게 되는 극한적인 상황을 가리킨
다고 생각합니다.

중요한 것은 '재생산할 능력조차 잃어버린다'입니다. '프
롤레타리아'라는 말의 어원은 라틴어의 'proletarius'인데요.
이것은 'proles자손'의 파생어입니다. 고대 로마 시대에는 '자
신의 아이 이외에는 부를 만들어 내는 재산을 갖지 못하는
것'을 유일한 속성으로 하는 최하층 시민이 있었습니다. 그
들은 국세조사의 카테고리에서 '프롤레타리우스'라고 불렸
습니다.

'쇠사슬' 외에는 잃어버릴 것이 없는 프롤레타리아인데요. 실은 쇠사슬 이외에도 잃어버릴 것이 있었습니다. '아이'입니다. 아무리 비참한 사회적 조건에 놓여도, 아무리 빈곤 속에 살아도 인간은 아이를 낳는 것만큼은 멈추지 않습니다. 그것은 고대에서 현대에 이르기까지 한 번도 의심의 대상이 되어 본 적이 없는 사실입니다.

그 '한 번도 의심의 대상이 되어 본 적이 없는 일'이 일어납니다. 그것이 마르크스가 말하는 '대홍수'가 아닐까요. 즉 아이를 낳는 것조차도 할 수 없는 노동자들의 등장입니다. 너무나도 심한 수탈의 결과, 노동자가 생물학적으로 재생산조차 할 수 없게 된 것. 너무 수탈을 많이 해서 급기야 수탈할 자원 그 자체가 고갈하는 것. 그것은 다름 아닌 자본주의에 있어 '대홍수'에 해당할 것입니다.

'에볼라 바이러스' 같은 독성이 아주 강한 감염증은 세계적인 유행병이 되지 않습니다. 독성이 너무 강한 바람에 감염된 환자가 누군가에게 감염시키기 전에 숨이 끊어지고 말기 때문입니다. 독성이 너무 강한 것이 바이러스에게도 자멸적으로 작동하는 거죠. 그것과 똑같은 일이 자본주의에도 일어날지 모른다. 자본주의가 맹위를 극한까지 떨칠 때, 즉 노동자에게 독성이 최대화했을 때, 수탈해야 할 상대가 재생산을 멈추고 자본주의 그 자체가 자멸한다…. 그러한 지질학적인 스케일의 파국을 마르크스는 '대홍수'라고 부른 것이 아닐까. 저는 그렇게 생각합니다.

✗ 지금까지는 세계의 어딘가에 수탈할 대상이 있었다

마르크스의 천재성은 다양한 형태로 발현되었는데요. '누구도 생각지 못했던 터무니없는 미래를 그리는' 점에서도 그는 틀림없이 19세기 최대의 환상가 중 한 사람이었습니다. 마르크스의 뇌 내에 떠오른 '대홍수'를 리얼하게 상상할 수 있었던 사람은 아마도 마르크스의 동시대인 중에는 없었다고 생각합니다. 없는 것이 당연합니다. 그러한 사례는 과거에 한 번도 존재하지 않았기 때문입니다.

일단 자본주의에 관해서 말하자면, '수탈을 너무 많이 해서 수탈할 대상 그 자체가 사멸하는' 사태를 과거에는 한 번도 만난 적이 없습니다. 그것은 세계의 어딘가에 반드시 수탈당할 사람들이 있어서, 늘 계속 증식해 왔기 때문입니다.

마르크스가 『자본론』을 썼던 19세기의 영국은 이상하다고 해도 좋을 정도로 '인구 폭발'기에 있었습니다. 19세기의 100년 동안 영국 인구는 1100만 명에서 3700만 명으로 3.4배 증가하였습니다. 1800년에 96만 명이었던 런던 인구는 1900년에는 648만 명이 되었습니다. 100년 동안 6.75배 증가한 셈이 되죠.

마르크스가 눈앞에 둔 것은 그런 세계입니다. 과거 200년간 줄기차게 인구가 계속 늘고, 그 증가 속도가 계속 가속되는 사회입니다. 인구 폭발과 '인클로저'로 "너를 대체할 인력은 얼마든지 있다"라고 주장할 권리를 자본가들이 손에 넣은 시대입니다.

전편에서 쓴 대로 영국에서의 인구 과잉 상태는 어느 정도까지는 인위적으로 창출되었습니다. 그런데 자본가들은 결코 거짓말을 한 것이 아닙니다. 사실 "대체 인력은 얼마든지 있었"습니다. 그리고 그 바람에 고용 조건은 나빠지고, 노동자들의 건강은 악화하며, 평균수명은 짧아졌습니다. 전편에서도 인용하였는데요. 마르크스 시대 맨체스터 노동자의 평균수명은 17세, 리버풀에서는 15세였습니다.

> 맨체스터의 보건위생관 닥터 리가 확인한 바에 따르면, 이 도시 유산계급의 평균수명은 38세이지만, 노동자계급의 평균수명은 17세에 불과하다. 리버풀에서는 전자가 35세, 후자가 15세이다. 따라서 특권계급의 수명은 보다 혜택을 보지 못하는 시민 동포의 2배 이상에 달하였다.
>
> 『자본론』제1권하, 395쪽

✘ 가난하면 가난할수록 아이를 낳았다

노동자들은 5세, 6세 무렵부터 가혹한 환경에서 일하고

10년 정도 철저히 수탈된 후에 짧은 일생을 마쳤습니다. 그런데도 자본주의는 멈추는 일 없이 발전하였습니다. 그것은 노동자들이 10대에 그 짧은 생애를 마쳐도, 그것을 상회하는 페이스로 아이가 태어났기 때문입니다. 그래서 마르크스는 '어떠한 생산수단도 갖지 않은 노동자'를 '아이라는 부만큼은 가진 최하층 시민'을 의미하는 '프롤레타리아'라는 말로 애써 표현했다고 생각합니다. 그것은 가난한 계급일수록 아이를 낳는다는 사실이 눈앞에 있었기 때문입니다.

아주 부조리한 이야기입니다만, 그것이 마르크스 시대의 현실이었습니다. 농촌에서 도시로 유입되는 과잉 인구가 "자유롭게 사용할 수 있는 노동력의 아무리 길어도 마르지 않는 샘을 자본에 제공"하는 건데요. "최장의 노동시간과 최저의 임금"을 특징으로 하는 이 과잉 인구가 "자본 특유의 착취 분야를 지탱하는 폭넓은 기반"이 되었습니다(같은 책, 397쪽).

왜인지 노동자들은 가난하면 가난할수록 많은 아이를 낳았습니다. 마르크스는 각주에서 "빈곤은 생산에 유리한 것으로 생각된다"라는 애덤 스미스의 말과 "**궁핍은** 아사와 질병과 같은 극한에 이르기까지 **인구 증가를 억제하기보다는 오히려 촉진한다**"라는 새뮤얼 랭Samuel Laing의 말을 인용하였습니다(같은 책, 397-398쪽, 두꺼운 글자에 의한 강조는 마르크스, 이하 같음).

물론 마르크스는 스미스와 랭의 명제에 동의하기 위해서 그것들을 인용한 것이 아닙니다. 그것들은 마르크스에게는 받아들이기 어려운 것이었습니다. 그런데 현실은 다름 아닌 쓰인 대로 움직이고 있었습니다.

> **실제 출생률과 사망률뿐만 아니라, 가족 구성원의 절대 수 또한 노동임금에 역비례한다. 즉 다양한 카테고리의 노동자가 자유롭 게 할 수 있는 생활수단의 역비례다.**
>
> 같은 책, 397쪽

임금이 낮을수록 아이가 늘어난다. 생활수단이 궁핍할수 록 아이가 늘어난다. 그것이 1860년대 영국 사회의 실상이 었습니다. 그렇게 영리한 마르크스도 이 사실을 제대로 설 명할 수 없었습니다. 어쩔 수 없이 다음과 같은 감상을 말하 는 것에 그쳤습니다.

> **자본주의 사회의 이 법칙**은 미개인 사이에서는, 또는 문명화된 식민지 사람 사이에서조차도 불합리하다고 생각될지 모르겠 다. 그것은 개체로서는 약하고 공격받기 쉬운 동물 종이 대량 으로 종을 생산하는 것을 떠올리게 한다.
>
> 같은 책, 397쪽

✘ '법칙'이긴 하지만 '있어서는 안 되는 사실'

물론 먹이 사슬의 정점에 있는 '강한' 종은 아이를 그다지 낳지 않습니다. 역으로 다른 동물의 먹이가 되는 "약하고 공격받기 쉬운 동물 종"인 정어리 같은 어류의 경우에는 새끼가 거의 살아남지 못하므로, 종의 보존을 위해서 대량으로 재생산합니다.

그런데 이러한 설명이 아무리 '합리적'으로 보여도, 마르크스로서는 그런 설명을 받아들일 수 없는 노릇입니다. 자본가가 '포식하는 종'이고 프롤레타리아가 '포식되는 종'이라는 것을 인정한다는 것은 자본주의를 생물학적인 필연으로 받아들이고 현재의 계급 관계를 자연사自然史적 과정으로서 승인하는 것이 되기 때문입니다.

"궁핍은 인구 증가를 억제하기보다는 오히려 촉진한다"라고 쓴 새뮤얼 랭이 그렇다고 아이러니한 말을 한 것도 아닙니다. 랭은 영국의 철도 경영자이자 국회의원이었고, 인도의 재무대신을 역임한 사람이었습니다. 자본주의의 실천자이면서 게다가 수익자였습니다.

그러므로 이 언명은 그에게는 객관적인 현실인 동시에, '바람직한 현실'을 기록한 것이기도 하였습니다. 마르크스는 그 말을 물론 현상을 옳게 기술한 것으로서 인용하였습니다만, 그렇다고 해서 이 말에 동의한 것은 결코 아닙니다.

마르크스는 이것이 "자본주의적 축적의 일반법칙"(같은 책, 399쪽)이라는 것을 씁쓸하게 인정합니다. "그 법칙은 자본의 축적에 대응하는 궁핍의 축적을 가져온다. 한쪽 극단에서의 부의 축적은 동시에 그 대극, 즉 자기 자신의 생산물을 자본으로 해서 생산하는 계급 측에서의 궁핍, 노동고, 노예 상태, 무지, 잔인화와 도덕적 퇴폐의 축적이다"(같은 책, 399쪽)라는 것을 인정합니다. 그런데 그것은 마르크스에게 '객관적인 사실'인 동시에 '있어서는 안 되는 사실'이기도 하였습니다.

『자본론』을 쓸 때의 마르크스 주위에는 계급의 양극화와 계급 간의 적대는 '일반적 자연법칙'이며, 그것인 이상 인위가 개입할 여지는 없다고 생각하는 사람이 많이 존재하였습니다.

> 어떤 사람들이 거대한 부를 갖고 있다는 것에는, 그것보다는 훨씬 많은 사람으로부터 필요물을 절대적으로 빼앗는 일이 늘 따라붙는다. 일국의 부는 그 인구에 대응해서, 그 빈곤은 그 부에 대응한다. 어떤 사람들의 근면은 다른 사람들에게 무위를 강요한다. 빈자와 무위자는 부자와 노동자가 필연적으로 만들어 내는 과실이다.
>
> 같은 책, 401쪽

이것은 『자본론』의 각주에 나오는 말인데요. 물론 마르크스의 말이 아닙니다. 18세기 베네치아 승려인 오르테스의 말입니다. 오르테스는 이 '일반적 자연법칙'을 고칠 수 있다고도, 고쳐야 한다고도 생각하지 않았습니다.

> 그러므로 사회의 가장 미천하고 불결하며 하등한 기능을 맡는 사람이 반드시 어느 정도 존재한다는 것, 이것은 하나의 자연법칙으로 볼 수 있다. 인간의 행복의 원자는 그로 인해 아주 증대하였다.
>
> 같은 책, 401쪽

이것은 영국의 목사 타운센드의 말입니다.

> 가난한 나라란 민중이 안락하게 살 수 있는 나라를 의미하고, 부유한 나라란 민중이 일반적으로 가난한 나라를 의미한다.

이것은 프랑스의 계몽사상가인 데스튀트 드트라시의 말입니다. 그러한 현실을 옳은 것으로 보는가, 틀린 것으로 보는가는 옆에 두고, 이러한 말은 모두 19세기 유럽의 현실을 생생하게, 게다가 쿨하게 기술한 겁니다.

✖ 마르크스는 '사마천 같은 사람'이다

한쪽 극에 소수의 자본가가 있고 다른 한쪽 극에 압두적인 다수의 프롤레타리아가 있다. 권력과 재화와 문화자본은 한쪽 극에 의해 배타적으로 점유되고, 빈곤, 억압, 종속, 추락, 착취는 다른 한쪽 극에 배타적으로 축적된다. 그리고 많은 사람은 이 상태가 아마도 이대로 계속되리라 생각하고 있었습니다. 그것이 자본주의의 '자연사적 과정'이라고 하면, 누구도 그것을 거스를 수 없다. 우리 '리얼리스트'들과 똑같은 것을 19세기 사람들도 또한 생각하고 있었습니다.

그것에 비해서 마르크스는 '이런 일'이 언제까지라도 계속되어서는 안 되고 계속될 리도 없다고 생각하였습니다. 너무나도 부조리하고 너무나도 비인도적이기 때문입니다. 그런데 '부조리하고 비인도적인 제도는 언제가 명맥이 다한다'라는 명제는 인간적이긴 합니다만, 과학적이지는 않습니다. 어떤 제도라고 해도 그것이 역사적 조건에 의해 생성된 한, 그것이 좋은 것이든 나쁜 것이든 언젠가 조건이 바뀌면 명맥이 다해서 사라지는데요. 너무나도 안타깝지만 '이치가 통하고 인도적인 제도만이 살아남고 그렇지 않은 것은 역사에 의해 도태된다'라는 것은 사실이 아닙니다.

사마천은 『사기』「열전」을 '백이숙제' 일화부터 썼습니다. 그것은 백이숙제와 같은 유덕한 사람이 궁핍한 나머지 죽고, 도척과 같은 극악무도한 사람이 천명을 누리는 것을 부조리하다고 느꼈기 때문입니다. "하늘의 도는 옳은 것인가, 그른 것인가(天道是非)"라고 사마천은 물음을 던졌습니다. 그것은 인간적인 기준에서 보면 자연의 섭리에는 합리성이 없다고 느꼈기 때문입니다. 역사가는 역사적 사실의 평가를 역사에 맡겨서는 안 된다. 사마천은 그렇게 생각했습니다. 역사가는 자신의 실존을 걸고 자신의 인간적 기준에 기초해서 역사적 사실의 옳고 그름, 그리고 바르고 사악함을 밝혀야 한다.

이것은 역사와 마주하는 자세로서 옳다고 생각합니다. 역사가는 역사가 자신이 관여하지 않고 내버려 둬도 천리에 따라서 진리가 전체화하는 불가역적인 과정이라고 생각해서는 안 된다. 역사가의 일은 역사의 자의성, 미주迷走성을 인정하고, 거기에 저항해서 '살아남아야 할 것'을 옹호하고 현창하며, '살아남지 말아야 할 것'을 비판하는 것이다. 사마천은 그렇게 생각했습니다. 저는 마르크스를 '사마천 같은 사람'이라고 생각하고 있습니다. 아마도 그런 말을 들으면 많은 마르크스주의자는 놀라겠지만 말입니다.

✖ 필요한 것은 비인도적인 시스템이 철폐되는 역사적 조건의 해명

마르크스의 눈앞에는 노동자들이 궁핍하고 자본가들이 부를 독점한다는 '있어서는 안 되는 현실'이 있었습니다. 그리고 그것을 '자연법칙'이라고 생각하는 것이 오히려 시대의 상식이었습니다. "하늘의 도는 옳은 것인가, 그른 것인가"라고 마르크스도 하늘을 향해서 힐문하고 싶었겠죠. 그런데 현실이 '악'이라고 아무리 외쳐 봐도, 그것은 현실을 있는 그대로 기술하는 것뿐입니다.

아무리 자본주의의 '그릇됨'을 열거해도 자본주의는 철폐되지 않습니다. '그릇됨'을 논하는 것만으로는 자본주의가 언제 어떻게 그 수명을 다하는지를 말할 수 없고, 이 현실을 변혁하기 위한 실천적인 프로세스를 제안할 수 없습니다.

『자본론』은 마르크스의 저술이면서 반 가까이는 다른 사람의 책과 연구로부터의 인용입니다. 인용의 과반은 자본주의가 얼마나 나쁜 것인가를 극명히 보고한 것입니다. 그런데 그 사실로부터 알 수 있는 것은, 이만큼 많은 사람이 오랫동안 분노에 차서 자본주의가 얼마나 나쁜 것인가를 기술해 왔음에도 현실은 거의 바뀌지 않았다는 것입니다.

그래서 단지 현실을 기술하는 것만으로는 충분하지 않다. 그것을 마르크스도 뼈저리게 알고 있었다고 생각합니다. 그것 이상의 일을 해야 한다. 왜 이런 부조리하고 비인도적인 경제 시스템이 형성되고 실제로 번창하고 있는지, 그리고 그것이 철폐된다고 하면 어떠한 역사적 조건이 채워졌을 때인지, 그것을 말하지 않으면 안 된다.

이것은 상상하는 것만으로도 곤란한 일이었다고 생각합니다. 실제로 48년의 시민혁명이나 샤를 루이 나폴레옹 보나파르트의 쿠데타와 파리 코뮌의 사례가 가르쳐 주듯이, 인도적이고 뜻이 높으며 이성적인 정치행동이라고 해도, 자본주의는 그것을 물리적으로 압살할 수 있으며, 역으로 이치가 통하지 않고 비인도적이며 비열한 동기에 구동된 정치공작이라고 해도 자본주의가 지원하는 것은 성공해 왔습니다. 이 부조리한 "하늘의 도"가 마르크스 눈앞의 현실이었습니다.

자본주의의 결함을 아무리 열거해서 아무리 긴 '범죄' 리스트를 만들어도, 그것만으로는 자본주의는 꿈쩍도 하지 않는다. 아무리 '정치적으로 옳은' 조직을 만들어도, 그것이 과격하면 자본주의는 그것을 압살하고, 그것이 온당한 것이면 자본주의에 포위된다. 마르크스가 대홍수를 입에 담게 된 것은 그러한 '사방팔방이 다 막힌' 상황 속에서였습니다.

2. 인구가 증가하지 않는 시대에 대한 예측

✕ 눈앞에 있는 것은 자본주의가 '영속한다'는 징조뿐

『자본론』을 읽으면 자본주의가 얼마나 '악'한 것인지를 잘 알 수 있습니다. 그런데 그것이 '나쁜 제도'이므로 그 제도는 단명으로 끝날 것이라고 추론할 수는 없습니다. '나쁜 제도'의 수익자뿐만 아니라 그 수난자들조차도 "현실화한 것에는 현실화할 만큼의 역사적 필연성이 있다"라는 (헤겔주의적인) 추론 안에 머물러 있었습니다. 따라서 겨우 해 봤자 나쁜 제도의 수익자 지위를 탈환해서 대체하는 것 이상의 일을 바라지 않았습니다.

이 현실을 바꾸기 위해서는 '이 현실은 바뀐다'라는 언명을 도덕적인 옳고 그름의 판단과는 별도의 수준에서 논리적으로 도출할 필요가 있었습니다. 모든 지혜와 능력을 다해서 '자본주의는 끝난다'라는 것을 논리적으로 증명할 필요가 있었습니다. 그래서 마르크스는 『자본론』을 썼습니다. 여기까지의 사고 회로에는 이시카와 선생님도 동의해 주실 것으로 생각합니다.

저는 이 마르크스가 지닌 책무의 감각을 고귀하다고 생각합니다. 마르크스는 자본주의가 끝나는 이치를 현실 관찰로부터 도출한 것이 아닙니다. 이시카와 선생님이 쓰신 것처럼 마르크스는 처음에 공황으로 자본주의가 끝날 것으로 생각했습니다. 공황은 '자본주의가 더는 그 밑에서 발달한 생산력에 조응하지 않게 되었다. 또는 그것을 제어할 수 없게 되었다. 이미 폭파될 수밖에 없는 단계에 다다랐음을 상징하는 것'이라고 마르크스는 믿었습니다(믿으려고 하였습니다).

그런데 현실은 마르크스의 예측을 배반하였습니다. '공황은 자본주의의 말기 현상 같은 것이 아니라, 반대로 자본주의의 평범한 일상의 한 단편에 지나지 않았'던 겁니다. 그래서 마르크스는 어느 시점에서 경제 과정의 역사적 추이 그 자체가 자동으로 자본주의의 말기를 불러올 것이라는 낙관론을 포기하게 되었습니다. 그렇게 할 수밖에 없었습니다.

마르크스의 눈앞에 있는 것은 자본주의의 바닥이 보이지 않는 무도함과, 그 견고성과 영속성의 징후뿐입니다. 자본주의는 철폐되어야 한다. 그런데 그 이론은 현실로부터는 도출할 수 없다. 눈앞에 있는 것은 '자본주의는 언제까지라도 번창할 것이다'라는 예언을 뒷받침하는 증거뿐입니다. 그런 이상 동원할 수 있는 모든 상상력과 논리력을 구사해서 자본주의 철폐의 이치가 창조되어야 한다고 마르크스는 생각했던 거죠.

✖ 날것의 신체를 가진 인간은 법칙성으로부터 일탈할 수 있다

앞에서 저는 마르크스는 '비저너리visionary'라고 썼는데요. 이 점에 관해서는 카를 마르크스가 반드시 과학적인 사람은 아니었다고 생각합니다. 과학이라는 것은 눈앞에 있는 랜덤하게 일어나는 듯 보이는 현상의 배후에는 수리적이고 미적인 법칙이 감추어져 있음을 직감하는 일입니다.

그리고 마르크스의 눈앞에 있고, 일어나고 있는 현상은 모든 것이 '자본주의의 여전한 번창'과 프롤레타리아의 절대적 곤궁이라는 '수리적 법칙'이 만상의 배후에서 모든 것을 통제한다는 '진리'를 열어 보여 주는 것처럼 보였습니다. 반면에 자본주의의 조종弔鐘이 울리고 '수탈자가 수탈당하는' 대전환이 일어날 징후는 없었습니다.

자본주의가 스스로 나서서 자본주의적인 것을 멈출 가능성은 없습니다. 제로입니다. 그런데 프롤레타리아가 '프롤레타리아적인 것을 멈출' 가능성은 있습니다. 자본주의는 '제도'입니다만, 프롤레타리아는 '날것의 몸'이기 때문입니다. 제도는 법칙성에 따릅니다. 그런데 날것의 인간은 감정에 움직이고, 망상에 동요되며, 이데올로기에 열광하고, 법칙성으로부터 일탈할 수 있습니다.

프롤레타리아의 유일한 조건은 '아이 이외에는 어떠한 부도 갖지 않는다'라는 것이었습니다.

궁핍하면 궁핍할수록, 착취당하면 착취당할수록 증식한다는 '숙명'입니다. 그런데 이 '프롤레타리아'성이 만약 환상적, 관념적이라고 하면, 또는 프롤레타리아 자신의 자기결정으로 바꿀 수 있는 것이라고 하면, 미래는 바뀔 가능성이 있습니다. '아이 외에 잃어야 할 것을 갖지 않은 사람들'을 '쇠사슬 이외에 잃어야 할 것을 갖지 않은 사람들'로 카테고리를 변경할 수 있으면, 그때 자본주의 체제의 '조종'이 울려 퍼질지 모릅니다.

마르크스가 말하는 '대홍수'라는 것은 노동자들이 계속해서 수탈당한 그 극한에서 '아이라는 부조차 갖지 않게 된 진정한 무산자'로 전환할 사태를 의미하는 것이 아닌가가 저의 가설입니다.

✘ 인구 증가는 의심할 수 없는 전제였다

다시 한번 확인하겠는데요. 마르크스가 '대홍수'라는 말을 사용한 것은 노동일에 관한 장이었습니다. 노동력의 재생산이 주제가 된 곳에서였습니다. 마르크스는 '대홍수'라는 말이 나오기 직전에 이런 글을 썼습니다.

> 자본가들이 **경험**으로부터 일반적으로 알고 있는 것은 인구가 늘 과잉 상태에 있다는 것, 즉 자본가의 그때그때의 증식 욕구

에 비교하면, 상대적으로 과잉 상태에 있다는 것이다. 물론 이런 과잉 인구의 흐름은 영양 상태가 나쁘고 단명하며 잇따라 세대 교체를 하고 이른바 미숙한 채로 꺾이는 인간 세대를 이어 붙여서 생긴 것에 지나지 않는다.

같은 책, 394쪽

그렇습니다. "잇따라 세대 교체를 하고 이른바 미숙한 채로 꺾이는 인간 세대를 이어 붙여서" 프롤레타리아는 형성되었습니다. 확실히 인구 폭발기의 영국에서는 그러한 비인간적인 곡예가 가능하였습니다. 그러나 그런 일이 언제까지 계속될까. 마르크스는 인구 폭발이 언젠가 어떤 이유로 정지할 가능성을, 막연하기는 하지만, '있을 수 있다'고 생각했다고 봅니다. 과연 어떠한 조건이 갖추어지면 그것이 일어날지는 모른 채로 말이죠.

같은 세대의 자본가 중에서도, 사상가 중에서도 이 인구 폭발이 언젠가 끝날 날이 올 것으로 생각한 사람은 없었습니다. 흑사병과 같은 예외적인 사례를 제외하면, 인구는 줄기차게 계속 증가한다는 것이 경험적 사실이었기 때문입니다. 그것을 뒤집는 어떠한 역사적 사례도 유럽 사람들은 몰랐습니다.

자본주의는 인구가 늘 과잉 상태에 있다는 것을 전제로 제도 설계된 시스템인데요. 그렇다고 그것이 망상과 바람

위에 제도 설계된 것은 아닙니다. 부르주아 사상가들에게도, 자본가에게도, 노동자 자신에게도 계속되는 인구 증가는 의심할 여지 없는 현실이었습니다. 그리고 역사적 경험은 인구 과잉 상태를 유지하기 위해서는 노동자들을 계속 수탈하고 절망적인 빈곤 속에 몰아넣는 것이 가장 효과적인 방법이라고 가르치고 있었습니다.

> 자본의 관심은 단지 하나, 하루의 노동일에 활용할 수 있는 노동력의 최대치뿐이다. 자본은 **노동력의 수명을 단축하게 함**으로써 이 목표를 달성한다.
>
> 『자본론』 제1권상, 389쪽

자본제 노동은 "노동일의 연장을 통해 인간 노동력을 위축시키고, 노동력으로부터 정상적인 도덕적, 육체적 발달 조건과 활동 조건을 빼앗는다." 그것은 또한 "**노동력 그 자체의 너무 빠른 소모와 사멸을 만들어 낸다**. 자본제 노동은 노동자의 **수명**을 단축함으로써 주어진 기간 내에서의 노동자의 생산시간을 연장한다."(같은 책, 389쪽)

✖ 노예는 오래 살려 두지 않는 것이 합리적 판단이었다

논리적으로 생각하면 매우 비합리적입니다. 노동자 개인

의 수명이 단축되면, 소모된 노동자를 빈번하게 보충할 필요가 생기기 때문입니다. 그 보충 비용은 수탈한 가격과 균형이 맞는기. 그러니 놀랍게도 경험은 '균형이 맞는다'라고 가르쳐 줍니다.

마르크스는 미국에서의 노예노동의 예를 꼽았습니다. 일반적으로 생각하면 노예가 오래 사는 것과 주인의 이익은 일치할 겁니다. 그런데 노예무역이 활발해져서 노예의 보충 경비가 감가하면, 노예가 오래 사는 것과 주인의 이익 사이에는 상반이 발생합니다. 노예를 오래 살게 하는 데 필요한 경비보다 노예를 계속해서 바꾸는 것을 통해 얻어지는 이익이 커지게 되면, 노예 소유자에게는 노예를 오래 살지 못하게 하는 것이 합리적인 경영 판단이 됩니다.

> 국외의 흑인 지역으로부터 대체를 보충할 수 있게 되면, 그 순간에 **노예가 오래 사는 것보다도 노예가 살아 있는 동안 달성하는 생산량이 중요하게 되기** 때문이다. 그러므로 최고의 경제 효율은 가능한 한 단시간에 가능한 한 많은 노동을 인간 가축으로부터 짜내게 된다. 그것이 노예 수입국에서 노예경제의 하나의 격언이 된다.
>
> 같은 책, 390–391쪽, 케언스의『노예력』에서 인용

그 결과 노예노동이 이루어지고 있는 나라에서는 "조악함

이 극에 달하는 영양과 극도로 가혹한 끝없는 노동에 더해서 **과잉 노동, 수면과 휴식의 부족 등의 완만한 고문에 의해** 그중 많은 수가 매년 일직선으로 죽음을 향하는 것이 노예계급의 참상이다."(같은 책, 391쪽)

케언스의 『노예력』으로부터의 이 두 가지 인용에 이어서 마르크스는 독자에게 이렇게 고합니다.

> 이름만 다를 뿐이지, 여기서 말하는 것은 당신 자신의 일이다.
>
> 같은 책, 391쪽

✖ 일본에서도 사정은 똑같다

이것은 현대 일본의 노동자에 관해서도 말할 수 있다고 생각합니다.

외국인 기능실습생이 처한 비인도적인 노동환경은 여기서 마르크스가 논한 것과 그다지 차이가 없습니다. 요전에 어떤 외식 산업에서의 노동시간에 관해서 『마이니치신문』 2022년 8월 7일 호는 "어떤 종업원은 작년 12월 29일 오전 5시 반에 출근해서 오후 1시부터 30분간만 휴식을 취하고 30일 오전 5시까지 23시간 근무했다. 일단 퇴사한 형태를 취하고, 곧 같은 날 오전 5시부터 다시 근무하고 정오부터 30분간 휴식을 취했지만, 31일 오전 5시까지 23시간 30분 일하였다는 기록이 남아 있다"라고 전하였습니다.

보시는 대로 "여기서 말하는 것은 당신 자신의 일"이라는 것은 수시기 이닙니다. 이 일본 노동자의 노동 중시 싱횡은 1883년 영국의 공장법이 정한 "통상의 공장 노동일은 아침 5시 반에 시작해서 밤 8시 반에 끝나야 하는 것으로 되어 있다"라는 한계를 가볍게 넘어선 것이었습니다.

즉 자본제 생산이 "급속하게, 그리고 깊게 민중의 생명력의 근간을 가학함"으로써 살아남고 있는 구조는 150년 전의 영국과 현대 일본 사이에 본질적인 차이가 없다는 것입니다(같은 책, 395쪽).

일본에서 이러한 고용 환경이 방치되고 있는 것(아니, 오히려 장려되고 있는 것)은 '노동자를 수탈하면 할수록 인구는 공급 과잉이 된다'라는 자본주의의 신앙 조항을 자본가들이 지금도 계속 갖고 있기 때문입니다. 인구 과잉이 이미 현실이 아니게 된 인구 감소 사회에서조차 자본가들이 아직 노동자를 수탈하는 것을 멈출 수 없는 것은 그것 때문입니다.

저는 마르크스의 탁월성은 '대홍수'라는 말로 '인구 감소'의 가능성을 예견한 점에 있다고 생각합니다. 마르크스와 동시대 사람 중에서 자본주의 선진국에서의 인구 감소가 '있을 수 있다'라고 생각한 사람은 아마도 단지 마르크스 한 명뿐이었겠죠.

상기해 주었으면 하는데요. 인구 문제란 20세기 말까지는

'인구 과잉'을 의미하였습니다. '인구 문제'라는 말에 그것 이외의 의미가 있었던 적은 없습니다. 1972년에 로마 그래프가 발표한 '성장의 한계'라는 제목이 붙은 연구 보고서는 "이대로 인구 증가에 의한 환경오염이 계속되면 100년 이내에 지구상의 성장은 한계에 달할 것이다"라고 경고했습니다.

그러나 자본가들은 인구 폭발이 언젠가 경제 성장의 저해 요인이 될 것이라는 경고에는 어떠한 관심도 보이지 않았습니다. 여하튼 "홍수의 도래는 100년 후"라고 기한을 명기해 주었으니까요. "내가 죽고 난 후"라는 사실이 보증된 이상, 자본가들이 왜 인구 증가와 환경오염을 멈추기 위해서 행동할 필요가 있을까요.

우리는 지금 장기간에 걸친 인구 감소라는 인류사상 처음 경험하는 사태를 앞에 두고 있습니다. 그것은 자본가들의 경험칙에 따르는 한 절대 일어나지 않을 일이었습니다. 여하튼 오랜 기간에 걸쳐 통계는 '임금을 내리면 내릴수록 출생 수는 증가한다'라고 가르쳐 주었기 때문입니다. 그래서 "낳아라/번식해라"라는 정책적 과제를 내세운 나라는 어디에서든지 노동자의 고용 환경을 가능한 한 열악하게 함으로써 그 일을 달성하려고 하였습니다.

그 와중에 마르크스는 예외적으로 '언젠가 인구 감소가 시작된다'라는 것을 예견하고 있었습니다. 마르크스는 그것을 역사적 경험으로부터 귀납적으로 추리한 것이 아닙니다.

'비전'으로서 뇌에 떠올랐던 거죠.

⚔ 맬서스는 인구 증가가 멈출 가능성을 지적

당시 인구에 관한 논고 중 아마도 가장 많이 읽힌 것은 맬서스의 『인구론』(1788)이었다고 생각합니다. 조금 옆으로 새겠습니다만, 마르크스의 '비전'의 특이성을 부각하기 위해서 맬서스의 식견을 일별해 두고자 합니다.

맬서스는 그의 인구에 대한 다음과 같은 언명으로부터 시작합니다.

> 내가 생각하기에 다음 두 가지는 자명한 전제로 해도 좋을 것이다.
> 첫 번째로, 식량은 인간의 생존에 있어 불가결하다.
> 두 번째로, 남녀 간의 성욕은 필연적이고 거의 현상 그대로 장래에도 존속할 것이다.
>
> 맬서스, 『인구론』, 사이토 요시노리 옮김,
> 고분샤 고전신역문고, 2011, 29쪽

그런데 "인구가 증가하는 힘은 토지가 인간의 식량을 생산하는 힘보다 훨씬 크다. 인구는 어떤 억제도 없으면 등비급수적^{等比級數的}으로 증가한다. 생활물자는 등차급수적^{等差級}

數的으로밖에 증가하지 않는다."(같은 책, 30쪽) 그래서 "생존의 곤란이 인구 증가를 계속해서 강력하게 억제한다."(같은 책, 31쪽) 맬서스는 '인구 증가가 멈출' 가능성을 여기서 언급하였습니다. 그것은 '생존의 곤란'입니다. 쉽게 말하면 '기아'입니다.

동식물의 경우라고 하면, 어떤 집단 내에서 서식할 수 있는 개체 수는 자연법칙으로 정해집니다. 환경의 부양 능력을 넘는 수의 생물이 태어났을 경우, 과잉의 개체는 공간과 양분의 부족으로 도태되어 개체 수가 조정됩니다. 그런데 인간의 경우, 이야기는 그만큼 단순하지 않습니다. 인구 억제에는 생존 곤란 이외에 이성과 악덕이라는 요소가 관여한다고 맬서스는 생각하였습니다.

식량 생산이 인구 증가를 따라가지 못하면, "빈곤은 불평등한 사회에서는 인구 대부분에, 그리고 평등한 사회에서는 인구 전체에 미친다."(같은 책 44쪽) 확실히 영국의 현실은 "가난한 사람들은 더욱 가난하게 될 수밖에 없고, 그들 중 많은 수는 극빈 상태로 내몰린다"(같은 책, 40쪽)는 맬서스의 언명을 지지하였습니다.

✕ 맬서스 또한 강한 분노를 느끼고 있었다

여기서 이성이 나올 차례입니다. "이 곤궁한 시기에는 결혼하는 것에 대한 망설임, 가족을 부양하는 것의 어려움이 꽤 높으므로 인구 증가는 멈춘다."(같은 책, 41쪽)

"태어난 아이에게 음식을 제공할 수 없다면, 아이를 낳아 서는 안 되는 것이 아닌가", "자신의 사회적 지위가 내려가 는 것은 아닌가", "아이들이 성장해도 자립할 수 없게 되고, 타인이 베푸는 것에 의지하지 않으면 안 될 때까지 굴러떨 어지는 것은 아닌가" 같은 걱정으로 인해서 문명국의 이성 적인 청년들은 "자연의 충동에 굴복하지 않을 거라고 생각 하며, 실제로 (그들은) 굴복하지 않았다"(같은 책, 37쪽)라고 맬 서스는 썼습니다. 왠지 현대 일본에 관해 썼다는 느낌이 들 어서 어두운 마음이 됩니다.

다음은 악덕이 나올 차례입니다. 맬서스가 말하는 '악덕' 이란 첫 번째는 자신의 생활 수준을 유지하기 위해서, 또는 가족을 부양할 수고를 피하고자, 일부러 독신인 채로 살고, 성욕의 처리는 "여성에 관한 부도덕한 습관"에 맡기는 남자 들이 사는 방식을 의미합니다. 그 밖에 대도시의 비위생적 인 주거환경, 건강하지 못한 노동환경, 감염증, 그리고 전쟁 이 인구 증가를 억제하는 '악덕'으로서 기능한다고 맬서스는 생각했습니다(같은 책, 86쪽). (이것도 왠지 현대 세계에 관해 쓴 것 같 습니다.)

즉 식량 부족 이외에 어른들이 자신의 생활 수준을 떨어 뜨리는 것을 기피하거나, 아이의 장래를 걱정하거나, 성욕

처리를 위한 '나쁜 장소'가 정비되어 있으면 인구 증가는 억제된다. 맬서스는 그렇게 생각했습니다.

영국의 인구 추이에 관한 맬서스의 예측은 다음과 같은 것입니다. 만약 1800년에 인구 700만 명과 식량 생산이 균형을 맞추었다고 하면, 1850년에 인구는 4배인 2800만 명이 되지만, 식량 생산은 3배인 2100만 명분밖에 공급이 되지 않으므로 700만 명이 굶게 된다.

1900년에는 인구는 16배인 1억 1200만 명이 되지만, 식량은 3500만 명분밖에 없으므로, 7700만 명은 "전혀 음식을 구경도 할 수 없을 것이다."(같은 책, 37쪽) 그래서 그렇게 되지 않도록 반드시 어딘가에서 빈곤과 이성과 악덕이 인구 증가를 억제할 것이다라고 말이죠.

맬서스의 예측대로 들어맞았다고 해야 할까요. 벗어났다고 해야 할까요. 어느 쪽일까요. 현실에서 영국 인구는 맬서스 시대로부터 100년 동안 3.4배가 되었지만 16배는 되지 않았습니다. "인구는 등비급수적으로 증가한다"라는 맬서스의 명제 그 자체가 충분한 과학적 근거가 없는 것이었습니다. 그럼에도 그 증가 추세는 확실히 '인구 폭발'이라는 말에 걸맞은 것이었습니다. 그리고 "가난한 사람은 더욱 가난하게 될 수밖에 없어서 그들 중 많은 수는 극빈 상태에 내몰린다"라는 점에 관해서는 맬서스의 예측대로 들어맞았습니다.

맬서스 자신은 한 명의 보수 사상가로서 영국이 번영하기 위해서는 인구 증가가 필요하다고 생각하고 있었습니다. 그래서 인구 증가를 억제하는 요인을 특정하려고 하였습니다. 그것이 생존이 곤란과 기아의 아니라고 하면, "나라의 식량 생산을 늘려라. 그리고 노동자의 생활을 개선해라. 그렇게 하면 인구 증가가 거기에 비례해서 일어나는 것에는 어떤 걱정도 필요없다. 이것 이외의 방법으로 목적을 달성하려고 하면 유해하고 잔혹한 폭거다"(같은 책, 109쪽)라고 맬서스는 주장했습니다.

물론 자본가들은 '식량 증산'은 별도로 하고, '노동자의 생활 개선'에는 전혀 관심이 없습니다.

그러므로 언젠가 재앙이 도래한다고 해도 일단은 '악덕'이 맨 앞장에 선다. '악덕'이 "수천, 수만의 인명을 소탕할 것이다." 그리고 "그럼에도 성과가 불완전한" 경우에는 "아무래도 거스를 수 없는 대기아"가 도래해 그 강력한 일격으로 "인구를 세계의 식량과 같은 수준으로 억지로 내릴 것이다."(같은 책, 112쪽)

식량 공급이 과잉 인구를 다 먹여 살리지 못할 때는 가난하고 약한 사람들로부터 순서대로 아사해서 인구 조정이 이루어진다. 그런 전개가 될 것이라고 어렴풋이 예측했다고 생각합니다. 그런데 물론 자본가들은 이 파국적 사태가 "곧 가까이 다가온다"고 믿지 않고 "거기서부터 발생하는 곤란은 훨씬 먼 미래의 저편에 있는 것처럼" 간주하였습니다. 그것에 대해 맬서스 또한 강한 분노를 느끼고 있었던 것 같습니다(같은 책, 114쪽). 그의 눈에 동시대 사람들은 '대홍수'의 도래를 상상조차 하지 않는 어리석은 사람으로 보였겠죠.

3. 자본주의가 종언하는 역사적인 조건은 여기에 있다

✕ 사회가 강제하지 않는 한 자본에 의한 수탈은 끝나지 않는다

맬서스의 인구론에는 자본주의에 관한 분석도, 계급 관계에 관한 분석도 거의 없습니다.

인구 문제의 해결책을 인간의 자유의지에 통째로 떠넘기고 있다는 점에서, 맬서스의 인구론은 마르크스에게는 논하는 데 부족함이 있었다고 생각합니다. 그런데 두 사람은 이대로 수수방관하고 있으면 언젠가 파국적 사태가 도래할 것이라는 불길한 예감만은 공유하고 있었습니다. 영국의 자본가들은 노동자를 아무리 수탈해도 인구는 계속 늘어나고 노동자 인구는 늘 과잉일 것이라는 낙관적인 예측 속에서 안주하고 있었습니다. 그런데 그 확신은 언젠가 뒤집힌다. 마르크스는 이렇게 예측하였습니다.

> 장래 인류의 쇠약과 결국은 멈출 수 없는 인구 감소가 전망된
> 다는 이유로 자본이 실제의 운동을 억제한다는 것은, 언젠가
> 지구가 태양 안으로 낙하할 가능성이 있다는 이유로 그렇게
> 하는 것과 어슷비슷한 이야기다. 어떠한 주식 투자에서도 벼
> 락은 언젠가 떨어짐이 틀림없다는 것은 전원이 알고 있다. 그
> 러나 그 전원이 벼락은 자신이 황금비를 듬뿍 맞고 안전히 도
> 망간 후에 옆 사람 머리 위에 낙하할 것으로 생각하고 있다.
>
> 마르크스, 앞의 책, 395쪽, 강조는 우치다

이 문장 후에 "홍수는 내가 죽은 후에 와라." 이것이 모든 자본가와 자본 국가의 암호라는 그 유명한 문장이 이어집니다. 우리는 인간이 언젠가 죽는다는 것을 알고 있습니다. 그런데 '일단 그것은 오늘이 아니고, 죽는 것은 내가 아니다'라는 근거 없는 확신 속에 안주하고 있습니다. 그것과 똑같습니다. '노동자를 수탈하면 할수록 노동자 인구는 계속 늘어난다'라는 명제가 '참'이라는 것은 일정 한도까지입니다. 수탈이 어느 한계를 넘어서면, 노동자는 재생산할 능력을 상실합니다. 그러므로 '이런 일이 언제까지라도 계속될 리가 없다'는 것은 자본가들도 알고 있습니다. 그런데 '대홍수가 온다고 해도 그것은 일단 오늘이 아니고, 나한테 일어나는 일은 아니다'라는 것에 관해서는 근거 없는 확신이 있었습니다.

'자본가들이 **경험에서** 일반적으로 알고 있는 것은 인구는 늘 과잉 상태에 있다는 것'입니다. 그러므로 '언젠가' 인구가 줄지도 모른다는 것은 가능성으로서는 있을 수 있어도, 그것은 경험으로부터는 결코 귀납적으로 추론되지 않습니다.

> 그래서 자본은 **사회에 의해 강제되지 않는 한**, 노동자의 건강과 수명을 조금도 고려하지 않는다. 육체적, 정신적 쇠약, 너무 빠른 죽음, 과잉 노동에 의한 학대에 관한 호소에 자본은 이렇게 대답한다. 그 고통이 우리의 기쁨(이익)을 증가시킨다고 해서, 왜 우리가 그 고통에 가책을 느껴야 하는가? 하고.
>
> 같은 책, 395쪽, 강조는 마르크스

사회에 의해 강제되지 않는 한 자본에 의한 노동자의 수탈은 끝나지 않는다. 이것은 정말로 그대로입니다. 이 '사회에 의한 강제'를 보통 독자는 프롤레타리아 혁명에 의한 자본주의의 종말이라고 생각하고 읽을 것입니다만, 저에게는 앞 문단까지의 논의의 흐름을 보면, 마르크스는 여기에 '인류의 쇠약'과 '인구 감소'를 포함하고 있는 것으로 읽힙니다.

✖ 마르크스는 어느 시기까지는 '생산력지상주의'

마르크스는 어느 시기까지는 생산력이 증대함에 따라 주

기적으로 공황이 일어나고 자본주의는 자멸할 것으로 생각하고 있었습니다. 그래서 생산력을 증대시키는 것이 그대로 혁명을 준비하는 일이라는 '생산력지상주의'적인 경향이 있었습니다. 그것은 『공산당 선언』 안에서 예를 들면 다음과 같은 단락에서 여실히 나타나 있었습니다.

> 근대 시민사회는 스스로 지옥의 마력을 불러냈음에도 그것을 더는 컨트롤할 수 없게 된 마법사와 같은 것이다. 이 수십 년 이래 산업과 교역의 역사는 현대의 생산관계에 대한 생산력의 반역, 부르주아지와 그 지배의 생활 조건인 소유관계에 대한 생산력의 분노로 가득한 반항 이외의 아무것도 아니다. 정기적으로 도래해서 시민사회 전체의 존립을 그때마다 이전보다도 강하게 위협하는 상업공황을 생각하는 것만으로도 충분하다.
>
> 『코뮤니스트 선언』, 이마무라 히토시 외 옮김,
> 마르크스 컬렉션 II, 지쿠마쇼보, 2008

"생산관계에 대한 생산력의 반역", "생산력의 분노로 가득한 반항"과 같은 표현으로부터 마르크스가 생산력의 증대와 혁명을 함께 역사적 필연이라고 생각하고 있던 것을 엿볼 수 있습니다. '너무 거대하게 되어 버린 생산력'이 '부르주아적 소유관계'의 틀을 파괴한다.

부르주아지는 자신들의 죽음을 가져오게 될 무기를 스스로 주조한 것만이 아니다. 이 무기를 이용할 남자들을 만들어 냈다. 요컨대 현대 노동자, 즉 프롤레타리아를 만들어 냈다.

같은 책, 353쪽

마르크스의 '생산력주의'는 일종의 '예정조화'적인 바람을 반영하고 있었습니다. 자본주의가 발전함에 따라서 프롤레타리아에 대한 수탈은 계속 항진하고 프롤레타리아에게는 자본주의를 넘어뜨리는 것 이외에는 살아남을 방법이 없어진다.

현대의 노동자들은 산업의 진보와 함께 상승할 수 있는 대신에, 자신들 계급의 생활 조건보다도 계속 밑으로 몰락해 간다. 노동자는 궁핍의 한도에 이르게 되며, 인구와 부의 증대보다도 궁핍이 확대되는 것이 빠르다. 그렇다고 하면 확실해지는 것이 있다. 그것은 부르주아가 앞으로 사회의 지배계급으로 계속 있을 수는 없다는 것이다.

같은 책, 360쪽

부르주아는 무엇보다도 자신들의 '무덤을 파는 사람'을 만들어 냈다. 부르주아의 몰락과 프롤레타리아의 승리는 공히 불가피하다.

✠ 마르크스이 '룸펜프롤레타리아' 논이 믄제

옮겨 적고 나니 마르크스의 탁월한 말솜씨에 무심코 끌려 들어 갈 것 같습니다만, 안타깝게도 이것은 마르크스의 주관적 바람이지, 객관적 사실이 아닙니다. 확실히 '부의 축적'의 대극에 "궁핍, 노동고, 노예 상태, 무지, 잔인화와 도덕적 퇴폐"가 축적된 것은 사실입니다. 그런데 노동자의 과반이 '스스로를 구하기 위해서는 노사관계를 빠져나와 자본주의를 넘어서는 것 이외에는 없다'라고 결심하고 혁명 투쟁에 서는 일은 현실에서는 일어나지 않았습니다(산발적으로는 있었습니다만, 모두 폭력적으로 탄압되었습니다).

몇 번인가 혁명의 기회와 조우하면서도 노동자의 상당수는 오히려 "구사회의 최하층이 어찌할 도리 없이 쇠퇴해서 일어나는, 룸펜프롤레타리아"(같은 책, 358쪽)라는 지위를 선택하고, 따라서 프롤레타리아 혁명을 위해 일어서기는커녕 반동적인 정책에 스스로 가담하였습니다. 아니, 경우에 따라서는 반혁명 그 자체인 경우도 있었습니다.

『루이 나폴레옹의 브뤼메르 18일』에서 마르크스는 샤를 루이 나폴레옹을 "룸펜프롤레타리아의 두목"(요코하리 마코토 외 옮김, 마르크스 컬렉션 III, 2005, 72쪽), "군주(풍) 룸펜프롤레타리아"(같은 책, 90쪽)라고 불렀습니다. 대통령이나 황제라고 해도 '룸펜프롤레타리아'와 똑같은 카테고리에 포함한 것은 '룸펜프롤레타리아'라는 것은 사회적 신분이 아니라 일종의 심성이라는 것이죠. 마음을 어떻게 가지느냐, 그 하나로 사람은 자신의 사회적 신분을 선택할 수 있게 됩니다.

저는 이 '룸펜프롤레타리아'라는 정의가 모호한 말을 사용하였다는 사실 속에서 마르크스 계급의식론의 가장 취약한 부분을 느낍니다. 같은 계급에 속하고 같은 가혹한 수탈의 피해자이면서, 어떤 이는 계급의식에 각성해서 혁명을 지향하고, 어떤 이는 반동화해서 부르주아의 이익을 위해서 행동한다. 그럼에도 이 두 범주를 나누는 외재적인 역사적 조건은 존재하지 않는다.

✄ 엥겔스의 '부르주아적 프롤레타리아트Proletariat'론의 문제

이것과 비슷한 정의가 모호한 말의 사용은 엥겔스에게서도 볼 수 있습니다. 엥겔스는 마르크스 앞으로 보낸 편지에서 영국 프롤레타리아트는 "부르주아화되었다"고 썼습니다. 이 충격적인 말을 레닌은 『제국주의』에 인용하였습니다.

> 영국의 프롤레타리아트는 사실상 점점 부르주아화되어서, 그 결과 모든 국민 중에서도 가장 부르주아적인 이 국민은 급기

야는 부르주아와 **나란히** 부르주아적 귀족과 부르주아적 프롤레타리아트까지 일을 진행하고 싶어 하는 것으로 보인다.

레닌, 『제국주의』, 유다카 모토스케 옮김, 이와나미문고, 1956, 173-4쪽

식민주의의 음덕을 입은 프롤레타리아트가 그 계급적 사명을 잊고 제국주의·식민주의에 갈채를 보내는 "부르주아적 프롤레타리아트"로 추락한 것은 아마도 역사적 사실로서는 말 그대로일지 모르겠습니다. 그런데 이런 화법은 자제했어야 한다고 생각합니다. 이런 화법을 허용하면 프롤레타리아트는 본인의 기분에 따라 '룸펜'도 될 수 있고 역사적 조건에 따라 '부르주아'도 될 수 있기 때문입니다.

'룸펜프롤레타리아트'는 수탈을 당하면서도 계급의식에 눈뜨지 못한 노동자입니다. '부르주아적 프롤레타리아트'는 자본주의의 국물을 얻어먹는 바람에 계급의식에 눈뜨지 못한 노동자입니다.

즉 프롤레타리아로서 계급의식을 형성할지 말지는 필경 개인의 결의에 달려 있다는 것이 됩니다. 자본주의의 부조리함과 무도함을 눈앞에 두었을 때, 그것에 견디지 못해 일어서는 '제대로 된 인간'과, 그것을 군이 감수하고 무위로 지내는 '변변치 않은 인간'이 있다. 세상에는 이런저런 사람이 있다는 것이 되면, 이래서는 더는 계급의식으로서는 성립하

지 않습니다.

그렇다고 하면 자본주의 제도를 분석하기보다도 사람은 어떤 조건에 의해 '제대로 된 인간'이 되거나 '변변치 않은 인간'이 되는지와 같은 인성에 관한 연구를 하는 것이 이야기가 빨라집니다.

저는 이 점이 마르크스주의의 약점이 아닐까 생각합니다. 실은 젊을 때부터 그렇게 생각하고 있었습니다. '룸펜프롤레타리아트'라든지 '부르주아적 프롤레타리아트'라는 말로 편의적으로 사태를 설명해 버리면 오히려 '설명할 수 없는 일'이 늘어날 뿐이 아닌가 하고 말이죠.

✕ 마르크스 역사이론의 생명선에서 본다면

학생운동에 관여하였을 무렵에 '프롤레타리아적 자기형성'이라는 말을 때때로 들었습니다. 물론 "우치다는 프롤레타리아적 자기형성이 되지 않았다"라는 비판의 맥락에서 사용된 말입니다.

그들에 의하면 저는 '프티부르주아적 급진주의자'에 지나지 않아서, 제가 말하는 정치에 관한 논의에는 '프티부르주아'라는 출신이 덕지덕지 각인되어 있으며, 반성하지 않고서는 그 한계를 넘는 일이 없다고 합니다. "그래서 너는 계급적 전위에 대해서 진정한 프롤레타리아트의 뇌에는 결코 떠오를 일이 없는 의문과 불신을 품는다"라고 질책당하였습니다.

그런데 그들이 말하는 '프롤레타리아적 자기형성'이란 딱히 대학을 중퇴하고 노동자가 되는 것이 아니라, 그냥 학생 신분을 유지하면서 '마음가짐을 바꾸는' 정도의 의미였던 것 같습니다. 그런 '마음의 전환'을 두고 '계급의식에 각성하였다'라고 불러도 좋은 것인가… 하고 저는 생각에 잠겼습니다.

소수의 혁명가에 의한 음모적인 정체政體 전복이라는 정치기술주의*를 마르크스는 취하지 않았습니다. 저는 그 점에서는 마르크스를 지지합니다. 혁명적 대중은 어딘가 어둠 속에 숨어서 음모의 밑그림을 그리고 있는 저자author에 의해 조작되는 것이 아니라, 자신의 마음과 직감에 따라서 주체적으로 행동하지 않으면 안 된다. 저도 진심으로 그렇게 생각합니다.

그래서 마르크스는 공황이든 자본주의의 발전이든, 노동자계급의 전원이 함께 거기에 던져진 역사적 여건 안에서

---

*   '정치적 기술주의(政治的技術主義)'라는 것은 루이 오귀스트 블랑키(Louis-Auguste Blanqui) 같은 마르크스 이전의 혁명가들이 채용한 '정치 수법'을 묘사하기 위해서 우치다 선생님이 만든 조어로, '소수의 비밀결사·지하조직에 의한 테러와 파괴 공작을 통해 사회 불안을 조성하고 대중의 봉기를 기대하는' 일점돌파 전면전개(一點突破 全面展開)주의이다. 자신들은 '혁명의 불쏘시개'가 되어 체포당하거나 죽어 가면서 "다음을 잘 부탁한다"고 말하는 정치적 스탠스라고 할 수 있다. 그런데 마르크스는 그런 무책임한 태도를 좋지 않다고 생각했으며, 노동자계급이 일제히 일어설 때까지 조직하고 지도할 수 있는 정치적 전위(前衛)가 필요하다고 생각했다.

계급적 이해를 생생하게 자각해서 일제히 일어서는 것을 믿었습니다. 그렇게 되지 않으면 안 된다고 믿었습니다. 그것은 잘 알 수 있습니다. 역사의 전철기轉轍機를 돌리는 것은 영웅 개인이 아니라 계급 전체여야 한다. 이것은 마르크스 역사이론의 생명선입니다.

역사적 여건과 관계없이 '제대로 된 노동자'는 혁명에 일어서고, '변변치 않은 노동자'는 일어서지 않는 일이 있어서는 안 된다. 그래서는 역사 과정을 개인의 책임에 귀속하게 된다. 이시카와 선생님이 인용한 대로 『자본론』 서문에서 마르크스는 확실히 그렇게 단정하였습니다.

> 내 입장은 **경제적·사회적 구성의 발전**을 하나의 '**자연사적 과정**'으로 다루려고 하는 생각이나 다른 어떠한 입장과 비교해도 관계들의 책임을 개인에게 씌우려고 하는 발상과는 멀다. 아무리 개인이 주관적으로는 여러 관계를 넘어선 존재라고 느끼고 있어도, 사회적으로는 그야말로 관계들로 만들어진 피조물로 계속 있다.
>
> 『자본론』 제1권상, 9쪽, 밑줄은 우치다

마르크스는 여기서 개인은 경제적·사회적 관계들의 '피조물'이며, 결코 '관계들을 넘어선 존재'일 수 없다고 단언하였습니다. 그런데 "우치다는 프롤레타리아적 자기형성이 되지 않았다"라고 저를 질책한 활동가는 아무래도 부분적이긴 하지만 "관계들의 책임을 개인에게 씌우려고" 한 것 같았습니다.

즉 부르주아와 프롤레타리아는 '사회적 관계들의 피조물'이라서 개인에게는 어떠한 계급적 입장을 취할 것인지 선택의 여지가 없다. 부르주아는 태어나서 죽을 때까지 부르주아이고, 프롤레타리아는 태어나서 죽을 때까지 프롤레타리아이다. 자기 노력으로는 자신의 계급성으로부터 일탈할 수 없다. 그렇다고 하면 이야기는 간단합니다.

✕ 자기결정에 의한 책임을 받아들이는 개인이라는 생각

그런데 저와 같은 '프티부르주아'는 그렇게는 되지 않습니다. '어느 쪽 계급에 귀속할지 모른다'는 사실 그 자체가 '관계들의 피조물'의 본성으로 각인되어 있기 때문입니다. 즉 프티부르주아라는 것은 부르주아적으로 살 것인지, 프롤레타리아적으로 살 것인지의 선택이 개인의 책임에 귀속되는 사회적 신분입니다.

제가 이 문제에 직면한 것은 60-70년대의 '1억 총중류', 즉 '1억 총프티부르주아' 시절의 일본 사회 이야기입니다. 즉 거의 모든 국민이 자신은 부르주아로서 살 것인가, 프롤레타리아로 살 것인가를 주관적 결의에 따라 선택해야 하는 시대였습니다. 아주 기묘한 표현이 될 것 같습니다만, 저와 같은 프티부르주아는 자신이 '관계들을 넘어선 존재'라고 느끼는 것을 '관계들로 규정된' 존재였다는 겁니다.

그런데 그것이야말로 당시 저의 실감이었습니다. 인간은 단순한 '관계들의 자연사적 귀결'이 아니다. 그것이 아니라 '자기결정'에 의해 '관계들의 책임을 떠맡을 수 있는 개인으로 자기형성할 수 있다'는 개방적인 아이디어는 저의 '프티부르주아적 감성'과 아주 친화적이었습니다.

사실, 역사가 가르쳐 주고 있듯이, 동포들이 자유를 누리고 행복을 추구하기를 바라며 용감하게 싸운 혁명가 중 많은 수는 그 자신의 자유와 행복을 뒤로 미루었습니다. 부르주아 시민혁명은 모든 시민이 사리사욕을 추구할 수 있는 사회를 실현하려고 하는 기도였습니다만, 그 싸움에 몸을 바친 사람들은 종종 사리사욕보다도 공공의 이익을 우선시켰습니다.

'나에게는 다른 사람들보다도 많은 사회적 책임이 있다.' '가장 곤란한 임무가 있다고 하면 그것은 내가 떠맡아야 한다'라고 생각하는 사람들이 혁명 투쟁의 길잡이였습니다. 이것은 틀림없는 역사적 사실입니다. 영웅적 개인이 일어선 사례는 무수히 들 수 있습니다만, 계급 전체가 동시에 일어섰다는 사례는 과거에 없습니다.

그런데 마르크스는 이 유형의 '영웅주의'를 비밀결사가 주도하는 '정치기술주의'와 똑같이 물리쳤습니다. 그것은 '관계들의 책임을 개인에게 씌우는 것'이 되기 때문입니다. 그래서 만약 영웅적 행동이 있을 수 있다고 해도, 그것은 개인의 결심에 의한 것이 아니라, 계급의식의 각성에 의한 것이라고 설명하려고 하였습니다. 당연합니다.

만약 개인의 뇌에 문득 떠오른 관념이 현실을 변화시키는 힘을 갖는다는 것을 인정해 버리면, 그것은 "현실적인 것은 사유 과정의 외적 현상에 지나지 않는다"(같은 책, 23쪽)라는 헤겔주의로 퇴행하고 맙니다. 마르크스로서는 그런 것을 인정할 수는 없는 노릇입니다. "이념적인 것은 인간의 머릿속에 전이되어 번역된 물질적인 것에 다름없다"(같은 책, 23쪽)라는 것이 유물론의 의심할 수 없는 전제이기 때문입니다.

✖ 마르크스가 '대홍수'에 희망을 맡긴 이유

그런데 역시 무리가 있다고 생각합니다. 실제로 눈앞에는 '룸펜프롤레타리아트'와 '부르주아적 프롤레타리아트'라는 비영웅적인 노동자가 무리를 이루어 존재하고, 솔선해서 반동적 정책을 지지하며, 혁명의 탄압에 가담하고 있다. 마르크스는 이 점에 관해서는 정말로 곤혹스러워했다고 생각합니다. 이 반동적이고 무위의 '가짜 프롤레타리아트'들은 과연 이대로 자본주의가 발전하는 경우에 증대할 "빈곤, 억압,

종속, 추락, 착취"에 의해 언젠가 그 정치적 태도를 반선시켜서 계급적으로 "훈련받고 결합되며 조직되어" 혁명 투쟁에 일어설까요?

그런 일은 아마도 없을 것이다. 마르크스도 그렇게 생각하고 있었을 겁니다.

이러한 '가짜 프롤레타리아트'에 대해 마르크스가 지금 당장은 계급의식이 미성숙한 것뿐이며, 앞으로 적절히 계몽되면 올바른 프롤레타리아트의 전열에 가담할 사람들이라고 생각하고 있었다면, 그들을 묘사할 때 "방랑자, 몰락한 부르주아지, 노숙자, 흐트러진 군대, 전과자, 탈주범, 사기꾼詐欺師, 약파는 사람ペテン師, 소매치기, 마술사, 사당패, 노름꾼, 뚜쟁이, 넝마주이, 땜장이, 얼치기 선비, 거지…"(『루이 나폴레옹의 브뤼메르 18일』, 69쪽)와 같은 경멸적인 말은 하지 않았을 것이기 때문입니다.

이 무리는 그 사회적 신분이 아무리 비참하더라도, 무권리적이라도, 실제로 수탈을 당해도 동정할 가치가 없다. 마르크스는 그렇게 생각하였습니다. 그런데 여기에 마르크스의 심각한 아포리아가 있습니다. 저는 그렇게 생각합니다. 자본주의는 역사적 필연으로서 자멸한다. 마르크스는 그렇게 예측하였습니다만, 그 예측은 현재 실현되지 않고 있습니다. 노동자는 자연사적 과정으로서 싸우는 프롤레타리아트로 자기형성하고 국제적인 연대를 형태 짓는다. 그런데 그 예측은 현재 실현되지 않았습니다.

마르크스는 '공황대망론'을 포기하였습니다. 자본주의는 당분간 지멸히지 않을 것은 알았다. 48년의 시민혁명도, 피리 코뮌도 모두 노동자가 일제히 궐기한다는 역사적 사실을 실현시켜 보여 주지 않았다.

그래서 마르크스는 '대홍수'에 **마지막 희망을 걸었던** 것이 아닌가 생각합니다.

✕ 인류의 쇠약은 시작되고 있는 것처럼 보였다

이 정체하는 계급 정세를 단숨에 전환할 파국적 사태가 '대홍수'입니다. 그것은 "육체적, 정신적 쇠약, 너무 빠른 죽음, 과잉 노동에 의한 학대"의 귀결로서 찾아올 "장래 인류의 쇠약"과 "멈출 수 없는 인구 감소"로서 그려집니다. 인구 감소는 아직 시작되지 않았습니다만, 마르크스에게는 "인류의 쇠약"은 이미 시작된 것으로 보였습니다.

마르크스는 자본주의 선진국인 독일과 프랑스에서 징병 기준 신장의 저하라는 사실을 "맹목적인 약탈욕이 … 국민의 생명력의 근간을 위협한" 사례로서 들고 있습니다(『자본론』 제1권상, 394쪽).

혁명(1789) 이전에 프랑스 보병에 요구된 최저 신장은 165㎝였다. 그것이 1818년(3월 10일의 법률)에는 157㎝, 1832년 3월 24일 법률 이후에는 156㎝가 되었다. 프랑스에서는 신장 부족 및 허약으로 인해 평균적으로 반수 이상이 부적격이 되었다. 작센 Sachsen에서는 군의 최저 평균신장 기준은 1780년에 178㎝였던 것이 현재는 155㎝, 프로이센에서는 157㎝이다.

같은 책, 349쪽

마르크스는 이렇게 생생한 숫자를 들어 프랑스와 독일 청년들의 신체가 줄어들고 있는 사실을 제시하려고 합니다. 이것이 전 국민의 신체 위축 비율을 그대로 제시하고 있는 것은 아니라고 해도, 마르크스의 실감으로서는 눈앞에서 청년들이 병들고 쇠약해지며 왜소화되어 가는 것처럼 보였습니다. 아동 노동이 가져오는 신체의 쇠약에 관해서도 마르크스는 어느 의사의 보고서를 인용하였습니다.

하나의 계급으로서 도공들은 남녀 모두 육체적, 정신적으로 쇠약한 주민층을 대표하고 있다. 통상 그들은 발육부진이고 체격이 나쁘며 종종 흉부에 기형이 보인다. 그들은 빠르게 노화하고 단명한다. 둔중하고 혈색이 좋지 않고, 소화불량, 간장, 신장 장애, 류마티스와 같은 병을 앓는 것으로부터 그들의 허약 체질을 엿볼 수 있다.

그러나 특히 그들에게서 볼 수 있는 것은 폐렴, 폐결핵, 기관지

염, 천식 등의 흉부질환이다.

같은 책, 360쪽

신체뿐만이 아닙니다. 지성도 덕성도 위축합니다. 마르크스는 퍼거슨의 다음과 같은 부분을 인용하였습니다.

무지야말로 맹신의 어머니인 동시에 산업의 어머니다. … 손과 발을 움직이는 습관은 숙려에도, 상상력에도 의거하지 않는다. 제조업이 번영하는 것은 사람이 가장 정신을 잃어버린 장소에서다.

같은 책, 534쪽, 퍼거슨의 『시민사회사』에서 인용

✄ 자본가의 탐욕이 만들어 낸 노동자의 육체적·정신적 쇠약

공장에서의 분업과 단순 작업의 반복은 사고하지 않는 노동자를 요구합니다. 그것을 하도록 가르침을 받은 작업 이외의 일에 관해서는 아무것도 생각하지 않고 아무것도 느끼지 않는 노동자를 요구합니다. 마르크스는 애덤 스미스의 『국부론』에서 다음과 같은 문장도 인용하였습니다.

인생 전체를 불과 몇 가지 단순한 작업에 허비하는 인간은 … 그의 지성을 훈련할 기회를 가질 수 없다. … 그는 전체로서는 무릇 인간으로서 생각할 수 있는 한에서 우둔하고 무지하다.

같은 책, 535쪽

특정한 직업 분야에서의 숙련은 지적, 사회적, 그리고 전투적
인 덕의 희생 위에서 획득되는 것 같다.

같은 책, 535쪽

노동자의 육체적·정신적 쇠약은 자본가의 바닥을 알 수
없는 탐욕이 가져온 것입니다. 자본가는 그 본성으로부터
노동자가 인간답게 살 수 있는 한계를 넘어선 곳까지 노동
일을 연장하려고 하기 때문입니다.

자본은 육체의 성장, 발달, 건전한 유지를 위한 시간을 약탈한
다. 집 밖의 공기와 태양의 빛을 흡수하기 위해 필요한 시간을
빼앗는다. … 자본에 **노동력의 수명** 같은 것은 문제가 아니다.
자본의 관심은 단지 하나, 하루의 노동일에 활용할 수 있는 노
동력의 최대치뿐이다. 자본은 **노동력의 수명을 단축하게 함**으
로써 이 목표를 달성한다.

같은 책, 389쪽

자본제 생산은 본질에서 잉여가치의 생산이고 잉여노동의 흡
수이다. 따라서 그것은 노동일의 연장을 통해 인간 노동력을

위축시키고, 노동력으로부터 정상적인 도덕적, 육체적 발달 조건과 활동 조건을 빼앗는다. 그것뿐만이 아니다. 그것은 또한 ~~노동력 그 자체의 너무 빠른 소모와 사멸~~을 만들어 낸다.

같은 책, 389쪽

저는 마르크스가 '대홍수'라고 부른 것은 "자기 증식을 추구하는 한도가 없는 충동에 이끌려서 자연섭리에 반하는 노동일의 연장을 추구하는"(같은 책, 390쪽) 자본이 어느 날 급기야 한계를 넘어 **노동력의 재생산을 불가능하게 하는 곳까지 돌진한 상황을 의미한다**고 생각합니다.

✘ 선진국에서 아이가 태어나지 않게 된 이유

노동자의 육체적·정신적 쇠약과 재생산의 중단에 의한 인구 감소의 시작. 프롤레타리아란 라틴어인 proletarius, '아이 이외에는 어떠한 부도 갖지 못하는 이'가 어원이라는 것을 이 논고의 첫 시작에서 썼습니다. 그런데 '아이 만들기를 그만둔 이'는 자본주의 사회에서 어떠한 심한 수탈의 대상이라도 이미 '프롤레타리아'가 아닙니다. '프롤레타리아조차 아니게 된 노동자'의 등장. 그것이 마르크스가 멀리 바라본 '대홍수'였습니다. 실제로 그것은 21세기의 일본을 비롯한 (미국을 제외한) 선진국 모든 곳에서 일어나고 있습니다.

전편에서도 썼는데요. 인구 감소에 대처해서 자본가들이 채용한 것은 21세기의 새로운 '인클로저'였습니다. 도시부에 자원을 집중하고 고용을 모아, 그곳을 인위적으로 인구 과밀로 하는 한편, 지방을 과소 지역·무주지화하는 겁니다. 그것밖에 더는 자본주의가 연명할 방법이 없기 때문입니다.

그래서 자본주의 말기에는 인간이 서식할 수 있는 지역이 도시 지역에만 한정됩니다. 과소 지역·무주지에는 생산성이 높은 사업이 전개되고, 농업이 가능한 곳에서는 기업에 의한 대규모 농업이 이루어지며, 이제 사람이 살지 않게 된 땅에서는 지평선까지 태양광 패널이 깔리고, 풍력발전기가 들어서며, 원전과 산업폐기물처리장이 만들어집니다. 그런 디스토피아적 광경이 전개될 것이라고 생각합니다.

이 '디스토피아화'는 각지에서 이미 시작되었습니다. 그런데 그런 세계에서 사람들이 아이를 낳을까요? 자기 자식이나 손자에게 살 수 있는 땅이 '이런 세계'밖에 없다는 것을 강제할 수 있을까요?

선진국에서는 아이가 태어나지 않게 된 이유에 대해 많은 사람이 (아이를) 부양할 수 있을 만큼의 경제적 여건이 갖춰지지 않았다는 것을 들지만, 저는 오히려 그 이상으로 '이런 살벌한 세계로 아이를 보내고 싶지 않다'라는 절망이 임신·출산을 억제하고 있는 것 같습니다.

역사가 가르쳐 주는 것은 아무리 수탈해도 프롤레타리아

의 재생산 의욕은 줄어들지 않았다는 것이었습니다. 하지만 그것은 아마 귀족이나 권력자나 자본가들이 프롤레타리아가 들여다볼 수 있는 곳에서 '쾌적한 생활'을 하고 있었기 때문이라고 생각합니다. 이 세계에는 분명 '쾌적한 생활을 할 수 있는 장소'가 존재한다. 그렇다면 자신의 몇 대 후손 중 한 명이 '거기'에 끼어들 가능성은 제로가 아니다.

✖ '자본주의의 죽음보다도 인류가 멸망할' 공포

그런데 지금은 다릅니다. 대홍수가 모든 것을 다 쓸어 버리고 지구 환경이 거주할 수 없게 될 때면, 자본가·권력자도 똑같이 쓸려 나가고 맙니다. 이제 희망의 땅은 없다. 이후 자본주의가 끝난다고 해도, 자본주의가 끝나기도 전에 인간이 끝나 버린다. 확실히 어딘가에서 성장의 한계에 도달해서 자본주의가 끝날지도 모릅니다.

하지만 자본주의가 자연사하기에 앞서 인간이 끝나 버리고 만다. '대홍수 전에' 어딘가에서 자본주의의 폭주를 멈추게 해야 한다. 마르크스는 그것에 대해 필사적으로 생각했을 것입니다. 프롤레타리아의 계급적 자각이 깨어날 때까지 마냥 기다리고 있을 수는 없다. 그러면 늦을지도 모른다. '대홍수'는 자본가들이 예측하는 것보다 훨씬 빨리 도래할지도 모른다.

마르크스에게 그 초조함은 리얼하였습니다. 하지만 그 초조함을 공유할 수 있는 동시대인이 없었습니다. '자본주의의 죽음에 앞서 인류가 망한다'라는 식의 공포를 실감한 사람이 동시대에는 없었습니다. 마르크스의 미래 사회론이 관념적이고 생경한 것은 그 때문이라고 생각합니다. 주변에서는 아무도 '그런 얘기'는 안 했으니까요.

자본주의가 '인클로저'라는 마술적 수법으로 인위적으로 국토를 인구 과밀 지역과 인구 과소 지역으로 분리함으로써 프롤레타리아를 '창조'해 왔다는 역사적 사실을 마르크스는 숙지하고 있었습니다. 그래서 만일 인구가 감소한다고 하더라도, 자본가는 반드시 남은 몇 안 되는 인구를 도시 지역에 살게 하여, 그곳에 과밀 지역을 창출하고 프롤레타리아를 계속 공급하려고 할 것입니다. 인구가 아무리 줄든지 똑같은 일을 할 겁니다. 지금 일본에서 하는 것처럼 말이죠.

이러한 흐름에 대항하기 위해서는 자본가의 '인클로저'에 의해 과소 지역화·무주지화하려는 토지에 인간이 생활 거점을 두고 그곳에서 평온하게 생업을 영위하며 건강하고 문화적으로 살 수 있는 현실을 만들어 내야 합니다.

'인간이 살 수 있는 곳'을 이 세계 어딘가에 확보해 두어야 합니다. 그것은 자본주의가 끝난 후에 출현하는 것이 아니라, 가령 아주 작고 맹아적인 형태라 하더라도, 지금 여기에 존재해야 합니다. 자본주의가 대홍수로 인류를 모두 멸망시키기 전에 지금 이곳에 존재해야 합니다. 그러니까, 그것은 엄밀한 의미에서는 '미래 사회'가 아니라 맹아적인 형태로 현대 사회에서 이루어져야 합니다

4. 계급투쟁보다도 좀 더 근원적인 투쟁이 벌어진다

✖ 일종의 공동체를 일본에서 목표로 하는 청년들

인구 감소 국면에 있는 지금의 일본에서도 고령화·과소 지역화되어 있는 토지로 이주하여, 새로운 생업을 창출하고 세계 표준의 생산물을 내보내려는 젊은 사람들이 많아졌습니다. 그들은 딱히 마르크스를 읽고 그런 삶을 택한 것은 아닙니다. 하지만 아마 멀리서 울리는 자본주의의 '조종弔鐘'을 듣고, '대홍수 전에', 생존할 수 있는 장소를 알아보려고 직관적으로 움직이기 시작한 것 같습니다.

하지만 그들은 거기서 도대체 어떤 공동체를 형성할 생각일까요?

이주자들은 거기에 원래 있는 지연·혈연 공동체의 멤버도 아니고, 밖에서 와서 그 땅에서 이용할 수 있는 모든 것을 이용해서 이익 극대화를 목표로 하는 이익 공동체를 만들

기 위해서 그러는 것도 아닙니다. 그들이 보종의 공동체 창건을 목표로 하는 것은 확실한데, 그것은 지연·혈연 공동체 Gemeinschaft도 이익집단Gesellschaft도 아닙니다. 그 중간에 있는 '공유지Common 같은 것'이라고 말하는 것 이외에는 지금 마땅한 표현이 없습니다.

이 코먼Common의 멤버들은 숙명적인 방식으로 그 공동체에 연결되어 있지 않습니다. 자발적으로, 자신의 의사로 참여한 것이기 때문에, 자신의 의사로 거기에서 빠지는 것도 물론 가능합니다. 그리고 공동체 활동의 목적은 '자기 이익의 극대화'가 아니라 '구성원 전원이 평화롭게 생업을 영위하며 건강하고 문화적으로 살 수 있는 것'입니다. 꽤 막연한 것입니다. 상세한 사업 계획도 없고 투자자에 대한 배당 약속도 없습니다.

이 '코먼'의 창설 목적은 따지고 보면 '거기서라면 인간답게 살 수 있다'라는 것을 참가한 사람들에게 보증하는 것, 그것뿐입니다. '코먼'에게 최우선 사항은 그 공동체가 안정적이고 항상적으로 유지된다는 것입니다. 이를 위해 회원들은 그 사재의 일부를 공공에 공탁하고, 개인적인 권리의 일부를 공공에 이양해야 합니다. 그렇게 해서 공공을 풍요롭게 해야 합니다.

그래서 '코먼' 멤버들은 부족한 비용은 자신이 부담할 각오를 해야 합니다.

그런데 그것은 '규칙'이 강요하는 것도 아니고, '자기 이익'에 의해 유도되는 것도 아닙니다. '자신이 인간답게 살 수 있는 장소'를 지키기 위함입니다.

✗ 제가 가이후칸을 만들고 유지하고 있는 이유

저는 지금 가이후칸凱風館이라는 도장 공동체를 만들어 유지하고 있는데요. 이것은 제 개인 소유가 아닙니다. '모두의 집'입니다. 이것을 지은 것은 제가 아이키도의 다다 히로시 선생님, 철학의 에마뉘엘 레비나스 선생님이라는 두 스승으로부터 배운 것을 다음 세대에 전하기 위함입니다. 선현으로부터 물려받은 예지와 기술은 퍼블릭 도메인으로 두고 가능한 한 많은 사람이 접근할 수 있어야 한다고 생각했기 때문입니다.

그러기 위해서는 도장이 저의 사후에도 유지되어야 합니다. 하지만 이 도장은 제 혈연자나 이 지역 사람에게 인계하는 것이 아니므로 지연·혈연 공동체가 아닙니다. 도장은 이익을 내서 출자자에게 배당하는 제도가 아니므로 이익집단도 아닙니다. 가이후칸을 꾸리고 있는 회원들은 이 도장이 존재하며 시대를 초월하여 도통·학통을 전하기 위해 모여 있습니다. 자유롭게 참여할 수 있고 자유롭게 이탈할 수 있습니다. 하지만 참가하는 이상은 이 공동체의 유지를 위해서 '자신의 몫을 내놓을' 각오가 필요합니다. 그런 중간적인 공동체를 위에서는 '공유지'라고 불렀는데, 그 말과는 별개로 '게노센샤프트Genossenschaft'라는 말이 있습니다.

생소한 술어이긴 합니다만, 지연·혈연 공동체처럼 자신의 의사와는 상관없이 태어날 때부터 멤버로 정해지는 것도 아니고, 이익집단처럼 자기 이익을 극대화하기 위해 만들어진 조직도 아닌 그 중간 형태를 가리킵니다. 장인조합이나 협동조합이 그에 해당합니다. 멤버는 자유의사로 참여합니다. 멤버의 지위는 기본적으로 평등합니다.

가이후칸과 같은 도장 공동체도 '게노센샤프트' 중 하나로 꼽아도 된다고 저는 생각합니다. 그런데 협동조합과 다른 점이 하나 있어요. 그것은 도장 공동체는 지금 이곳의 구체적인 생활상의 편의를 위해 멤버끼리 서로 의지하는 상호부조 조직이 아니라는 것입니다. 도장 공동체는 시대를 초월해 도통과 학통을 패스한다는 미션을 갖고 있습니다. 선인으로부터 받은 예지와 기능을 후세대 사람들에게 전달하는, 시간적인 세로축을 중심으로 도장 공동체는 통합되어 있습니다. 지금 여기에서 멤버의 구체적인 생활상의 이익은 반드시 최우선으로 배려되지 않습니다. 그것을 얼마간 희생하더라도 패스는 연결돼야 합니다.

그 회로는 축구나 럭비 같은 공놀이를 생각하면 알 수 있을 것이라고 생각합니다. 플레이어들은 공을 연결해 주고,

그것을 받기를 완강히 거부하는 사람에게 증여합니다. 공놀이의 본질은 '패스'와 '증여'에 있습니다.

이 글 첫머리에 '전도傳道'에 대해 썼는데요. 복음의 패스를 연결하고, 귀를 막고 있는 사람의 소매를 붙잡고 간청하여 복음을 받게 하는 전도의 행동은, 자세히 보면 공놀이와 동형적입니다. 그보다는 공놀이 자체가 '패스'와 '증여'를 통해 인간은 그 잠재력을 극대화하고 환상적인 플레이를 발상해낸다는 태곳적 지혜를 가르치기 위한 장치라고 저는 생각합니다. 그래서 공놀이에서의 '팀'도 일종의 '게노센샤프트'라고 말할 수 있을지도 모릅니다. 누구에게도 강요받지 않고 자신의 의사로 참여할 수 있는 공동체이지만, 멤버인 한 자신의 기능을 높이는 것, '패스'와 '증여' 일에 헌신할 것을 요구받는 것이죠.

저는 이 태곳적 기원을 가진 '게노센샤프트'가 '대홍수'에서 살아남기 위한 '현대에서 앞당겨 맞이하는 미래 사회의 맹아적 형태'의 기본 방향을 가리키고 있는 것은 아닐까 생각합니다.

✖ 사이토 고헤이 씨의 연구와 지침에서

사이토 고헤이 씨는 만년의 마르크스가 공동체 연구에 몰두하고 있었다는 사실을 편지나 발췌 노트의 상세한 검토를 바탕으로 지적하고 있습니다. '대홍수'가 찾아오기 전에 마르크스는 어떤 공동체가 지속 가능한지에 대한 전망을 세워두려고 했습니다. 그때 마르크스가 주목한 것은 '마르크협동체Margenossenshaft'라는 고대 게르만 공동체였다는 것을 사이토 씨에게 배웠습니다.

> 게르만 민족은 땅을 공동으로 소유하고 생산방법에도 강한 규제를 가하고 있었다. 마르크협동체에서는 토지를 공동체 구성원 이외에게 파는 것은 당치도 않은 일이었다고 한다. 토지 매매뿐 아니라 목재, 돼지, 와인 등을 공동체 밖으로 내놓는 것도 금지되어 있었다. 그런 강한 공동체 규범에 따라 토양 양분의 순환은 유지되고, 지속 가능한 농업이 실현되고 있었다.
>
> 사이토 고헤이, 『지속 불가능한 자본주의』, 슈에이샤, 2020, 181쪽

사이토 씨는 이 협동체(게노센샤프트)의 '지속 가능성'과 '사회적 평등'에 주목하고 있습니다. 자본주의가 이대로 지속된다면 지구 환경 자체가 인간의 존재를 허용하지 않게 된다는 생태적 위기감을 마르크스는 안고 있었다는 것이 사이토 씨의 가설이기 때문입니다.

> 최만년에 마르크스의 인식은 이렇다. 자본주의하에서의 생산력 상승이 인류의 해방을 가져온다고는 할 수 없다. 오히려 생

명의 근원적 조건인 자연과의 물질적 대사를 교란해 균열을 낳는다. … 사회의 번영에서 불가결한 '자연의 생명력'을 자본주의는 파괴한다. 마르크스는 오히려 그렇게 생각하기에 이르렀다.

같은 책, 186쪽

마르크스가 추구했던 것은 무한한 경제 성장이 아니라 대지＝지구를 '코먼'으로서 **지속 가능하게 관리하는 것**이었다.

같은 책, 190쪽

그것은 더는 "경제 성장을 하지 않는 순환형의 정상형定常型"(같은 책, 193쪽)의 체제입니다.

자본주의의 위기를 극복하기 위해 서구 사회는 "원고적原古的 유형의 보다 고차적인 형태인 집단적인 생산 및 영유領有로 복귀"해야 한다고 마르크스가 말할 때, 그는 정상형 경제定常型經濟라는 공동체의 원리를 서구에서 고차적 차원에서 부흥시키려 하지 않았을까.

같은 책, 195쪽

이 사이토 씨의 마르크스 읽기의 옳고 그름의 판단을 내릴 정도의 문헌적 근거를 저는 갖고 있지 않습니다만, 여기서 말하는 "원고적 유형"이 '패스'하고 '증여'하는 것을 그 본질로 하는 '게노센샤프트'를 가리키는 것이라면, 이 언명에 저는 개인적으로는 만강의 동의를 표하고 싶습니다.

✖ '반생명'과 '생명'의 대립을 포함하고 있다

자, 이제 정말 끝내겠습니다. 마르크스의 선견지명은 '언젠가는 대홍수가 올 것'이라는 확신 속에 있었습니다. 그리고 그것은 자본가 대 노동자의 계급투쟁이라는 사회투쟁 규모에서가 아니라 좀 더 거대한, 인류 전체가 멸망의 문턱에 서게 될 위기라고 마르크스는 생각했습니다. 자본이 자기 증식을 추구하는 끝없는 충동으로 운동하는 한, 그것은 결국 생태계를 파괴하고, 여러 생물종을 멸종시키며, 궁극적으로 인간의 과학력으로는 제어할 수 없는 환경 파괴를 초래하리라는 것을 마르크스는 직감적으로 감지하고 있었습니다. 자본주의가 인간을 이렇게까지 쇠약하게 하고, 그럼에도 태연한 이상, 언젠가 지구 생태계가 인류에게 있어 서식할 수 없어질 때까지의 환경 파괴를 가져오리라는 것을 마르크스만큼의 지성이 예측하지 못했을 리는 없습니다. 그러니 '대홍수 전에' 어떻게든 손을 써야 한다. 그것은 표현형으로는 계급투쟁으로 수행되겠지만, 그 본질은 생명을 파괴하는 것과 살아남으려는 것 사이의 싸움이다. 아마 마르크스는 그렇게 생각하고 있었을 것입니다. 그것은 '모든 자본가, 즉 자본가계급과 모든 노동자, 즉 노동자계급 사이의 투쟁에 그치지 않고, 좀 더 근원적인 투쟁'이라고 생각했다. 왜냐하면 마르크스는 노동자가 자본가에게 이렇게 고한다고 썼기 때문입니다.

당신이 나에 대해서 대표하고 있는 것에는 가슴의 고동이 없다. 고동치는 것처럼 보이는 것은 내 심장의 고동이다.

같은 책, 342쪽

이것은 우연히 각 계급에서 태어난 자들이 각자의 처지에서 권리를 제로섬적으로 서로 박탈하고 있다는 헤겔의 '주인과 노예'의 대립 도식에서는 나오지 않는 말입니다.

자본가 편에 서는 것은, 설령 개인으로서는 고결하거나 인도적일지라도, 제도적으로 '가슴의 고동'을 빠뜨리고 있다. 노동자 편에 서는 것은, 그 개인적 자질과는 상관없이, '내 심장의 고동'만큼은 분명하게 알아들을 수 있다. 이 대립은 '이익을 위해서는 누구의 생명도 고려하지 않고 행동할 수 있는 이'와 '자신의 생명을 지켜 낼 것을 무엇보다 바라는 이' 사이의 비대칭적 대립이다. 마르크스는 그렇게 말하고 있는 것 같습니다.

제가 계급적으로는 자본의 편에 설 것인가, 노동자의 편에 설 것인가를 선택할 수 있는 프티부르주아이면서 굳이

'마르크스에게 이치가 있다'라고 하는 것은, 이 대립이 본질에서는 '생명'과 '생명'의 대립을 포함하고 있다고 생각하기 때문입니다.

Life finds a way.

이것은 영화 《쥬라기 공원》에서 말콤 박사(제프 골드블룸 분)가 인조 공룡들이 이윽고 인간의 관리를 피할 것이라는 암울한 예언을 할 때 한 말입니다.

생명은 살아남을 길을 찾을 것이다.

저는 '살아날 길'을 찾아 '생명'의 편에 서고 싶습니다. 그러기 위해서 '인간이 살 수 있는 곳'을 지금 여기서 만들고 싶습니다.

이시카와 선생님, 긴 시간 감사했습니다.

5장

관련 문헌

『영국 노동계급의 상황』에 관해서

이시카와 야스히로의 편지

2016년 8월 15일

「청년이여, 마르크스를 읽자 2」 중국어판을 위한 서문

이시카와 야스히로, 우치다 다쓰루

『영국 노동계급의 상황』에 관해서

이시카와 야스히로의 편지

2016년 8월 15일

우치다 선생님, 안녕하세요.

3월의 '독일·영국에서의 마르크스 여행'으로부터 벌써 넉 달이 지났군요. 시간이 참 빨리 갑니다. 그 후 한 차례, 고베 여학원대학 서쪽 문을 올라오다가 로터리에서 만났습니다. 저는 일을 마치고 돌아오는 길이었고, 우치다 선생님은 틀림없이 학생들에게 아이키도 지도차 오셨습니다. 그 후 계절은 이미 한여름입니다. '마르크스 여행'을 정리한 책은 이번 9월에 출판 예정이라고 합니다. 이 책은 『마르크스의 마음을 듣는 여행』이라는 제목으로 '청년이여, 마르크스를 읽자'의 번외편이라는 이야기를 들었습니다. 조금 전 이 편지(원고)를 쓰기 시작하기 위해 예전 편지를 찾아봤는데, 날짜가 정확히 2년 전 여름이라고 되어 있었습니다. 2년이나 쓰지 않고 있었다면, 편집자가 여행사와 '결탁'해서 우리가 쓰지 않고는 배겨 낼 수 없는 장치를 만든 것도 조금은 납득할 수 있겠다는 생각이 들었습니다. 2년은 긴 공백이죠. 그건 그렇고 3월에 있었던 '여행'은 하네다, 간사이 공항 각각에서 시베리아와 북유럽을 넘어 지구를 돌아 독일에서 영국으로 이동하였습니다. 영국에서는 런던보다 먼저 맨체스터를 방문했는데, 이 편지에서 거론하는 프리드리히 엥겔스의 『영국 노동계급의 상황』은 그 맨체스터에서의 연구 성과입니다. 거기서 부제목은 '저자 자신의 관찰과 확실한 전거典據에 의한다'라고 되어 있습니다.

이 책은 1845년에 라이프치히에서 영어가 아닌 독일어로, 즉 독일 노동자들을 위해 간행되었습니다. 그것은 공장 경영자인 아버지의 명에 따라, 또 아마도 절반의 이유는 답답한 집을 떠나기를 자청해, 맨체스터로 떠난 엥겔스가 두 달에 걸친 영국에서의 자본주의 체험을 바탕으로 쓴 것이기 때문에, 이는 이번 '여행'과도 직접 연결됩니다. 게다가 이는 맨체스터에서 귀국하는 길에 파리에서 마르크스와 드디어 '본격적인 만남'을 갖고 공산주의 활동가로서 본격적인 활동을 시작하는 시기의 저작이기도 합니다. 『상황』은 자신의 눈으로 보고, 귀로 듣고, 피부로 느낀 것을 바탕으로 하면서 많은 문헌, 통계도 구사해서 정리한 것으로, 제가 사용하는 것은 신일본출판사의 고전선서 하마바야시 마사오浜林正夫 씨의 번역입니다. 이 책은 상하로 이루어져 있고 500쪽을 넘는 대작입니다.

쾌 오랜만에 읽었는데요. 이 정도의 책을 24세에 쓴 것은 역시 대단한 능력이라고 생각합니다. 다시 한번 놀랐습니다. 저로서는 거론하는 저작의 소개나 해설뿐만이 아니라, 엥겔스의 인생, 특히 사상적인 성숙의 과정을 쫓는 것에도 힘을 할애해 보고 싶습니다. '제2의 바이올린'이라든지 마르크스의 인생 매니저같이 마르크스의 보좌역으로서 거론하는 것이 아니라, 엥겔스 그 사람의 삶의 방식에 분명히 초점을 맞춰 보고자 합니다.

그러면 텍스트에 들어가 보기로 하죠.

1. 대공업이 만들어 낸
   노동자 생활의 비참함

✕ 노동자는 어떠한 운동을 하지 않고는 있을 수 없었는가

엥겔스는 이 책을 쓰는 이유에 관해서 다음과 같이 말했습니다.

> 노동자계급의 상황은 현재 모든 사회운동의 실제 토대이자 출발점이다. 왜냐하면, 그것은 우리의 현재에 사회적 곤궁의 가장 노골적인 정점이기 때문이다.

> 한편으로는 사회주의 이론에, 다른 한편으로는 이 이론의 정당성에 관한 판단에 확고한 기초를 부여하고, 이 이론에 찬성하든 반대하든 모든 몽상과 환상에 마침표를 찍기 위해서는 프롤레타리아의 상황을 아는 것이 절대적으로 필요하다.
>
> 상편, 17쪽

여기서 엥겔스가 "모든 몽상과 환상에 마침표를 찍는다"라고 말한 것의 배경에는 당시 유럽에서의 '사회주의 이론'의 미숙함이라는 문제가 있었습니다. 『상황』을 집필한 지 35년 만에 엥겔스는 『공상에서 과학으로: 사회주의의 발전』

(1880)이라는 책을 쓰는데, 그 책에서 엥겔스가 '공상'과 '과학'을 나누는 근본적인 기준으로 삼은 것은, 미래 사회에 대한 어떤 이상을 책상 위에서 그리는 것이 아니라, 현실의 고난을 벗어나려는 노동자는 도대체 어떤 운동을 하지 않고는 있을 수 없는지, 그것을 현실 사회의 구조 속에 '발견'해 나가려는 자세의 유무였습니다. 노동자 해방을 실현할 미래 사회의 모습과 거기에 이르는 사회개혁의 길은 머릿속에서 발명되는 것이 아니라, 이미 있는 사회 안에서 발견되어야 한다는 것입니다. 엥겔스는 그것을 사회주의가 '과학'이기 위한 대전제라고 생각했습니다. 차후에 접하게 되리라 생각하는데요. 엥겔스는 『상황』의 '독일어 제2판(1892) 서문'에서 이 젊은 날의 저작에 포함된 이론적인 약점에 대해 언급하였습니다. 그리고 이 책을 근대 사회주의의 "맹아적萌芽的 발전의 한 국면을 나타낸 것일 뿐"이라고 썼습니다.

그러나 비록 미숙하더라도, 『상황』은 책상 위에서의 '공상'을 딛고 맨체스터를 비롯한 구체적인 현실 세계의 구체적 분석으로 나아간 것입니다. 그래서 만년의 엥겔스는 이것을 '과학'의 '맹아'의 한 국면으로 규정하기로 했습니다(하편, 203쪽). 또한 이러한 『공상에서 과학으로』는 가정에서 배운 경건주의 기독교로부터 헤겔의 객관적 관념론으로, 일시적으로는 열렬한 포이어바흐주의자로 — 즉 유물론으로, 그리고 마르크스와의 공조에 의한 사회 영역으로의 유물론의 철저 ― 사적 유물론의 형성이라는 세계관의 성숙·발전에 대응하는 것이기도 했습니다. 그 부분은 『청년이여, 마르크스를 읽자』 1권이 『독일 이데올로기』 부분에서 언급하였습니다만, 엥겔스의 '포이어바흐론'을 거론할 기회가 있다면 조금 정리해서 말해 보도록 하겠습니다.

✕ 독일 노동자 운동에 영국의 상황을

그런데 엥겔스는 이 책을 독일 노동자를 위해 독일어로 썼습니다(첫머리에 「대영제국 노동자계급에」라는 아주 짧은 영문으로 쓴 호소문이 있긴 합니다만). 그런데도 검토 대상 노동자가 '독일' 노동자가 아니라 '영국' 노동자였던 이유는 무엇일까요? 이것에 대해서, 엥겔스는 다음과 같은 설명을 하였습니다.

> 프롤레타리아의 상태가 고전적인 형태로 완전히 존재하는 것은 오직 영국, 특히 본래의 잉글랜드뿐이다. 게다가 이 대상을 어느 정도 완전히 서술하는 데 필요한 자료가 충분히 수집되고 공식 조사를 통해 확인되는 곳도 영국뿐이다.
>
> 상편, 17쪽

노동자가 처한 상태를 '완전'한 형태로 나타낼 정도로 발달한 자본주의 ― 산업 혁명을 통해 기계제 대공업을 성립시킨 자본주의가 존재하는 것은 영국뿐이며, 그것을 '서술'하는 데 필요한 재료가 갖추어져 있는 곳도 영국뿐이라고 합니다. 그뿐만이 아닙니다. 게다가 엥겔스는 독일에서의 '사회주의·공산주의'의 상황이나, 독일과 영국의 '사회질서'의 공통성을 지적합니다.

> 영국의 전형적인 프롤레타리아의 상황을 묘사하는 것은, 특히 현재의 순간에는 독일에 큰 의미를 가지고 있다.

> 독일의 사회주의와 공산주의는 다른 어떤 나라보다 더 이론적인 전제에서 출발하고 있다. 프롤레타리아의 현실 생활 상황은 우리 사이에서는 거의 알려지지 않았다.

> (그래서) 우리 독일인은 무엇보다도 먼저 이 문제에 대해 사실을 아는 것이 필요하다.

> 상편, 18-19쪽

엥겔스는 부르주아 사회의 발전이 미숙한 독일에서는 현실의 개선을 "현실의 여러 관계로부터 직접 강요당하는 일"이 없고(상편, 18쪽), 그래서 독일의 사회주의와 공산주의는 그것을 '공상'에 의해서 보충하는, 말하자면 "지식만 풍부하고 행동이 따르지 않는" 특징을 갖고 있어, 그러한 약점을 극복하기 위해서는 아직 독일에는 존재하지 않는, "전형적인 프롤레타리아의 상황"을 영국에서 배울 필요가 있다는 겁니다.

그리고 그처럼 영국에서 배우는 것이 중요한 이유로, 엥겔스는 독일과 영국이 같은 '사회질서'를 갖고 있고, 양자의 차이는 그 '성숙'의 정도에 지나지 않으며, 영국 노동자계급의 상황은 미래 독일 노동자계급의 상황을 앞당겨 맞이하고 있는 것에 불과하다고 지적합니다.

> 비록 독일 프롤레타리아의 상황이 영국처럼 전형적인 형태로까지 성숙하지는 않았다고 해도, 우리도 기본적으로는 같은 사회질서를 가지고 있고, 그것은 조만간 북해 건너편에서 이미 도달한 것과 같은 정점까지 추진되어 갈 것임에 틀림없다.

> 영국에서 프롤레타리아의 빈곤과 억압을 낳았던 것과 같은 근본원인은 독일에도 마찬가지로 존재하고 있으며, 결국에는 같은 결과를 낳을 것이 분명하다.
>
> 상편, 19쪽

이렇게 해서 24세의 젊은 엥겔스는 현재의 영국에서 독일의 미래 모습을 보고, 영국 노동자의 현재 상황을 미래의 '나의 일로' 이해할 것을 독일 노동자에게 요구하였습니다. 동일한 내용을 마르크스는 독일 사회에 대한 독자적인 분석을 심화시킨 후의 『자본론』 초판에 대한 서언(1867)에서 썼습니다.

> 내가 이 저작에서 연구해야 할 것은 자본주의적 생산양식과 이에 조응하는 생산 제 관계 및 교역 제 관계이다. 그 전형적인 장소는 지금까지의 형편으로는 영국이다. 이것이야말로 영국이 나의 이론적 전개의 주요한 예증으로 도움이 되는 이유다. 그러나 만약 독일의 독자가 영국의 공업 노동자나 농업 노동자의 상황에 대해 바리새인처럼 눈살을 찌푸리거나, 또는 독일에서는 사태가 아직 그렇게 악화하지 않았다고 해서 낙천적으로 안심한다면, 나는 그에게 이렇게 호소해야만 한다, "바로 너의 일을 말하는 거야!"라고.
>
> 신일본출판사, 상제판 Ia, 9쪽

✘ 나는 영국의 부르주아지에 도전한다

엥겔스가 그린 노동자들의 '상황'으로 나아가겠습니다. 엥겔스의 묘사는 매우 치밀하고 구체적입니다. 그 정도의 치밀함을 자신에게 부과한 이유는 학문적인 성실함만이 아닙니다. 저작 자체가 부르주아지와의 싸움의 무기라고 생각했기 때문이었습니다. 이 점에 대해서 엥겔스는 다음과 같이 말하였습니다.

나는 21개월 동안 영국의 프롤레타리아트, 그 노력, 그 고통과 기쁨을 개인적인 관찰이나 개인적인 교제를 통해 가까이 알 기회를 얻었고, 동시에 신뢰할 수 있는 필요한 자료를 이용해 나의 관찰을 보충할 기회를 얻었다. 내가 보고, 듣고, 읽은 것은 이 책 속에 담겨 있다. 나는 내 입장뿐만 아니라 여기서 말한 사실에 대해서도 여러 방면에서 공격받을 것을, 특히 내 책이 영국인의 손에 들어갔을 때 공격받을 것을 각오하고 있다.

나는 또한 포괄적인 대상을 광범위한 전제에 서서 다룰 때는 영국인도 피할 수 없는 사소한 오류가 여기저기서 지적될 것도 알고 있고, 영국에서조차 내 책처럼 모든 노동자를 다룬 책은 아직 한 권도 없으니, 계속 오류의 지적이 나올 것이다. 그러나 나는 한순간도 망설임 없이 영국의 부르주아지에 도전한다. 입장 전체에 있어서 뭔가 중요한 의미가 있는 사실에 대해서 하나라도 잘못이 있으면 지적해 보기 바란다 ─ 내가 인용한 것만큼 확실한 전거典據를 가지고 지적해 보기 바란다.

상편, 17-18쪽

"나는 한순간도 망설임 없이 영국의 부르주아지에 도전한다." 24세의 젊은 나이에 품은 큰 뜻이었습니다. 정말로 전율하고 말지요. 그리고 "확실한 전거"로 제시된 이 책의 구성은 크게 「서설」, 「공업 프롤레타리아트」, 「대도시」, 「경쟁」, 「아일랜드인의 이주」, 「여러 결과」, 「개개의 노동 부문: 협의의 공장 노동자」, 「기타 노동 부문」, 「노동운동」, 「광산 프롤레타리아트」, 「농업 프롤레타리아트」, 「프롤레타리아트에 대한 부르주아지의 태도」로 이루어져 있습니다. 내용의 일단을 살펴보도록 하겠습니다.

> 사회가 노동자에게 그 노동의 보상으로 주택, 의복, 음식의 형태로 얼마만큼의 임금을 주고 있는지, 사회의 존재에 가장 이바지하는 사람들에게 어떤 생활을 이루어 주고 있는지 살펴보자.
>
> 상편, 54쪽

이렇게 쓴 엥겔스는 「대도시」라는 장에서 런던, 더블린, 에든버러, 리버풀, 노팅엄, 글래스고, 요크셔 서부, 랭커셔 남부 등에 만들어진 노동자 거리, 빈민굴의 실정을, 그리고 그중에서도 가장 상세하게 관찰한 맨체스터를 다음과 같이 정리하였습니다.

> 이상이 나 자신이 20개월 동안 관찰할 기회가 있었던 맨체스터의 여러 노동자 지구의 상황이다. 이들 지구를 돌아다닌 결과를 정리해 보면, 다음과 같이 말해야 한다. 즉 맨체스터와 그 교외의 35만 노동자는 거의 전부 열악하고 눅눅하며 불결한

오두막집에 살고 있고, 그들의 어떤 지경은 대개 가장 심하고 불결한 상태에 있으며, 바람과 오줌은 전혀 고려하지 않고, 단지 건축주의 지갑으로 들어가는 이윤만을 염두에 두고 만들어졌다 ― 한마디로, 맨체스터의 노동자 주거에서는 청결함도 쾌적함도, 따라서 또한 가정다움도 전혀 불가능하며, 이러한 주거에서는, 인간성을 잃고 타락하며, 지적으로나 도덕적으로 짐승으로 영락한, 육체적으로나 병적인 인종만이 편안한 휴식을 취할 수 있다.

상편, 105-106쪽

이 문장을 엥겔스는 바로 자본가의 어용학자의 말로 보강합니다. "쓸데없는 일이지만" 하고 비꼬는 말투로 덧붙인 다음, 후에 마르크스가 『자본론』에서 노동자에 대한 가혹한 장시간 노동을 정당화하는 '학자'(게다가도 특출나게 어리석은)의 대표로서 철저하게 비판하게 되는 나소 시니어Nassau Senior의 『마지막 1시간』을 자기편으로 인용합니다.

이렇게 주장하는 것은 나 혼자만이 아니다. 쓸데없는 일이지만, 나는 '자유당파에 속하고, 공장주들에 의해서 칭찬받으며, 매우 존경받고 있는 권위자로, 모든 자주적인 노동운동의 열광적인 반대자의 말', 즉 시니어 씨의 말을 인용해 보겠다. "내가 아일랜드 사람의 구역인 앤츠와 리틀아일랜드[모두 맨체

스터 내부의 지구 이름입니다 —이시카와]의 공장 노동자가
사는 곳을 거쳐 갈 때, 이러한 거처에서 그럭저럭 건강을 유지
할 수 있다는 것에 놀라지 않을 수 없었다. 이 도시들은 그것의
넓이에서도 인구 면에서도, 바로 도시이기 때문에 투기적인
건축업자의 직접적인 이익 외에는 전혀 고려하지 않고 세워
졌다."

상편, 106쪽

✘ 사회적 살인, 아동의 노예노동, 무관심은 범죄다

24세의 엥겔스에게는 자본가가 노동자로부터 어떻게 이
윤을 짜내는지를 분석한 착취론=잉여가치론은 아직 없었습
니다. 그래서인지 경제적 가치가 생산되는 노동 현장 자체
에 대한 묘사는 많지 않습니다. 그러나 노사관계에 편입된
노동자가 어떤 생활을 할 수밖에 없는지에 대한 고발은 매
우 강력합니다. 조금만 더 사례를 추가해 보겠습니다.

어떤 사람이 다른 사람의 신체에 상해를 입혔는데, 그것이 피
해자를 죽음에 이르게 하는 상해라면, 우리는 그것을 '상해치
사'라고 부른다. 만약 가해자가 그 상해가 치명적일 것을 미리
알았다면, 우리는 그 행위를 살인이라고 부른다. 그러나 사회
(사회의 권력을 의미한다[엥겔스의 주석에 의함 —이시카와])가 수백 명의

프롤레타리아를 너무나도 빠른 부자연스러운 죽음에, 검이나 탄환에 의한 것과 같은 강제적인 죽음에 필연적으로 빠져들지 않을 수 없는 상황에 놓이게 하고 있다면, 또 만약 사회가 수천 명의 사람으로부터 필요한 생활 조건을 빼앗아 그들을 생활할 수 없는 상황에 놓이게 한다면, 또 만약 사회가 법률이라는 강대한 완력에 의해서 그들을 이런 상황의 필연적인 결과인 죽음이 찾아올 때까지 이런 상황에 강제적으로 머무르게 한다면, 또 만약 사회가 이 수천 명의 사람이 이런 상황의 희생양이 될 것이 틀림없다는 것을 너무도 잘 알고 있는데도 이러한 상황을 존속시키고 있다면, 그것은 개인의 행위와 똑같이 살인이며…

내가 상해치사 사실의 전거로서 공식 문서나 의회나 정부의 보고서를 인용할 수 있다면, 사회가 스스로 제도의 결과를 알고 있으며, 따라서 사회의 방식은 단순한 상해치사가 아니라 살인이라는 것은 그것만으로 이미 증명된 것이 될 것이다.

상편, 149-150쪽

이는 현대 일본 사회에서도 '과로사'라는 이름으로 이어져 오고 있는 문제입니다. 엥겔스는 아동 노동에 대해서도 자세한 서술을 남겼습니다.

만약 개개의 야만적 사례, 예를 들면, 아이가 감독에 의해 벌거 벗은 채로 침대에서 끌려 나와 옷을 팔에 안은 채 얻어맞거나 발로 차이면서 공장으로 쫓겨 간 예(예를 들면 스튜어트, 38쪽 등)라든가, 잠든 아이를 때려서 일으킨 예라든가, 일하는 도중에 잠들어 버린 예라든가, 불쌍한 아이가 일하다가 잠들어서 기계가 멈춘 후, 감독에게 호통을 듣고 벌떡 일어나 눈을 감은 채 자신이 하던 일의 동작을 계속하고 있던 예 등등. 그중 하나를 읽는다면…, 인류애와 자기희생을 자랑하고 있는 이 계급[부르주아지를 말함 ―이시카와]에 분노하지 않을 수 있을까, 원한을 품지 않을 수 있을까.

상편, 244-245쪽

여기서 엥겔스가 "읽는다면"이라고 말한 것은 공장 감독관에 의한 공식 보고서를 말하는 것이었습니다.

이것이 공장제도다. 나는 그것을 지면이 허락하는 한 자세히 적었다. 또 몸을 지킬 힘이 없는 노동자에 대한 부르주아지의 '영웅적 행위'를 될 수 있으면 공평하게 말했다. 이 행위에 대해 무관심한 것은 불가능하며, 무관심한 것은 범죄적이다.

상편, 267쪽

다소의 개선이 있었다고 하더라도, 이것 또한 현대 세계에 그대로 살아 있는 말이 되었습니다. 근본적으로는 당시의 영국, 독일과 같은 '사회질서'가 현대의 일본과 세계에 남아 있다고 해도 좋겠죠. 그러므로, 19세기를 분석한 그들의 사회과학이 도달한 수준에는 21세기인 지금에도 배워야 할 것이 포함되어 있습니다.

2. '노동운동'의 급속한 발전과 사회개혁의 전망

✕ 노동자계급에 의한 개혁 운동의 발전

그러나 엥겔스는 노동자의 '상황'을 단순히 비참함의 집적으로, 슬픈 노동자의 슬픈 이야기로만 묘사한 것이 아닙니다. 엥겔스는 부르주아 사회를 개혁할 힘을 축적해 가는 노동자와 그 운동의 역사적 발전에도 주목하였습니다. 관련된 문장을 소개해 보도록 하죠.

> 만약 산업 혁명이 없었다면, 이런[기계의 도입 이전에 있었던, 지주와 가부장적인 관계로 맺어진 —이시카와] 지극히 로맨틱하고 아늑하지만, 인간에게는 가치 없는 생활로부터 빠져나오는 일은 없었을 것이다. 그들은 마치 인간이 아니라 지금까지

역사를 열어 온 소수의 귀족에게 봉사하는 일하는 기계에 지나지 않았다. 산업 혁명은 이러한 상태의 귀결을 한층 더 추진한 것에 지나지 않는 것이며, 그것은 노동자들을 완전히 단순한 기계로 바꾸어 버리고, 그들의 수중에 남아 있던 자립적인 일을 완전히 빼앗아 버렸지만, 그 일로 인해 그들에게 생각하고 인간적인 지위를 요구하도록 자극을 주었다. 프랑스에서는 정치가, 그리고 그와 마찬가지로 영국에서는 공업과 부르주아 사회의 운동 전체가 인류의 보편적 이해利害에 대한 무관심 속에 매몰되어 있던 마지막 계급을 역사의 소용돌이 속으로 끌어들였다.

상편, 24-25쪽

엥겔스는 목가적으로 보이는 외관 속에서 "정신적으로는 죽어 있는"(24쪽) 노동자가 자본과 기계에 대한 예속 관계에 들어감으로써 역사를 담당하는 살아 있는 주인공의 하나로서 사회의 전면에 나타나지 않고는 있을 수 없게 되었다고 봅니다. 그리고 그러한 노동자 운동의 '발생지'가 도저히 제대로 사람이 살 수 있는 곳이라고 할 수 없는, '대도시'였음을 지적합니다.

인구의 집중은 유산계급에 자극을 주고 발전시키는 작용을 하는데, 그것은 마찬가지로 노동자의 발전도 더욱 빠르게 추진한다. 노동자들은 자신들 전체를 계급으로 자각하기 시작해, 개개인은 약하지만 모이면 하나의 힘이 된다는 것을 깨닫는다. 부르주아기에 이존하지 않고 노동자와 그 사회적 지위에 고유한 시각과 관념이 형성되어, (그들 자신이) 억압받고 있다는 의식이 생겨나서 노동자는 사회적, 정치적 중요성을 획득한다. 대도시는 노동운동의 발생지로서, 거기서 노동자들은 비로소 자신들의 상태에 대해 깊이 생각하게 되었고, 그 상태와 싸우기 시작한 것이다. 대도시에서 프롤레타리아트와 부르주아지의 대립이 처음 나타났으며, 거기서부터 노동자의 단결, 차티즘Chartism, 사회주의가 출발하였다.

상편, 186쪽

이 점에 대한 보다 자세한 검토는 「노동운동」의 장(하편, 42-81쪽)에서 이루어집니다. '청년이여, 마르크스를 읽자'의 번외편인 『여행』에서도 언급하였는데요. '노동운동'이라는 말은 현대 일본에서는 노동조합 운동을 가리키는 경우가 많아지고 있습니다. 그러나 여기서 엥겔스가 말하는 '노동운동'은 노동자가 자신의 생명과 삶을 지키고 정치적 권리의 확대를 요구하거나, 자본주의를 뛰어넘는 미래 사회를 목표로 하는 활동 등 노동자로서의 객관적인 사회적 위치가 그들로 하여금 피할 수 없게 만드는 모든 운동을 가리키고 있습니다. 그것은 엥겔스의 독특한 용어법이 아니라 당시 노동자 운동의 실상 자체의 반영이었습니다. 엥겔스는 영국 노동자 운동의 발전을 다음과 같이 개략적으로 설명하였습니다.

 "부르주아지에 대한 노동자의 저항은 공업의 발전 후 곧바로 시작되어 다양한 단계를 거쳐" 왔다(하편, 44쪽). 여기서 말하는 "공업의 발전 후 곧바로"라는 지적은 중요합니다. 기계제 대공업은 자본에 의한 노동의 예속을 결정적인 것으로 하였으나 ―이것도 『여행』에서 언급해 두었습니다― 그것이 노동자에 의한 자본에의 반격의 역사적인 출발점도 되었다. 엥겔스는 역사의 구체적인 분석을 통해 그렇게 말합니다.

 (1) "이런 저항의 최초의 가장 조야한, 그리고 가장 효과가 없는 형태는 범죄였다." "공업의 확대와 함께 범죄는 증가" 했다(하편, 44쪽). 노동자를 가혹한 조건에서 일하게 하고, 그에 따라 살이 찌고 있는 부르주아지로부터의 절도입니다.

 (2) "그러나 노동자들은 곧 이런 일은 도움이 되지 않는다는 것을 깨달았다." "노동자계급이 처음 부르주아지에 적대한 것은 공업의 움직임이 시작되자마자 일어난 것과 같은, 기계의 도입에 대해 폭력적으로 저항했을 때이다." "공장이 파괴되어 기계가 부서졌다."(하편, 45쪽) 대표적인 이야기는 마찬가지로 『여행』에서 논한 러다이트운동Luddite Movement입니다. 싸움은 작게나마 집단의 형태를 취하고, 지역적인 연계

도 취할 수 있도록 바뀝니다. 그러나 이것으로 공장에의 기계 도입을 막을 수는 없었습니다.

(3) 거기에서 싸움은 정치의 영역으로 확장됩니다. "(1824년에) 노동자는 지금까지 귀족과 부르주아지만이 가지고 있던 결사의 자유의 권리를 손에 넣었다." 획기적인 성과입니다. "노동조합이 금세 영국 전체에 퍼져 강력해졌다." "모든 노동 부문에서 노동자 한 사람 한 사람을 부르주아지의 전제와 무시로부터 보호하겠다는 명백한 의도로 이런 조합trades unions이 결성되었다." 현대 일본에서는 헌법 제29조가 이것을 일본 국민의 기본적 인권의 하나로 꼽고 있는데요. 그 중대한 의미를 일본의 노동자·시민은 재차 잘 생각해야 합니다.

엥겔스는 계속합니다.

노동조합의 "목적은 ① 임금을 조정하는 것, ② 집단으로 힘을 가지고 고용주와 교섭하는 것, ③ 고용주가 이익을 내면 그에 따라 임금을 조정하는 것, ④ 경기가 좋아지면 임금을 주는 것, ⑤ 한 직업에서 받는 임금을 어디서나 같은 높이로 유지하는 것이었다."(하편, 45-46쪽, 숫자 매기기는 이시카와)

(4) 싸움은 더욱 발전합니다. 노동자의 정치적 권리 확대를 요구하는 대규모적이고 광범위한 지역에서의 통일된 대처가, 차티즘(정부에 대해 인민헌장people's charter을 요구하는 운동)으로 행해지게 됩니다.

노동조합이나 파업에서는 반대가 항상 개별적인 상태에 머물러 있고, 개별 부르주아와 싸우는 것은 개별 노동자 또는 노동자의 일부분이다.

그러나 차티즘에서는 부르주아지에 반대하여 일어났으며, 특히 부르주아지의 권력이나 그들이 자신들 주위에 둘러친 법률이라는 벽을 공격한 것이 전 노동자계급이다. 차티즘은 지난 세기인 80년대에 프롤레타리아와 동시에 프롤레타리아트 속에서 발전해 온 민주적 당파로부터 생겨났다.

1838년에는 "윌리엄 로벳William Lovett을 위원장으로 하는 런던노동자협회The London Working Men's Association의 위원회가 인민헌장을 기초起草했다. 그 '여섯 항목'은 다음과 같다. ① 정상적인 정신을 가지고 전과가 없는 모든 성인 남성의 보통선거권, ② 의회의 매년 개선, ③ 가난한 사람들도 출마할 수 있도록 국회의원들에게 세비 지급, ④ 부르주아지에 의한 매수나 협박을 피하기 위해 비밀투표에 의한 선거, ⑤ 한결같이 공평한 대표권을 확보하기 위한 평등한 선거구, 그리고 ⑥ … 선거권이 있는 이들에게 모두 피선거권도 줄 것."(하편. 64-65쪽) 이것은 젊은 엥겔스의 동시대에 전개된 운동으로, 엥겔스도 마르크스도 참여한 일이었습니다.

(5) 또한 노동자 운동은 자본에의 예속을 노동자에게 강제

하는 사회제도 자체의 변혁을 요구하는 곳으로 나아갑니다. 초기의 공상적인 사회주의 운동입니다.

> (노동자의) 사회주의로의 접근은 멈출 수 없다.

> 곤궁으로 인해 노동자가 정치적인 구제 수단 대신, 사회적 구제 수단에 점점 더 호소한다면 더욱 사회주의에 접근할 것이다.

> 영국의 사회주의자는 2천 명 내지 3천 명의 '국내 정착촌'에서 재산 공유 제도를 점진적으로 도입할 것을 요구하고 있다.

> (영국의) 사회주의는 오언이라는 일개 공장주로부터 시작되었다.

> 사회주의는 … 반드시, 그리고 가까운 미래에 영국 인민의 발전 역사에서 중요한 역할을 할 것이다.
>
> 하편, 74-76쪽

'국내 정착촌'이란 일정한 토지를 매입해 정착민을 모집하고, 거기에 노사 대립이 없는 공동적 지역사회를 만들려는 시도를 말합니다. 로버트 오언은 영국에서는 뉴래나크, 미국에서는 뉴하모니라는 공동 마을에서 이를 실천했습니다.

(6) 마지막으로 엥겔스는, 이러한 일의 향후 발진에 대해 다음과 같은 전망을 제시하였습니다.

> 이러한 노동운동은 차티스트와 사회주의자라는 두 진영으로 나뉘었다.
>
> 차티스트는 가장 늦고 가장 발달이 더디었지만, 그 대신 진짜 몸의 프롤레타리아이며, 프롤레타리아의 대표자다. 사회주의자는 미래의 전망을 읽어 내고 실제적인 빈곤 대책을 제안하지만, 원래는 부르주아지 출신인 까닭에 노동자와 융합할 수 없다. 사회주의와 차티즘을 결합시켜 프랑스 공산주의를 영국식으로 다시 만드는 일은 이제 임박했으며, 일부는 이미 시작됐다. 이것이 실현될 때 비로소 노동자계급은 현실적으로 영국의 지배자가 될 것이다.
>
> 하편, 77-78쪽

✖ 젊은 엥겔스의 사회주의 혁명론

이렇게 해서 엥겔스는 영국에서의 노동자의 가혹한 상황을 '출발점'으로 해서 발전해 온 노동자 운동의 새로운 미래에 사회주의를 목표로 하는 일의 전진을 간파하였습니다. "노동자계급(이) 현실적으로 영국의 지배자가 될 것이다"라는 것을, 즉 프롤레타리아트를 기수로 자본주의를 넘는 새로운 사회 ―사회주의 또는 공산주의의 사회― 가 탄생할 것을, 엥겔스는 이미 인간 사회의 자연사적 발전의 발현으로 파악하고 있었습니다. 단, 노동자 운동이 그 해결을 위해 발전하지 않을 수 없다고 생각한 자본주의의 근본 문제에 대한 엥겔스의 이해는 이 시점에서는 많은 미흡함이 뒤따랐습니다. 그것은 문제를 해결하는 과정으로서의 사회 혁명에도, 해결 후의 사회인 사회주의 사회에 대한 이해에도 많은 미흡함을 남겼습니다. 마지막으로 이 점을 살펴보도록 하겠습니다. 첫째, 엥겔스는 자본주의에서의 노동자의 고난의 근원을 '경쟁'의 문제로 봅니다.

> 경쟁은 근대 부르주아 사회에서 지배적이 된, '만인에 대한 만인의 투쟁'의 가장 완전한 표현이다.
>
> 상편, 123쪽

> 부르주아가 서로 경쟁하는 것처럼 노동자도 서로 경쟁한다.
>
> 상편, 123쪽

> 만약 모든 프롤레타리아가 부르주아지를 위해 일하기보다는 차라리 굶어 죽겠다는 의지를 표명하기만 한다면, 부르주아지는 독점을 포기해야 할 것이다. 하지만 그런 상황은 아니고, 그

건 오히려 거의 불가능한 일이다.

상편, 124쪽

빈곤의 원인은 현재의 사회적 관계, 특히 경쟁이다.

하편, 123쪽

둘째, 거기서 고난을 벗어나려는 노동자들의 운동은 '경쟁의 폐지'를 요구하지 않을 수 없다고 엥겔스는 생각합니다.

그들은 필요에 의해 경쟁의 일부분[노동자끼리의 경쟁 ―이시카와]뿐만 아니라, 전반을 폐지할 수밖에 없게 된다.

노동자들은 이미 오늘날 경쟁하면 어떻게 되느냐 하는 것을 매일매일 점점 더 잘 이해하고 있으며, 유산자들 간의 경쟁도 상업공황을 일으켜 노동자들을 압박한다는 것, 그리고 이 경쟁 또한 배제해야 한다는 것을 노동자들은 부르주아지보다 더 잘 이해하고 있다. 그들은 곧 어떻게 이것을 시작해야 하는지 이해하게 될 것이다.

하편, 52쪽

이처럼 이 시점에서 엥겔스는 노동자의 고난의 근원을 무엇보다 '경쟁'으로 보고 그 문제를 해결할 것으로서 사회주의를 생각하였습니다. 거기에는 나중에 마르크스가 도달한, 자본에 의한 노동 착취의 분석도, 착취의 근거가 되는 생산수단의 사적 소유도, 착취로 인한 고난을 해결하기 위한 생산수단의 사회적 소유도 아직 전혀 문제시되지 않았습니다. 노사 갈등에 대해서도, "자유경쟁은 노동자들을 심하게 괴롭히고 그들에게 증오를 받고 있다. 그 대표자인 부르주아지는 그들의 공공연한 적이다"(하편, 73쪽)에서 볼 수 있는 것처럼 부르주아지가 노동자의 '적'임의 근거는 그들이 착취의 담당자임으로부터가 아니라 경쟁의 '대표자'임으로부터 찾아졌습니다.

또한 자본주의의 근본 문제로서 '경쟁'을 중시하는 이 견지는 엥겔스의 자본주의론에 꽤 오랜 기간에 걸쳐 살아 있었습니다. 자본주의의 특징이나 문제를 '생산의 무정부성'(자유경쟁)에서 찾는 견해는 『공상에서 과학으로』에서 자본주의의 기본 모순의 정식에도 영향을 미쳤습니다. 이 점에서 엥겔스와 마르크스의 자본주의관 차이에 대해서는, 이 책을 논할 기회가 있다면 다시 한번 생각해 보도록 하겠습니다. 셋째, 노사관계에 대한 이해 부족은 부르주아 사회의 문제를 해결해 나가는 사회 혁명의 모호함으로도 이어집니다.

프롤레타리아트가 사회주의적, 공산주의적 요소를 수용하는 데 비례해, 바로 그것에 비례해서 혁명으로부터 유혈과 복수

와 격렬한 분노가 줄어들 것이다. 공산주의는 그 원리상 부르
주아지와 프롤레타리아트의 분열을 초월한다.

하편, 157쪽

　여기서 엥겔스가 말한 것은 이런 것입니다. 노동자들의
운동이 부르주아지를 포함한 만인을 경쟁으로부터 해방하
는 운동으로서 성장해 그 의미에서의 사회주의적 요소를 강
화해 나가면, 프롤레타리아트와 부르주아지의 적대는 약해
지고 "혁명으로부터 유혈과 복수와 격렬한 분노(는) 줄어든
다." 애초에 이 혁명은 노동자만을 구하는 것이 아니라, 인
류 전체를 구원하는 것이며, 그와 같은 것으로서 "공산주의
는 … 부르주아지와 프롤레타리아트의 분열을 초월하고 있
기" 때문이다. 이어서 엥겔스는 이렇게도 말합니다.

　공산주의는 이 분열이 있는 한, 자신을 억압하고 있는 것에 대
한 프롤레타리아트의 격렬한 분노를 하나의 필연으로서, 또
초보적인 노동운동의 가장 중요한 지렛대로서 분명히 인정하
지만, 그러나 공산주의는 이 분노를 넘어 나아간다. 왜냐하면,
그것은 바로 인류의 문제이지, 단지 노동자만의 문제가 아니
기 때문이다.

하편, 158쪽

자본가에 대한 노동자들의 분노가 가장 중요한 지렛대가 되는 것은 공산주의나 노동운동이 초보적인 단계에 있을 때뿐이며, "공산주의는 이 분노를 넘어" 성장한다. 왜냐하면, 공산주의의 실현은 자본가를 포함한 "인류의 문제이지, 단지 노동자만의 문제가 아니기" 때문이라는 겁니다. 자본가들이 사회주의 혁명에 대해 유화적, 우호적인 태도를 보일 것이라는 전망에는 자본가의 합의와 지원을 얻어 사회주의로 나아가려고 한 로버트 오언 등에 의한 '공상적 사회주의'의 잔재가 있었다고 할 수도 있습니다. 사실 이에 대해서는 나중에 엥겔스 자신이 반성의 변을 말하였습니다. '독일어 제2판(1892) 서문'에서 이 저작 전체의 '미숙함'을 지적하고 첫 번째 이론적 약점으로 사회 혁명론의 모호함을 든 것입니다.

> 이 책의 일반적인 이론적 입장 —철학적, 경제학적, 정치적인 점에서— 이 나의 현재 입장과 엄밀하게 일치하지 않음을 말할 필요는 없을 것이다. 1844년에는 근대적인 국제적 사회주의가 아직 존재하지 않았다. 그 이후, 특히 거의 전적으로 마르크스의 업적에 의해 그것은 하나의 과학으로까지 성장하였다. 내 책은 그 맹아적 발전의 한 국면을 나타낸 것일 뿐이다. 그리고 인간의 태아가 그 가장 초기의 발전 단계에 우리의 조상인 물고기의 아가미를 아직도 재현하듯이, 이 책도 도처에서 근대

사회주의가 그 조상의 하나 —독일 고전 철학— 의 피를 이어
받은 흔적을 보여 준다. 그 때문에 공산주의는 단순한 노동자
계급의 당파적 교의가 아니라, 자본가를 포함해 사회 전체를
현재의 폐색閉塞 상태로부터 해방하는 것을 최종 목표로 하는
이론이라는 주장에 —특히 결론에서— 큰 역점이 놓여 있다.
이는 추상적인 의미에서는 맞지만, 실천적으로는 무익하기보
다는 해롭다. 유산계급이 해방의 필요를 느끼지 못하고 있을
뿐만 아니라, 노동자계급의 자기해방에도 전력을 다해 저항하
고 있는 한, 그것에 한해서는 노동자계급은 여하튼 사회 변혁
을 단독으로 시작하고 수행할 필요가 있다.

하편, 203-204쪽

여기서는 자본가들의 계급적 특권을 배제하기 위한 혁명
에서 자본가들의 자발적인 유화 자세에 기대를 거는 것의
오류가 분명하게 지적되고 있습니다. 동시에 조금 덧붙여
말하자면, 이것을 쓴 만년의 엥겔스는 혁명이 프랑스 혁명
과 같은 봉기로 이루어지는 것이 아니라, 의회와 선거를 통
한 다수자의 합의에 따라서, 게다가 자본주의의 테두리 안
에서 단계적인 개혁의 축적 끝에 이루어진다고 전망하게 되
었습니다. 그것은 최종적인 혁명에 대한 합의에 자본가가
추가될 가능성을 처음부터 배제하는 것은 아닙니다. 위 문
장의 끝에 "그것에 한해서는"이라는 말이 강조되어 있는 것

은 그 점에서의 판단의 신중함을 엿볼 수 있습니다.

『영국 노동계급의 상황』에 대한 소개와 해설은 이 정도로
해 두겠습니다.

3. 젊은 엥겔스의
사상 형성

✗ 파리의 마르크스와의 의견의 일치

1844년 11월 19일 자 마르크스에게 보낸 편지에서 엥겔스
는 『영국 노동계급의 상황』의 집필 상황을 다음과 같이 전하
였습니다.

> 나는 귀 위까지 영국 신문과 책 속에 묻혀 있습니다. 이러한 자
> 료를 참고로 하여 영국 프롤레타리아의 상황에 관한 나의 저서
> 를 집필하고 있습니다. 가장 어려운 일인 자료 정리는 최근 1-
> 2주 만에 마쳤으므로 1월 중순이나 하순까지는 완성될 것 같습
> 니다. 영국인들에게 훌륭한 죄상 목록을 만들어 줄 겁니다.
>
> 엥겔스가 마르크스에게 보낸 편지,
> 『마르크스=엥겔스 전집』제27권, 9-10쪽

실제로는 원고 완성은 1845년 3월이었고 출판은 5월이 되었습니다.

엥겔스가 마르크스에게 이렇게 일의 상황을 친근하게 편지로 전한 것은 이미 양자 사이에 깊은 신뢰 관계가 구축되어 있었기 때문이었습니다. 44년 8월 맨체스터에서의 경영자 수업을 마친 엥겔스는 바르멘으로 돌아오는 길에 파리의 마르크스에게 들렀고 열흘 정도의 체류 과정에서 양측은 완전한 의견 일치를 보았습니다. 편지 교환은 그보다 조금 더 일찍 시작되었지만, 평생에 걸친 두 사람의 공동 작업이 시작된 것은 44년 8월부터였습니다. 이때 두 사람의 의견 일치를 위해 마르크스가 어떤 사상적 성장을 하고 있었는지는 『청년이여, 마르크스를 읽자』 1권 여기저기에 소개하였습니다. 그러나 여기에 이르는 엥겔스의 성장에 대해서는 어디에서도 전혀 언급되지 않았습니다. 그래서 아래에서는 마르크스와의 의견 일치에 이르는 젊은 엥겔스의 사상적 성장 과정을 간단히 따라가 보고자 합니다.

✖ 엄격한 '경건주의'와의 싸움부터

1820년 11월 28일, 엥겔스는 바르멘의 직물공장주인 프리드리히 엥겔스와 엘리제의 장남으로 태어났습니다. 마르크스보다 두 살 반 정도 어립니다. 아버지는 성경의 한 구절

한 구절을 믿고, 비종교적 오락의 모든 것을 죄 많은 것으로 여기며, 그렇게 생각하지 않는 자에게는 편협한 태도를 보이는 '경건주의파'의 지지자였습니다. 아버지는 아들에게 자신과 같은 이름을 지어 준 셈인데, 거기에는 경영자로서도, 신앙인으로서도 '나와 같은 사람이 되어라'라는 염원이 담겨 있었을 것입니다. 그런데 엥겔스에게는 이것이 인생의 고난의 시작이 되었습니다.

1834년 10월, 엥겔스는 김나지움에 입학하기 위해 혼자서 이웃 마을의 엘버펠트로 옮깁니다. 그때까지 다녔던 바르멘의 시립학교도 그랬지만, 이 김나지움도 경건주의파 이사회가 관리, 운영하는 종교색이 강한 학교였습니다. 엥겔스는 교장 선생님 집에 기숙하게 되는데, 이때 아버지 엥겔스는 이곳에서 아들의 '무사상과 감성 없음'이 극복되기를 기대했습니다. 이미 아버지는 아들의 사상과 신앙에 불안을 품고 있었던 것입니다.

엥겔스는 김나지움에서 역사나 독일 고전 등 각국의 문학에 열중했고, 수학이나 물리학 등에도 '우수한 이해력'을 나타냈습니다. 또 기사騎士와 여성의 자유로운 사랑 이야기를 듬뿍 담은 '13세기 기사 이야기'를 읽고 아버지를 탄식시키기도 했습니다. 그러나 대학 입학을 위한 최종 시험을 치르기 1년 전이었던 1837년 9월에 아버지는 아들을 김나지움에서 데려와서 바르멘의 상회에서 일을 시키기 시작합니다.

1년 뒤인 1838년 8월에는 피터, 앤서니, 고드프리의 엘먼 형제와 아버지 엥겔스의 계약이 성사되어 영국 맨체스터에 '엘먼 & 엥겔스상회'가 설립되었습니다. 엥겔스는 그 직전에 영국으로 보내져 경영자 수업을 위해 브레멘상회에 취직하게 됩니다. 아버지의 감시가 닿지 않는 영국에서 엥겔스는 한층 더 문학에 다가가고, 직업상으로도 필요한 외국어를 열심히 배우며, 시대의 사회문제에 관한 집필 활동도 개시합니다. 여동생 마리에게 보낸 편지에는 맥주나 댄스나 펜싱 등의 이야기도 등장하고, "25개 국어를 안다." "일본어도 공부했다"라고 전하기도 합니다.

본격적인 사회 비평의 시작은 1839년 3월의 일이었습니다. 엥겔스는 함부르크에서 간행되던 문예지 『텔레그래프 퀴어 도이칠란트』에 프리드리히 오스발트Friedrich Ostwald라는 필명으로 「부퍼탈 소식」을 연재하였습니다. 부퍼탈Wuppertal 은 라인강의 지류인 부퍼강을 따라 발전한 바르멘과 엘버펠트를 중심으로 한 공업지대를 말합니다. 엥겔스는 여기서 많은 아이를 포함한 노동자의 가혹한 운명과 이를 강요하는 경영자의 모습을 실명으로 고발하고, 나아가 이를 합리화하는 경건주의파의 편협한 생각을 비판했습니다.

엥겔스가 경건주의파의 엄격한 종교를 비판하는 데 중요한 역할을 한 것은 1835-6년에 출판된 다비트 프리드리히 슈트라우스David Friedrich Strauss가 쓴 『역사적 예수』였습니다. 슈트라우스는 청년 헤겔파(헤겔 좌파)의 일원으로, '성경' 속 '기적'을 부정하고, 헤겔의 역사철학을 발전시키는 뜻에서 예수 개인의 역할을 상대화하는 기독교 해석을 주장했습니다. 1839년 10월에 친구에게 보낸 편지에서 "신앙이여 안녕!"이라고 쓴 엥겔스는 여기서 헤겔의 역사철학 연구로 나아갑니다.

1841년 3월, 엥겔스는 브레멘에서의 수업을 마치고 바르멘으로 돌아왔습니다. 그러나 반년 후인 9월에는 프로이센에 의한 병역의 의무에 따라, 1년 지원병(42년 8월까지)으로 베를린으로 옮겨 갑니다. 지원의 주된 동기는 바르멘 생활에서 벗어나는 것과 베를린대학에 투신하는 것이었습니다.

베를린의 프로이센 근위 포병대 ―임무는 프로이센 왕실의 옹호― 에서 병역의 의무를 지는 한편, 베를린대학에서 청강을 시작한 엥겔스는 브루노 바우어Bruno Bauer 등 청년 헤겔파의 중심 멤버들과 친해집니다. 이것은 4년 전인 1837년에 마르크스도 가담했던 그룹으로, 본대학에서 교직을 목표로 하고 있던 마르크스는 같은 41년에도 브루노 바우어와 접하고 있었기 때문에 마르크스에 대한 소문은 바로 엥겔스의 귀에도 들어갔을 것입니다.

그 후, 41년 11월에 철학자 프리드리히 빌헬름 요제프 폰 셸링Friedrich Wilhelm Joseph von Schelling(길다!)에 의한 연속 강좌가 개강합니다. 내용은 헤겔 철학을 비판하는 것으로, 셸링은 헤겔의 합리적·혁명적 측면 ―다른 한편으로 매우 보수적인 면도 있었지만― 에 정치적 위험을 느낀 새 국왕 프리드리히 빌헬름 4세가 민 인물이었습니다.

이 강의를 들으면서, 엥겔스는 「셸링과 계시」 등 세 편의 비판 논문을 발표합니다. 동시에 엥겔스는 헤겔의 제자이면서 헤겔을 유물론의 입장에서 극복하고자 했던 루트비히 포이어바흐의 『기독교의 본질』(1841)을 연구하여 이를 열광적으로 환영합니다. 이것이 관념론에서 유물론으로 가는 엥겔스 세계관의 결정적 전환의 순간이 되었습니다.

✕ 공산주의 운동 속으로

1842년 4월부터 엥겔스는 창간된 지 얼마 안 된 『라인신문』에 일련의 정론政論을 기고합니다. 그 직후 5월에는 대학에의 취직을 포기한 마르크스 ―새 국왕 아래에서 정치의 반동화를 기대하고 있던 브루노 바우어의 반대로 본대학을 그만두게 되어 버렸습니다― 도 『라인신문』에의 협력을 시작했습니다. 마르크스가 이 신문의 편집자 중 한 명이 되는 것은 10월의 일인데, 비슷한 무렵 바르멘으로 돌아오는 길에 쾰른의 편집부를 방문한 엥겔스는 자신이 먼저 편지를 주고받기 시작했던 편집자 모세 헤스와 만났습니다.

헤스는 독일의 '철학적 공산주의'의 대표적인 제창자였고,

엥겔스는 이 시기 헤스의 영향을 강하게 받았습니다. 『신성한 인류사』(1837)에서 헤스는 인류사를 신과 자연의 합일로 파악하고, 그에 따라 실현되는 '신의 나라'를 자유와 평등의 나라이자 사유재산이 폐지된 '공산주의'의 나라라고 했습니다. 또 『유럽의 삼두정치』(1841)에서는 독일의 종교개혁으로 정신적 자유가, 프랑스 혁명으로 정치적 자유가 획득된 오늘날, 다음 과제는 사회적 평등을 위한 영국에서의 혁명이라고 주장하기도 했습니다.

훗날 『영국 노동계급의 상황』에도 "산업 혁명은 영국에, 프랑스에 정치 혁명, 독일에 철학 혁명과 똑같은 의의를 가지고"(상편, 40쪽)라는 문장이 나오는데, 거기에는 아직 헤스의 영향이 남아 있었을지도 모릅니다.

1842년 11월 베를린에서 바르멘으로 돌아온 지 한 달 후에 엥겔스는 맨체스터의 엘먼 & 엥겔스상회로 향합니다. 이때 아버지 엥겔스는 아들을 "구제하는 것은 천상에서 오는 것이 틀림없다"라며 아들에게 독일의 수상한 동료들과 손을 끊고 경영자로서 성장하기를 기대했습니다.

그러나 엥겔스는 그 맨체스터로 가는 길에 다시 『라인신문』의 편집부를 방문합니다. 이것이 마르크스와의 냉담한 첫 만남을 낳았습니다. 이 무렵 청년 헤겔파 바우어 형제(브루노와 에드가)와 대결하는 태도를 보이던 마르크스는 엥겔스를 그들의 동맹자로 오해한 것이었습니다. 11월 말에 맨체스터에 도착한 엥겔스는 경영자 일을 하면서 『라인신문』 등에 정력적으로 논설을 썼습니다. 그중에는 「영국 노동계급의 상황」이라는 나중에 나올 저작과 똑같은 제목의 것도 있었습니다.

세계 최초의 '산업 혁명'이 영국 사회와 노동자에게 어떤 영향을 미쳤는지를 엥겔스는 자신의 눈으로 보고, 귀로 듣고, 많은 문헌과 정부 자료도 훑어보면서 관찰을 심화시켜 나갔습니다. 아일랜드인 여성 노동자 메리 번스Mary Burns와 사랑하는 사이가 된 것은 1843년의 일로 알려져 있습니다. 게다가 엥겔스는 1843년 5, 6월경에, 후에 공산주의자동맹—1848년에 『공산당 선언』을 강령으로 하는 단체입니다—의 간부가 되는 '정의자동맹'(의인동맹)의 카를 샤퍼나 요제프 몰과 연락하고, 43년 가을에는 차티스트운동의 지도자였던 줄리언 하니Julian Honey하고도 알게 됩니다. 그리고 1943년 11월에는 오언주의자의 기관지인 『뉴 모럴 월드』에도 기고를 시작합니다. 공장 경영자라는 입장이면서 각종 노동자 집회에도 정력적으로 참여했습니다.

한편, 애덤 스미스나 데이비드 리카도 등의 고전파 경제학과 생시몽, 프랑수아마리 샤를 푸리에, 로버트 오언 등의 공상적 사회주의 및 피에르 조제프 프루동의 사회주의론도 연구하여, 그 최초의 성과 중 하나로 1843년 11월에 「국민 경제학 비판 대강」을 쓰고 —여기서 이미 부르주아 사회의 근본 문제는 '경쟁'에 있음을 보여 주고 있었습니다― 44년 1월에는 「영국의 상태: 토머스 칼라일, 과거와 현재」를 썼습니다. 또한 '경쟁'의 중시에 대해서는 오어파의 존 와츠의 영향도 있었던 것 같습니다.

이 두 논문은 44년 2월, 『독불연보』에 게재되었습니다. 『독불연보』는 1843년 3월에 『라인신문』을 떠난 마르크스가 아르놀트 루게Arnold Ruge와 함께 파리에서 창간한 ―최초의 합본만 발행된― 잡지입니다. 『라인신문』에서의 체험으로부터 경제문제로 통하는 것의 필요성을 절감했던 마르크스는 엥겔스의 「국민 경제학 비판 대강」에 충격을 받았고, 그래서 두 사람은 편지를 주고받기 시작합니다. 이것이 계기가 되어 마르크스는 최초의 경제학 연구인 『경제학·철학 수고』 집필에 들어가게 됩니다.

『독불연보』에 마르크스가 쓴 것은 「헤겔 법철학 비판을 위하여: 서설」과 「유대인 문제에 관하여」였는데요. 「서설」에서 독일 해방의 기수는 프롤레타리아트이며, 인간 해방의 '심장은 프롤레타리아트'라고 쓴 마르크스도 이때는 아직 프롤레타리아트의 실상을 충분히 알지 못했고, 노동자 운동 활동가와의 교류도 거의 없었습니다. 이것을 급속히 메워 간 것이 영국에서의 엥겔스의 체험과 연구였습니다.

✕ 마르크스와의 공동 연구의 시작

1844년 8월 말, 영국에서 독일로 귀국하는 길에 엥겔스는 파리의 마르크스 집을 방문하여 서로의 사상의 깊은 일치를 확인합니다. 여기서부터 평생에 걸친 두 사람의 공동 연구가 드디어 시작됩니다. 청년 헤겔파의 중심 인물인 브루노 바우어를 비판하는 책을 위한 7개의 장을 단숨에 쓰면서, 엥겔스는 9월 초에 바르멘으로 돌아옵니다.

1844년 9월 후반부터 45년 3월까지 엥겔스는 바르멘에서 저서 『영국 노동계급의 상황』을 집필하고, 동시에 헤스와 함께 '라인주'에서 사회주의의 선전이나 조직화에 임합니다.

1845년 2월에는 마르크스와의 공저 『신성가족 또는 비판적 비판주의에 대한 비판: 브루노 바우어와 그 일파를 논박한다』가 간행되었습니다. 원고의 대부분은 마르크스가 썼고, 책 제목인 『신성가족』도 출판의 마지막 단계에서 마르크스가 추가한 것이었습니다. 그러나 저자명은 엥겔스가 먼저이며, 이 책 제목은 '믿음이 깊은' 아버지와 엥겔스의 불화를 더욱 결정적으로 만들었습니다.

1845년 4월, 엥겔스는 파리에서 추방된 마르크스가 2월에 옮긴 브뤼셀로 자신도 옮겨 갑니다. 엥겔스도 직전 2월에 엘버펠트에서 헤스와 협력해 진행한 집회에서 '공산주의'—특히 로버트 오언의— 를 옹호하는 연설을 해서 프로이센에서 추방당했습니다. 엥겔스는 마르크스와 함께 벨기에의 사회운동가, 폴란드로부터의 정치 망명자 등과의 교류를 깊게 합니다 1845년 5월에는 라이프치히에서『영국 노동계급의 상황』을 출판했습니다.

1845년 7월부터 8월까지 엥겔스는 마르크스와 런던 및 맨체스터를 방문하여 특히 맨체스터의 체담도서관Chetham's Library에서 영국의 고전파 경제학을 연구합니다. 이때의 노트가 '맨체스터 노트'라고 불리며 남아 있는데, 내용은 엥겔스가 마르크스 연구의 협력자 역할을 맡는 것으로 되어 있습니다.『경제학·철학 수고』를 거쳐서 경제학 연구를 둘러싼 리더십은 엥겔스에서 마르크스로 이미 옮겨져 있었습니다. 이때 두 사람은 차티스트와 정의자동맹을 비롯한 각국 운동가들과도 교류하였습니다. 1845년 8월 말, 브뤼셀로 돌아온 두 사람은 같은 아파트에 사는 이웃으로 각각 예니, 메리와 함께 살면서 11월에는『독일 이데올로기』집필에 들어갑니다. 이는 사적 유물론의 확립을 통해 이른바 마르크스주의 이론의 토대를 형성하게 된 역작이었습니다. 1846년 초에 두 사람은 브뤼셀에 공산주의자통신위원회를 설치하고, 이 활동을 계기로 공산주의자동맹에 가입합니다. 엥겔스는 1847년 10월에『공산주의 원리』를 집필하면서 공산주의자동맹의 강령 초안으로 헤스에 대한 비판도 포함하여 썼습니다. 이것이 1848년 2월의 마르크스에 의한『공산당 선언』을 준비하게 된 계기였습니다.

여느 때처럼 길어지고 말았습니다. 어떻게든 15만 자로 다 담고 싶었습니다만, 시간의 흐름에 따른 젊은 엥겔스의 인생을 더듬은 것은 처음 있는 일로, 아직 다 소화하지 못한 것 —특히 그 이전의 사회주의·공산주의의 이론이나 운동과의 접점에 대해— 이 많이 있음을 실감합니다만, 그래도 후에 『영국 노동계급의 상황』을 자신들의 이론의 "맹아적 발전의 한 국면"이라고 특징 지은 것의 의미에 관해 조금은 이해하기 수월해졌다고 생각합니다.

오늘은 2016년 8월 15일입니다. 예년 이맘때에는 부족하더라도 지난 전쟁을 되돌아보는 TV 프로그램이 많이 방영되었습니다만, 올해는 상당히 수가 적은 것 같습니다. 이것도 지금의 '시국'이기 때문에 일어나는 일일까요. 어떻게든 전환해 나가고 싶네요.

『청년이여, 마르크스를 읽자 2』
중국어판을 위한 서문*

2021년 3월 31일

일본에서의 마르크스주의 운동과 연구

이시카와 야스히로

중국 독자 여러분, 안녕하세요. 이시카와 야스히로입니다. 일본의 고베여학원대학에서 경제학을 가르치고 있습니다(22년 3월 말에 퇴직). 학생들과 함께 '일본군 위안부' 문제를 공부하거나, 원전 사고가 있었던 후쿠시마의 피해 지역을

---

* '청년이여, 마르크스를 읽자' 시리즈는 한국에서는 1권만이 번역되었으며, 중국에서는 전권이 번역되었다. 이 중 『되살아나는 자본론』과 관련이 있는 부분만 발췌하여 수록한 것이다.

방문하거나, 최근에는 일본의 원주민인 아이누족에 대해 공부하기도 합니다. 여러 가지 테마에 대해서 자유롭게 배우게 해 주는 고베여학원대학에는 감사하고 있습니다.

이 책을 함께 쓰고 있는 우치다 다쓰루 선생님도 같은 고베여학원대학에 근무하고 계셨습니다. 우치다 선생님이 저의 선배입니다. 제가 이 대학에 취직한 것은 1995년의 일이었기 때문에, 우치다 선생님과 알고 지낸 것은 벌써 25년이 넘었습니다. '청년이여, 마르크스를 읽자'라는 책을 쓰기 시작한 것은 2008년으로, 그 이후 같은 제목의 시리즈물로 3권, 그 밖에 이를 부제로 한 번외편이 1권, 총 4권이 일본에서 출판되었습니다.

여러분이 읽고 있는 것은 이 시리즈의 두 번째 것인데요. 지금 우리는 마르크스의 『자본론』을 주제로 다섯 번째 책을 쓰고 있습니다.

✖ 마르크스와의 만남

저는 1957년생, 63세의 남성입니다(이 중국어판이 나올 무렵에는 64세가 됩니다). 과거 '일본제국'이라고 자칭했던 일본이 아시아인들에게 심각한 피해를 준 침략 전쟁에서 패배하고 12년 후가 제가 태어난 해입니다. 제 어린 시절에는 전쟁으로 팔을 잃거나 다리를 잃은 어른의 모습을 거리에서도 볼 수 있었습니다. 아이의 마음에도 괴로운 기분이 들었던 것을 기억하고 있습니다.

일본은 6세부터 초등학생, 12세부터 중학생, 15세부터 고등학생, 18세부터 대학생이 되는 교육제도인데요. 이것이 가장 많은 패턴입니다. 현재는 18세 인구의 반수 이상이 4년제 대학이나 2년제 전문대학 등에 진학합니다만, 제가 18세였던 1975년의 대학·전문대학에의 진학률은 30%를 겨우 넘었습니다. 남녀 격차도 커서 4년제 대학의 경우, 남성의 진학률이 41%인 데 비해 여성은 13% 정도였습니다. 제 연령대의 일본 아저씨들은 그런 남성 중심형 사회에서 살아왔다는 것입니다. 그 시정是正은 일본에서도 큰 과제가 되었습니다.

태어나서부터 고등학생이 끝날 때까지 저는 삿포로라는 눈이 많은 도시에서 살았는데, 1975년에 교토京都라는 역사가 오래된 곳으로 옮겼습니다. 리쓰메이칸立命館대학에 입학하기 위해서입니다. 제가 처음 마르크스를 읽은 것은 이 대학에서였습니다. 당시의 리쓰메이칸대학에는 미국이 행하던 침략 전쟁에 반대하는 운동이나, 거대한 자본의 돈벌이를 최우선으로 하는 정치의 전환을 요구하는 운동 등이 이루어지고 있었습니다. 1975년은 미국이 베트남과의 전쟁에서 패배한 해였지만, 그때까지 일본 정부는 오랫동안 미국을 지원했기 때문에 학생들은 정부의 그러한 자세를 바꾸고

싫었던 것입니다. 학생뿐만 아니라 교직원도 그런 운동에 참여하고 있었습니다.

그러한 열기가 있는 공간에서 저는 선배들에게 이끌려 처음으로 마르크스를 읽고, 그 학문과 삶에 끌리게 되어 점차 '보다 평화롭고, 보다 민주주의가 진행된 일본'을 목표로 하는 운동에 참가하게 되었습니다.

그런 식으로 사회운동에만 열심이었기 때문에, 리쓰메이칸대학을 졸업하는 데는 꽤 시간이 걸렸습니다. 또 그 후 교토대학의 대학원에서 전문적인 경제학 연구를 시작했습니다만, 그것에도 꽤 시간이 걸렸습니다. 이미 38세가 된 1995년에 고베여학원대학에 취직할 수 있었던 것은 매우 행운이라고 생각하고 있습니다. 그로부터 더 오랜 세월이 흘렀고, 처음 마르크스를 읽은 18세 시기로부터 벌써 45년이 지났습니다.

✖ 사회를 과학의 눈으로 보려고 했던 마르크스

자, 그러면 마르크스는 도대체 어떤 인물인가?

이 책을 집어 든 여러분에게는 이미 자명한 일이겠습니다만, 젊은 독자를 상정해서 여기서 조금만 더 소개해 보도록 하죠.

카를 마르크스는 1818년, 프로이센왕국(지금의 독일 남서부)

에서 태어난 남성으로, 오랫동안 영국에서 망명 생활을 하다가 1883년, 55세의 나이로 사망했습니다. 마르크스는 『자본론』으로 대표되는 자본주의 사회의 정교한 분석을 남긴 학자이며, 자본주의 사회의 결함을 극복하는 새로운 사회를 목표로 한 혁명가이기도 했습니다.

마르크스가 활약하던 19세기 중반에는 많은 사람이 자본주의 다음으로 태어나는 노동자가 주인공인 새로운 사회를 사회주의라든가 공산주의라는 말로 불렀습니다. 마르크스도 그 말들을 계승했지만, 보다 적극적으로 자신의 미래 사회론을 말할 때는 그것을 '협동적 생산양식'과 같은 말로 표현하였습니다. 그 내용에 대해 마르크스는 "공동적 생산수단으로 노동하고, 자신들의 많은 개인적 노동력을 자각적으로 하나의 사회적 노동력으로 지출하는 자유로운 사람들의 연합체"(『자본론』)라고 썼습니다.

자본가 등 다른 누군가에게 강제된 것이 아니라, 노동자가 스스로 나서서 자신과 사회를 위해 힘을 합쳐 일하는 것이 당연한 사회라는 것입니다. 그러나 마르크스의 미래 사회론은 여기서 그치지 않습니다. 노동자가 협동해서 일한다면, 당연히 노동시간이나 노동 강도 등의 노동 조건도 노동자들이 상의해서 결정하게 됩니다. 그곳에서는 노동의 생산력을 높이면서 다른 한편으로 노동시간을 짧게 해, 각자가 자유롭게 처리할 수 있는 시간을 늘리는 것이 가능해집니다. 이 자유시간 속에서 사람들은 각자의 능력을 다면적으로 발전시킵니다.

마르크스는 그것이 미래 사회의 새로운 중요한 특징이 되리라 전망했습니다. 마르크스는 그러한 사회를 사회주의의 바람직한 모습으로 생각하고, 그러한 사회를 목표로 자본주의의 구조와 투쟁한 것이었습니다. 마르크스는 자본주의(아직 갓 태어난 자본주의였지만)를 개혁하려면 자본주의 사회의 내적 운동법칙을 포착하는 것이 필요하다고 생각했습니다.

그리고 자연과학이 자연을 분석하는 것처럼 마르크스는 과학의 눈으로 인간 사회를 분석했습니다. 많은 나라와 지역의 역사를 배우고, 19세기 동시대의 다양한 나라의 차이도 연구합니다. 그렇게 쌓인 마르크스의 연구는 크게 세계관(철학), 경제이론, 자본주의 다음에 오는 미래 사회론, 자본주의 개혁·혁명론이라는 네 가지 분야로 나눌 수 있습니다. 그 네 가지는 서로 깊이 연결되는 것이었습니다.

✗ 이론을 구체화한 것으로서의 목숨을 건 싸움

일본 사회에 마르크스의 이론이 어떻게 도입되었고, 그후 어떻게 발전하게 되었는지에 대해서도 조금 써 보기로 하죠. 우선 일본 사회가 마르크스를 받아들인 시기인데요. 그 시기는 정확히 20세기가 시작될 무렵의 일이었습니다.

마르크스가 사망한 지 20년 후인 1903년에 고토쿠 슈스이幸德秋水*의 『사회주의 신수神髓』와 가타야마 센片山潛의 『우리 사회주의』라는 책이 나왔는데요. 둘 다 마르크스의 사상을 다루었습니다. 1906년에는 사카이 도시히코堺利彦가 『사회주의 연구』라는 잡지를 창간해서 여기에는 마르크스의 『공산당 선언』을 처음으로 전부 번역한 원고가 실리고, 엥겔스의 『공상에서 과학으로』의 번역 등이 게재되었습니다.

그러나 이러한 움직임을 위험하게 본 일본제국의 천황제 정부는 1910년에 '대역 사건大逆事件'이라고 하는 있지도 않은 사건을 꾸며 내, 고토쿠 등 두 명을 사형시키고 맙니다. 사람의 목숨마저 빼앗기를 마다하지 않는 격렬한 탄압의 시작이었습니다. 그 와중에도 사람들의 투쟁은 확대되어 노동조합 운동과 농민 운동이 발전하고, 1922년에는 일본 공산당이 비밀리에 설립됩니다. 겨우 여덟 명을 가지고 시작했습니다. 여기서부터 마르크스를 그대로 소개하는 것만이 아닌, 일본의 구체적인 조건하에서의 사회주의로의 길, 거기에 걸맞은 투쟁 방법 등의 자주적인 탐구가 시작됩니다.

1927년에는 국가권력에 대해서는 비합법적이지만, 시민에 대해서는 당당히 존재를 드러낸다는 방침이 정해졌고,

---

* 　우리나라에서는 안중근을 존경했던 인물로 소개된 바 있으며, 일본 황실에 대해 남북조 정통론을 불러일으키는 등 영향력이 지대했던 인물이다. 그의 선집이 『나는 사회주의자다』라는 제목으로 우리나라에서 번역 출간되기도 했다.

1928년부터 『아카하타』라는 기관지가 발행되기도 했습니다. 정부에 의한 탄압은 점점 심해졌습니다. 1923년에 일어난 '관동대지진'(도쿄 주변에서 일어난 큰 지진과 화재의 재해였습니다)을 계기로 경찰과 군대에 의해 공산당원이나 그 주변의 노동자, 조선인 등이 살해되는 사건이 발생합니다.

오스기 사카에大杉榮라는 유명한 무정부주의자도 이때 살해되었습니다. 1925년에는 공산당에 대한 대규모 탄압을 준비하기 위해 '치안유지법'이라는 법률이 만들어졌고, 1928년에는 천황제나 사유재산제(자본주의)의 전환을 목표로 하는 사람의 최고형을 사형으로 등급을 올립니다. 1928년 3월 15일과 1929년 4월 16일에는 전국적으로 각각 천수백 명의 공산당원과 지지자들이 검거되었고, 적지 않은 사람들의 목숨을 앗아 갔습니다.

이렇게 엄격한 탄압 속에서 '비합법적 활동은 이제 무리다.' '당분간은 천황제 권력이 인정하는 범위에서 합법적인 투쟁을 해야 한다'라는 생각도 나옵니다. 이러한 생각을 주장한 사람들은 '노농파勞農派'라고 불리는 흐름을 만들었습니다.

또 검거된 공산당 간부가 옥중에서 고문이나 협박, 또는 감언에 굴복하는 일도 일어났습니다. 한편 도쿠다 규이치德田球一는 18년, 미야모토 겐지宮本顯治는 12년 등, 절개를 굽히지 않고 오랫동안 옥중에서 투쟁한 당원이 전후의 공산당의 간부가 되는 역사도 나중에 만들어집니다.

1931년 9월에 일본제국은 만주에서 중국에 대한 침략 전쟁을 시작했는데, 일본 공산당은 그다음 날 "제국주의 전쟁 반대, 중국에서 손을 떼라"라는 전단을 일본 공산당의 이름을 분명히 내세우고 뿌렸습니다. 전단을 나눠 주는 쪽도, 받는 쪽도 목숨을 건 활동이었습니다. 이론의 발전이라는 문제로 되돌아가면, 1933년에 33세의 나이로 공산당의 책임자가 된 노로 에이타로野呂榮太郎는 마르크스의 경제학과 사적 유물론을 바탕으로 일본 사회의 역사를 처음으로 총괄적으로 분석한 『일본 자본주의 발달사』(1930)라는 책을 쓴 저명한 연구자이기도 했습니다.

이 노로가 중심이 되어, 전년인 1932년부터, 많은 당원이나 주변의 연구자를 모은 『일본 자본주의 발달사 강좌』(전 7권)를 발행합니다. 이것은 일본 사회의 구체적 분석을 통한 마르크스 이론 발전의 선구적인 도달을 보여 주는 것으로서, 당시 사회에 큰 영향을 주었습니다. 또 '노농파'의 연구자들이 중심이 되어 1928년부터 1935년까지 『마르크스=엥겔스 전집』의 일본어판이 발행되었는데, 이것은 제2차 세계대전 전에는 세계에서 유일하게 일본에서만 실현된 일이었습니다.

가혹한 탄압과 검거의 반복으로, 일본 공산당은 1935년에는 전국적인 통일적 활동을 유지할 수 없게 됩니다. 그러나 그 후에도 옥중에서의 법정 투쟁, 국내 각지에서의 당 재건 운동, 중국의 일본인 병사들 사이에서의 반전 운동 등 다양한 투쟁을 각각의 장소에서 계속해 나갔습니다.

이야기가 조금 너무 길어졌습니다. 중국에 대한 일본의 침략 전쟁 시대는 일본 국내에서는 민중에 대한 감시와 탄압의 시대였으며, 그중에서도 침략 전쟁에 반대하고 민주주의를 위해 목숨을 걸고 싸운 사람들이 있었다는 것을 꼭 중국분들도 알아주셨으면 하는 바람이었습니다.

✖ 자주적이고 창조적인 연구의 전개

아시아 침략 전쟁은 일본의 패배로 끝났습니다. 그 후 1945년부터 52년까지 일본은 연합국을 대표한 미국의 군사 점령하에 놓였습니다. 이 점령 7년 사이에 일본 사회는 크게 모습을 바꾸었습니다. 그것이 일본에서의 사회과학의 발전을 강하게 요구하게 되었습니다. 이 시기의 큰 사회 변화 중 하나는 일본이 아시아 각지에 식민지를 가진 제국주의 국가에서 모든 식민지를 잃고 반대로 미국의 지배를 강하게 받는 종속국으로 역전되었다는 것이었습니다.

변화의 두 번째는 천황이 유일한 권력자였던 전제정치 체제에서 주권재민을 원칙으로 하는 민주주의 체제로 정치 구조가 바뀐 것입니다. 전쟁 전의 민중은 '신민=천황의 신하'

일 뿐이었기에, 이것은 정말 극적인 전환이었습니다.

세 번째는 천황제와 함께 일본 사회의 전근대적 지연의 원인이 되었던 반봉건적 지주제가 해체되고, 이후 자본주의 경제가 크게 발전하는 조건이 만들어졌다는 것이었습니다. 이러한 변화에 따라 사회주의에 이르는 일본 사회의 개혁의 길은 어떻게 변화할 것인가에 대한 탐구가 일본 공산당과 마르크스주의자들 사이에서 진행됩니다.

그 도달의 한 축은 사회주의에 이르는 개혁을 어느 단계에서도 의회에서 다수를 얻어(국민 다수의 지지를 얻어) 실현한다는 다수자 혁명론의 명확화였습니다.

두 번째는 미국으로부터의 독립의 과제를 혁명의 과제로 파악하는 것, 즉 그 정도로 심각한 권력적 지배가 미일 간에 만들어지고 있다는 것을 규명했습니다.

세 번째는 그 혁명을 사회주의 혁명이 아니라, 미국으로부터의 일본의 독립과 급속히 거대화된 자본주의를 민주적으로 제어하는 '반제反帝 · 반독점'의 민주주의 혁명으로 한 것이었습니다.

이 민주주의 혁명을 달성한 후에야 비로소 사회주의 혁명이 새로운 단계의 과제가 될 것이라는 전망을 갖게 된 것입니다. 이러한 방향은 1960년대 초에 밝혀진 것이었습니다. 그 후, 거대 자본의 경영자가 모이는 재계나 그것과 밀접하게 연결된 정당 · 정치가들과의 투쟁 속에서, 재차 마르크스 연구의 도달점을 잘 검토해, 1970년대에는 인간의 자유와 민주주의의 발전을 언제라도 사회 발전의 정도에 위치시키는 것이나, 타민족, 다른 나라와의 사이에도 민주적인 상호 존중의 관계를 만들어 내는 것이 마르크스 본래의 입장이라는 것 등이 규명되었습니다.

또 1980년대에는 '자본주의의 전반적 위기'론이라는 자본주의의 자동 몰락론과도 같은 낡은 사고를 불식시키고, 1990년대 초, 소련·동유럽 국가들의 붕괴에 즈음해서는 다시 한번 마르크스의 미래 사회론에 대한 검토를 심화시켰습니다. 그리고 앞서 언급했듯이, 거기에는 자본주의적인 노사관계에서의 노동자 해방뿐만 아니라 노동시간 단축과 자유시간 확대 속에서 만인이 개성과 능력을 자유롭게 발전시킬 수 있는 사회라는, 장대한 전망을 발견하기도 했습니다.

이처럼 현재의 투쟁이 직면한 과제와 결부시켜 마르크스의 연구를 모두 수행하고 그것을 발전시키려는 시도는 지금도 진전되고 있습니다.

✖ 원리주의와 신격화가 아니라

물론 이렇게 마르크스를 연구한다는 것은 마르크스를 언제나 옳다고 하는 원리주의나 마르크스의 행동 모두를 정당화하는 신격화의 입장을 취하는 것과는 같지 않습니다. 그러한 자세가 학문하는 사람의 자세와 전혀 맞지 않는다는 것에 대해서는 특별히 설명할 필요가 없을 것입니다.

그런 전에서 최근 일본 사회에서는 마르크스의 연구 성과를 마르크스의 성장이나 발전의 역사 속에 자리매김하여 파악하는 것의 중요성이 공유되고 있습니다. 당연한 말이지만, 25세 때 쓰인 『공산당 선언』과 48세 때 초판이 나온 『자본론』 제1부(그 이후에도 수정이 이루어졌지만)는 이론적 성숙도가 완전히 다릅니다. 양자를 같은 지평에서 '둘 다 옳다'라고 할 수는 없습니다.

젊은 마르크스의 미숙함을 성장한 마르크스가 어떻게 넘어섰는지, 그 변화의 과정을 확인하는 작업이 진행되고 있습니다. 또 마르크스와 엥겔스의 이론적 인식의 일치점과 차이점, 마르크스와 레닌의 일치점과 차이점 등도 사실에 따라 많이 밝혀져 왔습니다.

이처럼 마르크스의 연구 자체를 과학적인 분석의 대상으로 삼는 것은 "모든 것을 의심하라de omnibus dubitandum"라는 말을 사랑한 마르크스 자신의 정신에도 부합하는 일입니다. '청년이여, 마르크스를 읽자' 시리즈에서도 다루는 문헌 하나하나에서 마르크스가 어떤 성장 단계에 있는지에 대해 주의를 기울여 왔다고 생각합니다. 그 부분도 읽어 주시기 바랍니다.

꽤 긴 서문이 되어 버렸습니다. 그럼, 본문을 즐겨 주세요.

일본에서 마르크스 수용의
특징에 관해서

중국 여러분, 안녕하세요. 우치다 다쓰루입니다.

『청년이여, 마르크스를 읽자 2』의 중국어 번역본이 나오게 되었습니다. 번역 출판의 노고를 맡아 주신 분들에게 먼저 감사의 말씀을 드립니다. 고맙습니다.

이 시리즈는 마르크스의 대표적인 텍스트를 『공산당 선언』부터 『자본론』까지를 선택해, 경제학자인 이시카와 야스히로 선생님과 제가 이것저것 해설하는 것으로, 전 4권으로 완결할 예정입니다(지금 저와 이시카와 선생님은 제4권을 위해서 『자본론』에 관해 편지를 주고받는 중입니다).

이 책을 어떤 기획 의도로 쓰게 되었는지는 1권에 상당히 자세하게 썼습니다. 중요한 것만 다시 한번 확인해 두고 싶습니다.

✖ 일본의 청년이 독해력을 잃어버린 것은 아니다

이 책은 일본의 고등학생을 독자로 상정하고 썼습니다. 일본의 고등학생들이 꼭 마르크스를 읽어 주었으면 했기 때문입니다.

반세기 전만 해도 마르크스를 읽는 것은 일본의 '지적이게 되고 싶은 청년'에게는 일종의 '의무'와 같은 것이었습니다. 그런데 그 지적 습관이 어느새 없어져 버렸습니다. 그 전통의 소멸을 이시카와 선생님과 저는 매우 안타깝게 생각했습니다. 그래서 꼭 다시 한번 청년들이 마르크스를 읽었으면 하는 바람에 이 시리즈를 쓰기 시작했습니다.

단, 우리가 아무리 노력해도, 다시 한번 일본 청년들이 '지적 의무'로서 마르크스를 읽는 시대가 돌아올지 어떨지, 그것에 대해 그다지 낙관적일 수 없었습니다. 그 말인즉슨, 과거에 일본 청년들이 기초적 교양으로서 마르크스를 읽은 데는 그 나름의 역사적 조건이 있었기 때문입니다.

마르크스를 읽어야 한다는 역사적 요청이 있었고, 그에 부응해 청년들은 마르크스를 읽었습니다. 그런데 어느 시기부터 그런 역사적 조건이 상실되었습니다. 그래서 안 읽게 되었습니다. 딱히 일본의 청년들이 지적으로 나태해졌다든가, 독해력을 상실한 것은 아니라고 생각합니다. 시대가 바뀐 것입니다. 그런데 시대가 변했다는 건 도대체 뭐가 어떻게 변했다는 걸까요? 중국어판 서문으로서 그것에 대한 저 나름의 가설을 써 보도록 하겠습니다.

메이지明治 시대부터 쇼와昭和 시대까지, 약 1세기에 걸쳐, 마르크스를 읽는 것은 일본의 청년들에게 일종의 지적인 통과 의례이며, 일종의 의무였습니다. 마르크스를 읽지 않고서는 주위 사람들이 '제 몫을 하는 어른'으로 인정해 주지 않았습니다.

다만, 이것은 조금 색다른 '의무'였습니다. 그것은 '마르크스를 읽고 이해해야' 할 의무이지, '마르크스주의자가 될 의무'는 아니었기 때문입니다. 그런 의미에서 일본에서 마르크스 수용은 성경의 수용과 유사했던 것처럼 보입니다.

✖ 메이지 시대의 청년이 최초로 성서를 읽은 이유

메이지유신 이후 일본의 근대화 과정에서 지적 청년들에게 가장 먼저 '읽을 의무'가 부과된 도서는 신약 성경이었습니다. 그때까지는 사서오경이 젊은 독서인들의 필독 문헌이었으니, 이는 정말 큰 전환이었습니다. 그것은 일본인들에게 자기형성의 '롤모델'이 중국에서 서양으로 옮겨졌다는 것을 의미했습니다.

하지만 메이지 청년들에게 성경을 읽는 것은 기독교인이 되기 위한 훈련이 아니었습니다. 어떤 종교라도 성전을 읽는 것만으로 그 사람이 신자가 될 수는 없습니다. 신앙을 갖는다는 것은 의례를 지키는 일입니다. 기도하고, 복식이나 식사의 의례를 지키며, 성무 일과를 실제로 수행하는 일입니다. 하지만 메이지 시대의 지적 청년에게 요구된 것은 그린 것이 아니었습니다. 요구된 것은 어디까지나 성경을 읽고 그 가르침의 내용을 이해하는 것이었습니다. 신앙을 갖는 것이 아니라 무엇보다 학습하는 것이었습니다. 서양인들이 도대체 어떤 사생관이나 윤리규범으로 자신을 다스리고 있는지를 아는 것이 후진국의 지식인 청년에게는 매우 중요한 과제였습니다.

그러니까 성경과 거의 동시에 필독 문헌으로 권장된 것이 J. S. 밀의 『자유론』이나 허버트 스펜서의 『사회진화론』이었던 것도 당연합니다. 이것들은 전혀 종교성이 없는 책들이었습니다. 하지만 성경과 마찬가지로 독서가 의무화되었습니다. 그것은 서구 정치 지도자들이 어떤 통치 이념에 따라 판단하고 행동하고 있는지, 그들이 아시아 국가들에 대해 앞으로 어떻게 행동할 것인지를 알 필요가 있었기 때문입니다. 국제 사회에 '신입'으로서 등장하는 메이지의 일본인에게 그것은 필수적인 정보였습니다.

그리고 그다음에 마르크스 읽기가 권장되는 시대가 도래했습니다. '지배하는 자들'이 무엇을 생각하고, 무엇을 하려고 하는지를 학습했다면, 다음에는 '지배받고 있는 민중들'이 무엇을 생각하고, 무엇을 하려는지를 알아야 합니다. 논리적으로는 당연합니다. 만약 서구 민중들 사이에 현행 통치 시스템의 안정을 위협해 언젠가 큰 파도가 될 만한 이론과 운동이 존재한다면, 그것이 어떤 것인지도 알아 둘 필요가 있습니다. 그것은 간접적으로는 일본의 운명과도 관계될 가능성이 있기 때문입니다. 그렇다면 그것도 학습해 두지 않으면 안 됩니다.

메이지 시대의 일본인은 대체로 그러한 순서로 구미 열강의 '나라의 모습'을 알려고 했을 것이라고 저는 추론합니다.

먼저 기독교를 학습했습니다. 그것이 구미 제국의 판단과 행동의 가장 근저에 있는 것이라고 생각하였기 때문입니다. 종교에 의해 구축된 세계관. 이것은 각각의 문화권에서 '상수'에 해당합니다. 오랜 역사적 시간에 걸쳐 천천히 숙성된 것이기 때문에 쉽게 변하지 않습니다. 그것이 여러 국민의 심성의 심층을 형성합니다.

그리고 그 역사적·문화적 '상수'라는 궤도 위를, 이번에는 다양한 '변수'가 전이遷移해 갑니다. 정치·경제의 시스템이나 과학기술, 학문이나 예술이 그 '변수'에 해당합니다. 역사가 가르치는 바는 이러한 변수 중에서 그 '나라의 모습'에 결정적인 변화를 가져올 수 있는 것은 '상수'의 궤도 위를 달리는 것에 한정된다는 것입니다. 어떤 나라에 대해 매번 외교나 재정이나 국방에 대한 정책상의 추이만 쫓는다면, 그 나라의 본질적인 경향은 알 수 없습니다. 우리 눈에 보이는 정책군은 여러 요인의 관여로 뱅글뱅글 바뀌는 '변수'일 뿐입니다. 어떤 나라의 행동을 기술하고, 이해하며, 특히 예측하기 위해서는 어떻게 해서든 그 나라들의 '상수'를 찾아야 합니다.

19세기 말에 국제 사회에 등장한 후진국 일본이 구미 열강에 의한 식민화를 피해 살아남기 위해서는 가능한 한 빨리 구미 제국의 '상수'를 발견하는 것이 급선무였습니다. 메이지 일본의 '근대화'라고 불리는 것은 그 노력의 성과를 나타내고 있었다고 저는 생각합니다.

✕ 마르크스를 읽은 것은 실천을 위해서는 아니었다

마르크스주의는 서구 국가들의 미래를 예측하기 위해서는 필수적인 정보로 일본인들에게 수용되었습니다. 서구 국가에서 앞으로 만약 극적인 정치경제 체제의 변동이 있다면 그것을 영도領導하는 사상은 마르크스주의 외에는 없을 것이라는 전망과 함께 마르크스주의는 수용되었습니다.

이러한 역사적 조건을 고려한다면, 왜 일본의 마르크스 수용이 '실천'보다 오히려 '학습'에 축을 두고 진행되었는지 그 이유를 이해할 수 있을 것입니다. 구미와 다른 것은 연구의 심도나 확산의 차이가 아닙니다. 마르크스 읽기가 실천을 위해서였는지 학습을 위해서였는지 그 차이입니다.

서구에서는 노동자든 지식인이든 마르크스를 '지적 의무'로 읽는 사람은 일단 존재하지 않는다고 생각합니다. 노동자가 마르크스를 읽을 때, 그것은 무엇보다도 먼저 자기 자신의 현실을 기술하고 설명해 주는 것으로서 읽습니다. 자신이 해야 할 행동의 지침을 찾아 읽는 것이죠. 그런 아주 실천적인 읽기를 합니다. 거기에 '자신의 일'이 쓰여 있다고 생각하는 노동자가 마르크스를 읽습니다. 거기에는 '자신의 일'이 쓰여 있지 않다고 생각하는 사람은, 생시몽이라든지, 크로폿킨Kropotkin이라든지, 바쿠닌이라든지, 마르크스 이외의 사람의 책을 읽습니다. 노동자들은 거기에 '자신의 일'이 적혀 있는 책을 집어 듭니다. '자신의 일'이 적혀 있지 않은 책은 읽지 않습니다. 간단한 이야기입니다. 특별히 '도덕적 의무'로서 마르크스를 읽어야 한다든가, '지적 통과 의례'로서 마르크스를 읽어야 한다든가 같은 심리적 압력은 구미에는 존재하지 않았습니다. 마르크스를 집어 든 노동자는 그 시점에서 이미 선구적으로 마르크스주의자이고, 마르크스주의자로서 마르크스를 읽었습니다. 그것은 산상의 수훈에 귀를 기울이고 있던 유대인들이 그 시점에서 이미 선구적으로 기독교인이고, 기독교인으로서 예수의 이야기를 듣고 있었다는 것과 같은 구조입니다.

반대로 자본가나 부르주아에게 마르크스는 뱀과 전갈처럼 기피의 대상입니다. 그들의 머리 위에 '철퇴'가 내려오는 것의 역사적 필연성이 서술되어 있으니, 손에 들기는커녕, 가능하면 그 이름조차 입에 올리고 싶지 않습니다. 부르주아 지식인의 서가에 마르크스의 서적이 진열되어 있다면,

그것은 지극히 시니컬한 행동이며 신사에게 허락되지 않는 '매너 위반'으로 여겨졌을 것입니다.

특 사신의 삶까 지점적인 관련은 없지만, 도대체 무엇이 쓰여 있는지 순수하게 지적 흥미에 이끌려 마르크스를 읽는 사람은 서구 국가에는 거의 없었다는 것입니다. 설령 있다고 해도 예외적인 소수에 그쳤다고 생각합니다. 구미의 19세기, 20세기 소설 속에서는 자신의 계급성과 전혀 무관하게 순수하게 지적 관심에서 마르크스든 크로폿킨이든 혁명가의 책을 읽었다는 등장인물을 제가 아는 바에 의하면 읽은 기억이 없습니다.

일본에서의 마르크스 수용은 그 지점이 다릅니다. 일본에서는 마르크스를 집어 들기에 앞서 자신은 선구적으로 마르크스주의자인지, 반대로 선구적으로 반마르크스주의자인지, 입장을 결정할 필요가 없습니다. 그것은 계급투쟁이 일본에서는 일단 '남의 일'이었기 때문입니다. 『공산당 선언』은 "하나의 유령이 유럽을 배회하고 있다. 공산주의라는 유령"이라는 유명한 구절로 시작합니다. 유령이 나오는 곳은 유럽이지, 일본열도가 아닙니다. 그래서 마르크스를 '자신의 일'로 읽는 절박함은 독자에게 없었습니다.

그래서 메이지·다이쇼·쇼와를 거쳐서 지적인 젊은이들은 성경을 읽고, 밀과 스펜서나 벤담이나 로크나 루소를 읽었으며, 같은 맥락에서, 즉 구미 제국은 앞으로 어떻게 될 것인가 하는 지정학적 관심에 근거해 마르크스나 크로폿킨을 읽었습니다. 구미 제국의 심층에 숨어 있는 '상수'를 찾아내, 그 '궤도' 위에 전개될 다음 행동을 예측하기 위해서 말이죠. 그것은 근본적으로는 일본에서의 혁명 이론이기에 앞서 일본이 생존하기 위한 정보였습니다.

✘ 전쟁 전의 마르크스주의자가 '우르르 몰리듯' 전향할 수 있었던 이유

그래서 전쟁 전 일본의 경우, 청년기에는 마르크스 보이였지만, 이후 자본가가 되거나, 진보주의자가 되거나, 불교도가 되거나, 천황주의자가 되거나… 같은 식으로 다채로운 이력으로 흩어지는 것이 당연한 수순이었습니다. 1925년부터 45년까지 시행된 치안유지법하에서 많은 마르크스주의자가 체포되어 옥중에서 '전향'을 했습니다. '전향'이라는 것은 고문의 고통을 견디지 못하고 정치적 신념을 포기하는 비장한 결단을 말하는 것이 아닙니다. 그게 아니라, 마르크스주의의 이론적인 옳고 그름을 떠나 이 정치이론은 일본 사회에는 잘 적용되지 않는다고 인정하는 정관적靜觀的이고 지적인 태도를 의미합니다. '전향'자에게 요구된 것은 마르크스주의는 어차피 '남의 일'이라고 커밍아웃하는 것이었습니다. 그래서 정치적으로 성실한 활동가에게도 전향은 결코 그렇게 심리적으로 어려운 일이 아니었습니다.

전향한 마르크스주의자들은 그 후 심각한 갈등을 거치지 않고, 때론 천황주의자가 되거나, 또는 불교에 귀의하거나, 또는 일본 고전이나 고대사 연구에 침잠하고, 그 대부분은 일본의 아시아 제국에 대한 제국주의적 침략의(한발 물러선, 또는 적극적인) 지지자가 되었습니다.

전쟁 전 일본 공산당의 지도자였던 사노 마나부佐野學·나베야마 사다치카鍋山貞親는 1933년 옥중 전향에 즈음하여 코민테른의 지휘를 떠나 "일본 독자적인 일국 사회주의 혁명을 이룩"하는 것으로의 노선 변경을 동지들에게 호소했습니다. 일본의 혁명은 다른 나라의 그것과는 달리, "일본적으로, 독창적으로, 개성적으로, 그리고 지극히 질서적으로 개척하는" 것이어야 한다는 이 성명은 놀라운 효과를 발휘했습니다. 즉시 많은 간부 당원과 동반 지식인이 이에 따라 우르르 전향을 표명했기 때문입니다. 많은 사람이 우르르 전향할 수 있었던 것은 그것이 심각한 내적 갈등을 요구하지 않는 것이었기 때문입니다. 저는 전향자들이 딱히 더 부도덕하고 의지가 약한 사람이었다고 생각하지 않습니다. 그들은 마르크스주의자였을 때나, 그렇지 않게 되었을 때나 본질에서는 같은 사람이었습니다. 정치적 목표도 크게 달라지지 않았습니다. 일본 사회를 좀 더 공정하고 자유로운 것으로 만들고 싶다. 그렇게 바라고 있었습니다. 하지만 검찰관에게 "그것보다도 나라로서 살아가는 것이 우선이지 않나? 나라가 망해 버리면 공정도 자유도 없을 것이다"라고 재촉당하자 대꾸할 수 없었습니다.

메이지 시대 이래 일본의 지적 청년들이 구미의 종교나, 사상이나, 학술을 필사적으로 배운 것은 구미 제국의 '상수'를 이해하지 않으면, 일본은 살아남을 수 없다고 하는 전제가 있었기 때문입니다. 중요한 것은 우선 일본이 살아남는 것이었습니다. 일본에서의 사회 모순을 해결하는 것은 '그 다음'의 이야기입니다. 전향자들은 그 순서를 확인받은 것에 불과했습니다. 먼저 우선해야 할 것은 "전쟁에서 이겨서 살아남는 것이다"라는 주장에 고개를 끄덕였을 때, 그들은 마르크스주의자이기를 멈추고 애국자로 돌아온 것입니다.

✕ 지금 다시 마르크스를 읽는 젊은이가 늘어난 것은 왜인가

전후도 사정은 마찬가지입니다. 패전의 잔해 속에 서 있던 일본인들이 미국의 '속국' 신분으로 전락한 일본에 "앞으로 주권국가로 재생할 기회가 있는가"라고 물었을 때, 사람들은 다시 마르크스를 집어 들었습니다. 세계 최대의 자본주의 국가 미국에 대항할 수 있는 사회이론이 있다면, 마르크스의 그것밖에 없다고 생각했기 때문입니다. 특히 1960년대 말 일본이 베트남전에서 미국의 후방 지원기지가 되어 베트남 특수로 경제적으로 윤택을 누렸을 때, 속국민으로서 아시아 농민의 학살에 가담하게 된 굴욕감과 양심의 가책에 시달리던 고등학생, 대학생들은 탐닉하듯 마르크스를 읽었습니다.

그런데 그게 마지막이었습니다. 그 후 경이로운 고도성장을 거쳐 세계 제2위의 경제 대국이 되어, '종주국' 미국의 지위를 위협하게 되었을 때, 일본인은 마르크스를 읽는 습관을 잃었습니다. 『재팬 애즈 넘버원』이 베스트셀러가 되었다는 것은 이제 일본인은 '학습하는' 측에서 '학습되는' 측으로 포지션이 이동한 것이라고 생각했습니다. 더는 구미의 '상수'를 배울 필요가 없다고 일본인이 생각했을 때, 일본인에게 마르크스를 읽을 필요성은 없어졌습니다.

그리고 사반세기 정도의 세월이 흘러, 지금 다시 마르크스를 읽는 젊은이들이 나왔습니다. 그것은 노골적으로 말하자면, 일본이 다시 가난해졌기 때문입니다. 마르크스가 『자본론』에서 생생하게 묘사한 것과 같은, 노동자의 절대적 빈곤화, 계층의 양극화, 지배층인 부르주아지의 윤리적 퇴폐가 눈에 띄게 되었기 때문입니다. 왜 이런 부조리한 사회가 출현했을까. 그것을 훌륭하게 설명해 주는 이론으로서는 당장 수중에 마르크스 사상밖에 없다는 것을 젊은이들이 깨닫기 시작한 것입니다.

이상, 일본에서의 마르크스 수용의 역사적 조건에 대해서 빠른 걸음으로 사건을 말해 보았습니다. 복잡한 이야기였기 때문에 예정된 글자 수를 상당히 초과해 버렸습니다. 부디 너그럽게 이해해 주시기 바랍니다.

일본에는 백 년에 걸친 풍부하고 두터운 마르크스 연구의 학문적 축적이 있습니다. 그런데도 일본에서의 마르크스주의 운동은 끝내 어느 정도 이상의 사회적 영향력을 갖지는 못했습니다. 이 두 가지 사실 사이에는 분명히 어긋나는 부분이 있다고 저는 생각합니다. 그것은 중국에서 마르크스주의가 걸었던 궤적과는 전혀 다른 것입니다. 그래서 이 어긋남이야말로 일본에서의 마르크스 수용의 고유한 역사적 조건을 형성하고 있다는 것이 저의 가설입니다.

일본의 독자는 다른 어느 나라의 독자와도 다른 입장에서 마르크스를 읽을 수 있습니다. 그것은 하나의 장점입니다. 동시에 일본인의 읽는 방법으로서만 마르크스를 읽을 수 있습니다. 그것은 하나의 제약입니다. 그런데 그건 어쩔 수 없는 것 같습니다. 모든 나라의 사람들은 그렇게 해서 한 사람 한 사람의 지분을 갖고 다른 나라 사람들과 함께 세계사적인 사업에 참여한다고 생각합니다.

우리의 마르크스 읽기가 중국 독자들의 마르크스 이해에 조금이나마 도움이 될 수 있다면 좋겠습니다.

후기:
그래서 마르크스주의자는 누구냐고?

　어떠셨어요. 재미있게 읽어 주셨나요? 이를 계기로 여러
분이 마르크스 그 사람이 직접 쓴 글로 나아가 주시면 고맙
겠습니다. 시리즈 총 4권, 그리고 분명 번외편에서도 계속
반복하고 있다고 생각하는데요. 마르크스는 깊고 재미있습
니다. 그의 사상에 관해서 지금까지 이것저것 써 왔지만, 제
가 가진 어휘 꾸러미로는 도저히 다 쓸 수가 없습니다. 애초
에 이해가 따라갈 수 없으니까요. 그렇다고는 해도, 아니, 그
러므로 읽을 때마다 새롭게 배우는 게 있는 것이고, 그것을
생각하면 이해가 따라가지 못하는 것의 '슬픔'도 반 정도로
줄어든다고 할까요. 꼭 마르크스의 사고를 직접 접해 보시
기 바랍니다. 정말 재미있어요.
　우치다 선생님과 주고받은 편지라는 이 책의 '만듦새'를
활용하여 '청년이여, 마르크스를 읽자'에는 마르크스 이야기
뿐만 아니라, 제 주변에서 일어난 사건들도 그때그때 생각

나는 대로 써 왔습니다. 고베여학원대학의 교직원을 중심 멤버로 하여 1년에 한 번, 나가노현의 노자와온천에서 진행되어 온 '극락 스키'도 여러 번 화제가 되었습니다. 25년 이상 전에 우치다 선생님으로부터 간사를 인계받아, 그 후로는 「눈이 부른다. 산이 부른다. 온천이 부른다」라는 제목의 '극락 메일'을 매년 가을 초에 학교 내외의 '극락 스키 멤버들'에게 계속 보내 왔습니다.

저의 퇴직과 함께, 간사는 현직 미스기三杉 선생님에게 인계하였는데요. 올해는 이 '극락 스키'에 4년 만에 참가하였습니다(최근 3년간은 코로나로 중지). '스키는 이제 됐다.' '술과 온천이 있으면 그것만으로 충분'이라는 마음으로 예년 이상으로 축 늘어지고 느긋한 기분으로 참가하였습니다. 그런데 이번에 참가를 결정한 주된 이유는 꽤 오랜만에 우에노上野 선생님이 오신다고 들었기 때문입니다.

'청년이여, 마르크스를 읽자' 첫 부분에도 썼는데요. 우치다 선생님과 제가 다소 격앙된 기분과 표정으로 정치에 대해 서로의 의견을 부딪치던 그날 밤에, "내일부터 극락 스키에서는 정치 이야기 금지"라고 사이를 중재해 준 그 선배 선생님입니다. 이미 79세가 되신 우에노 선생님은 체력적으로는 진정한 선배 선생님이 되셨지만, 그래도 올해도 뜨겁게 호조 마사코北條政子와 젠더에 대해 이야기하시고, 메이저리그와 WBC를 해설하시며, 게다가 노자와온천과 간사이를 왕복하는 전철 안에서는 각오하고 옆 좌석에 앉은 저에게 예상대로 9시간 내내 정치 이야기를 하셨습니다. 우리 '극락스키 멤버' 중에서 제일 정치를 좋아하는 사람은 틀림없이 이 사람입니다. 아무래도 이야기를 9시간이나 듣다 보면 때때로 짜증 나는 일이 없다고는 할 수 없겠지요(우에노 선생님, 죄송합니다). 하지만 우치다 선생님이 여기에 합류하셔서 언젠가 다시 셋이서 옛날 이야기를 할 수 있으면 좋겠다고 생각하고 있습니다.

'정치 이야기 금지'라는 이야기가 처음 나왔던 그때, 저는 30대 후반이었고, 우치다 선생님은 40대 중반, 그리고 우에노 선생님은 50대 초반이셨습니다. 시간은 흐르기 마련이죠. 이 '후기'를 쓰기 위해서, 지금까지의 각 '청년이여, 마르크스를 읽자'의 '후기'를 다시 읽어 보았습니다(모두 '서문'은 우치다 선생님, 그리고 '후기'는 저 이시카와 담당입니다). 그래서 깨달은 것이 "마르크스주의자란 어떤 사람?"이라는 1권에서의 질문에 대한 대답 같은 것을 어디에도 쓰지 않았다는 것이었습니다. 그때 썼던 것은 '마르크스주의자'라고 하면, 마르크스는 모두 옳다고 생각하는 마르크스 원리주의자처럼 생각하는 사람도 있는 것 같은데, 젊은 마르크스와 말년의 마르크스가 말하는 것이 전혀 다른 것은 자주 있는 이야기로, 마르크스의 "모든 것이 옳다"라고 말하면, 그것을 말한 본인이 바로 가랑이가 찢어진 상태가 되어 버리기 때문에 그것은 있을 수 없다는 것이었습니다(실제로는 가랑이가 찢어진 것을 자각하지 못하는 사람이나, 자신에게 유리하도록 찢어진 가랑이 어느 한쪽만을 마르크스의 견해라고 주장하는 사람은 있겠지만요). 그리고 "자, 그러면 마르크스주의자란 어떤 사람을 말하는 거야?"라고 물어서 문장을 '뭔가 있는 듯' 독자에게 생각하게끔 하고 끝냈습니다.

그것은 아마 —여하튼 10여 년 전의 일이라 기억이 틀릴 수 있을지도 모르지만— 같은 대학에 근무하는 교수로부터 "마르크스주의자란 마르크스는 옳다. 그러니까 그것을 기준으로 생각하려는 사람을 말하는 것이죠"라고, 짧게 말하자면 그런 말을 들었던 일이 계기였습니다. 오랫동안 알고 지낸 사람이었으므로, "지금까지 나를 그렇게 생각하고 있었던 거야?" 하고 놀라기도 했습니다. 그런데 세상에는 그렇게 생각하는 사람이 의외로 많을지도 모른다는 생각에 위와 같은 이야기를 썼을 것입니다(아마도). 그런데 그걸 쓰면서 새삼 제 속을 들여다보니, 곤란하게도 '마르크스주의자'란 물음에 대한 명쾌한 답을 찾을 수가 없었습니다. 거기서 마르크스주의자 이시카와는 크게 당황하는 일은 별로 없었습니다만, '아, 그럼, 이 이야기는 뒤로 미루고 조만간 좀 생각해보자'와 같은 마음으로 '은근슬쩍' 얼버무린 것입니다(틀림없이).

그러나 실제로는 1권의 출판으로부터 1년 동안 본래의 무

계획적인 인생살이의 나날 때문에 저는 이것을 집중적으로 생각할 기회를 얻지 못했습니다. 하지만 '은근슬쩍'인 채로 끝내서는 저도 역시 찝찝합니다. 그래서 이 '나가면서'의 나머지 분량은 이 물음에 대한 답을 찾는 데 사용해 보겠습니다. 그 단서는 지금까지 '청년이여, 마르크스를 읽자'에 써 온 것의 범위 내에서 찾아보는 걸로 하겠습니다. 관련된 문장을 찾아보다가 우선 눈에 띤 것은, 『청년이여, 마르크스를 읽자』 1권의 첫머리인 『공산당 선언』을 거론한 편지 속이었습니다. 거기서 저는 "마르크스의 독자", "마르크스 등에 대한 전문 연구서의 독자"이지만, "저 자신이 전문적인 마르크스학자"는 아니라고 말하고, 마르크스와의 만남을 현대적인 문제를 생각할 때, "연구의 힌트를 찾는" 관계, 결국 현대의 문제 규명은 "현대적 사실에 비집고 들어가는 것 외에는 다른 길이 없으니까요"라고 보았습니다.

"마르크스의 독자", "연구의 힌트를 찾으러"라는 자세가 지금도 저한테는 확 와닿습니다. 저는 대학원에서는 철강 산업의 미일 관계를, 대학교수가 되고 나서는 고이즈미·다케나카 씨 등의 '구조 개혁' 정책을 검토하고, 젠더론을 배우며, 학생들과 매년 '위안부' 피해자의 이야기를 듣기 위해 한국에 가는 것을 『청년이여, 마르크스를 읽자』를 쓰기 시작할 무렵까지 하였습니다. 어느 것도 마르크스에게 직접적인 '답변'이 있는 주제는 아닙니다.

그런데 예를 들어서 '위안부' 문제를 둘러싼 일본 사회의 움직임을 보았을 때, '자본의 논리'와 '역사 인식'을 둘러싼, 특히 정치권력자들의 사상과의 얽힘을 검토하는 데는 경제와 정치 또는 사상의 상호 관계에 대한 마르크스의 연구가 '힌트'가 되었습니다. 이른바 '토대·상부구조론'이라는 것이죠. 중일 경제교류를 심화시키려는 재계의 목소리에 "일본 전통을 돈으로 팔 것인가"라고 아베 신조 씨가 성난 기색을 내비쳤던 그 시기는 '정치헌금'을 통한 재계의 정치 지배, 정치권력자 자신의 야스쿠니 사관, 미국으로부터의 대중 정책 강제 등의 얽힘의 균형이 복잡하게 변화한 순간이었습니다.

다음으로 눈에 띈 것은 『청년이여, 마르크스를 읽자 2』의 제4부인 「《청년이여, 마르크스를 읽자》 1권을 둘러싸고」에서 주고받은 내용입니다. 우치다 선생님이 은사인 레비나스의 말을 인용하면서, 마르크스주의 용어를 사용하지 않고 마르크스의 사상을 이야기하는 것이 '마르크시언'이고, 마르크스주의 용어를 사용해서 그것을 이야기하는 것이 '마르크시스트', 그리고 21세기 일본에 마르크스가 있다면 어떤 사회이론을 세우고, 어떤 사회개혁을 제언할지, 그런 일을 생각하는 것은 아마 '마르크시언적인' 상상력의 사용법일 것이라고 생각하신 점입니다.

이에 저는 마르크스를 이론적으로 정확하게 읽는 것을 엄격하게 논하는 공간과 함께, 마르크스를 교양으로써 읽고 자유롭게 논하는 공간이 필요하다고 쓰고 ─이것을 굳이 쓴 것은 '정확함'에만 민감하고, 후자에 관용적이지 못한 경향이 결과적으로 '마르크스 읽기'의 저변을 좁혀 버리는, 그런 자책골이 '마르크스주의자'의 일부에게 있다고 생각했기 때문입니다─ 다른 한편으로 "만약 마르크스가 21세기에 살았다면…" 하는 문제에 대해서는 '마르크스주의의 발전'이라고 생각하고 싶다고 썼습니다. 거기에서 '발전'을 본다는 것은 '마르크스주의자=마르크시스트'가 마르크스가 직접 남긴 이론에 머무르는 '원리주의자'로 있을 수는 없는 일이고, 오히려 그 틀을 넘어서는 고생을 하는 것이 '마르크시스트'일 것으로 생각했기 때문입니다. 마르크스가 그 시대와 마주하였던 것과 마찬가지로, 우리가 사는 현대와 마주하여야 한다는 입장이죠.

잠깐 돌아가겠는데요. 지금 책을 넘겨 보면 1권의 「유대인 문제에 관하여」와 「헤겔 법철학 비판을 위하여」에 대한 편지에서는 '마르크스를 재미있다'라고 할 때, 우치다 선생님과 이시카와의 마르크스 읽기 내용에는 적잖은 차이가 있지만, 그 이해를 서로 배제하지 않고, 자신을 보다 풍부하게 하는 새로운 재료로 받아들이는 '지적인 너그러움'이 필요하다고도 썼습니다. 이 책은 그렇게 만들어졌으므로, 두 사람 각각의 이해로 마르크스를 재미있어 하면서, 또 서로를, 앗, 우치다 선생님은/이시카와는 그곳을 재미있어 하였습니까 하고 서로를 재미있어 하고, 게다가 이것을 읽는 독자에게는 마르크스의 재미를 다면적으로 접하게 하면서, 나아가 우치다 선생님과 이시카와가 서로 재미있어 하는 것을 독자가 재미있어 하는, 드문 형태의 책이 되었습니다. 시리즈 첫 무렵에는 "왜 논쟁하지 않느냐"라는 목소리도 들렸는데요. 그렇게 되면 이 둘이서 마르크스를 논하는 조합의 묘미가 나오지 않았겠죠.

다음은 번외편인 『마르크스의 마음을 듣는 여행』인데요. 여기에는 조금 다른 각도에서의 '원리주의'에 대한 비판이 있었습니다. 독일에서 들은 위르겐 헬레스 씨의 이야기에는 19세기 마르크스의 실상實像에 비하면 20세기에 만들어진 마르크스상은 상당히 미심쩍다는 지적이 있었습니다. 저는 그 이론 면에서의 이야기와 연결해서, 아내가 부재중인 시기에 가정부와의 사이에서 아이를 만든 마르크스의 행동을 들어 그런 사실을 직시하지 않으려는 적지 않은 마르크스주의자의 심성은, 스탈린 등에 의해 신격화된 20세기 인간 마르크스상에 사로잡혀 버린 것은 아닐까 하는 내용을 썼습니다. 또 가난으로 인해 자녀가 차례차례 사망할 때 돈을 벌려는 노력을 거의 하지 않았던 마르크스를 "슬픔을 참고 혁명에 몸을 바쳤다" 등으로 미화하는 것도 현대에까지 악영향을 미치고 있는, 가정을 돌보지 않는, 특히 남성 활동가의 존재로서 마르크스 원리주의에 대한 비판을 인간 마르크스의 평가로까지 확대한 것이었습니다. 마르크스주의는 과학이라고 주장하는 당사자들이 이런 점에서 사실에 눈을 흐리게 해서 좋을 리가 없습니다. 이 점은 젊은 시절에 그 영향을 받은 —소련이나 동독에서 출판된 마르크스, 딸들, 아내 등의 전기의 번역서 등이 주를 이뤘다고 생각합니다만— 저 자신의 인생에 대한 반성도 담아 쓴 곳입니다.

3권에는 스탈린 비판과 관련된 이야기가 나옵니다. 마르크스에게는 "이것이 마르크스주의라고 한다면, 나는 마르크스주의자가 아니다"라는 유명한 말이 있습니다. 즉 미심쩍은 마르크스주의는 마르크스가 살아 있는 동안에도 이미 여러 가지가 있었다는 것입니다. 후에 20세기 초의 러시아에서 활약한 레닌은 '마르크스주의'를 "마르크스의 여러 견해와 여러 학설의 체계"라고 정의하고 —논문 「카를 마르크스」(1914년 집필)— 손에 넣을 수 있는 모든 문헌을 통해서 마르크스를 진지하게 연구했습니다만, 다음의 스탈린은 '레닌주의', '마르크스레닌주의'라는 그럴듯한 말을 짜내면서도, 거기서 '마르크스의 이론과 견해'를 버리는 일을 하였습니다.

마르크스 · 엥겔스는 19세기 과거의 사람, 레닌은 스탈린과 어깨를 나란히 했던 큰 인물이었지만 세상을 떠났다. 따라서 위대한 혁명가는 스탈린뿐이다. 그러한 가짜fake 뉴스의 축적 위에 스탈린의 신격화=스탈린 지배의 절대화 목적에 맞추어 형성된 것이 스탈린식의 '마르크스레닌주의'로

—그 큰 특징은 소련 공산당이나 소련 정부에의 추종과 지원을 최우선으로 한다는 것이었습니다— 스탈린은 이것을 '코민테른'이라는 국제 조직을 사용하여 세계에 보급했습니다. 그런 일이 있었기 때문에, 저의 학창시절에도 큰 책방에는 '마르크스레닌주의'라는 문자가 제목에 들어간 책이 많이 있었습니다. 그 때문에 스탈린의 행동이나 이론에 대한 비판적 검토는 훗날 마르크스주의자의 큰 과제가 되었습니다. 또 이를 추진한 일본 공산당이 강령이나 규약에서 '마르크스레닌주의'라는 말을 사용하지 않고 대신 '과학적 사회주의'라는 말을 사용하기로 하는 일도 일어났습니다. 이것 또한 제 학창시절의 일이었습니다. 과거 스탈린의 '포교'는 직접적으로는 일그러진 '마르크스레닌주의'를 널리 퍼뜨리는 것이었는데, 이는 많은 경우에 '마르크스주의'라는 이름으로 언급되는 것도 동시에 같은 내용으로 도배하는 역할을 했습니다.

'과학적 사회주의'라는 것은, 사람은 그 의사만 있으면 노동자가 구원받을 수 있는 선의의 사회를 자유롭게 만들 수 있다는 사회주의 사상을 '공상적'이라고 비판하고, 사회의 발전에는 법칙성이 있으며, 개개의 사회가 내포하는 그 법칙의 구체적인 탐구 없이는 미래를 이끌 수 없다는 입장에서 나온 말입니다. 잘 알려진 엥겔스의 『공상에서 과학으로』라는 책이 퍼뜨린 말로, 이 책의 '서문'을 쓴 마르크스도 이 책을 "과학적 사회주의 입문서"로 권장했습니다.

이러한 경과를 이것저것 소개한 상태에서, 저는 그럼에도 눈앞의 성지의 상상을 둘러싼 운동의 방침이나 여러 정책 및 그 배후에 있는 사회과학의 도달점 양쪽 모두를 '주의'라는 말로 정리하는 것은 적당할까 하고 물었습니다. 그것은 '과학적 사회주의'라는 용어에 대해서도 마찬가지입니다. 현대 사회에서 '과학'과 '주의'는 어디까지나 친화적으로 이해될 것입니다. 실제로 이 이시카와의 제기를 받아들이는 형태로 우치다 선생님은 '○○주의'라는 과학은 있을 수 없다. 과학성의 정의는 '반증 가능성'이다. 그래서 칼 포퍼를 가져오게 된 거죠. 그런데 이시카와 같은 사람이 "주의는 좋지 않습니다"라는 말을 하는 것을 보면 '마르크스주의'에는 "'과학성, 있구나' 하고 생각합니다"라는 말을 돌려주셨습니다. 역시 '주의'는 큰 걸림돌 중 하나라고 생각합니다.

번외편도 포함한 '청년이여, 마르크스를 읽자' 전 4권을 되돌아본 '마르크스주의자' 이야기는 여기까지입니다. 어떠신가요? 여전히 마르크스주의자란 질문에 대한 명쾌한 대답은 없지만, 그런데도 '마르크스주의자들이 자신들의 학문적·실천적인 스탠스에 대해 뜻밖에 여러 가지로 생각하고 있구나' 하는 것은 느낄 수 있지 않으셨는지요. 적어도 '마르크스주의자=마르크스 원리주의자'라는 초보적인 오해를 풀기에 충분한 내용은 되지 않았을까 싶습니다.

앞에서 일본의 공산당은 강령이나 규약에서 '과학적 사회주의'라는 말을 사용하게 되었다고 썼는데요. 물론 그것은 정당 자신이 그렇게 한다는 것이고, 학문의 세계나 학자들에게 —그 당에 속해 있는 학자도 포함해서— 그것을 강제한다는 것은 아닙니다. 그래서 저도 '마르크스레닌주의'라는 말은 역시 사용하지 않지만, '마르크스주의'라는 말은 많이 사용하고 있습니다. '과학적 사회주의'라는 말보다 훨씬 세상에 잘 통하는 때도 있으니까요.

또한 마르크스는 바쿠닌의 『국가와 무정부성』이라는 책에 대한 노트(1874-5)에서 '과학적 사회주의'는 "오직 유토피아적[공상적 —이시카와] 사회주의에 대립하는 것으로 사용되어 왔다"라고 썼습니다(『마르크스=엥겔스 전집』 제18권, 645쪽).

마르크스가 엥겔스의 『공상에서 과학으로』를 "과학적 사회주의의 입문서가 될 것이다"라고 평한 것은 1880년의 일이었는데요. 위의 문장과 함께 읽으면, 여기서의 '과학적 사회주의'라는 말도 반드시 그들의 학설 전체를 균형 있게 표현한 것은 아니고, 어디까지나 공상적 사회주의와의 대비 속에서 그것과의 대립 면을 부각시키기 위해 사용된 말이라고 생각해야 하지 않을까요. 이것은 앞으로 심화하여야 할 논점이라고 생각합니다.

이 권에는 『자본론』에 대한 편지 외에 제가 쓴 『영국 노동계급의 상황』에 대한 편지가 하나 담겨 있습니다. 이것은

'청년이여, 마르크스를 읽자'의 또 하나의 번외편으로, '청년이여, 엥겔스를 읽자'라는 실현되지 못한 기획의 유산입니다. 마르크스와 공동으로, 마르크스의 보조선 역할로 알려진 엥겔스가 아니라, 자립한 엥겔스 자신의 시선에 서서 엥겔스의 이론적인 성장을 쫓는 작업은 그리 많지 않은 것 같습니다. 기회가 된다면 어디선가 해 보고 싶습니다.

가모가와출판사의 마쓰다케 노부유키 씨에게는 정말 감사의 말밖에 없습니다. 1년 전에 마쓰다케 씨로부터 이 기획의 권유가 있었기 때문에 때때로의 사회의 움직임에 휩쓸리면서도 그래도 일을 보다 근본적으로 파악하는 토대의 힘을 계속 기를 수 있었다고 생각합니다. 고마웠습니다.

지금은 일 년에 한 번 튀김가게에서밖에 만나지 못하게 된 우치다 선생님에게도 정말 감사하고, 감사합니다. 처음에는 마르크스 이해를 둘러싼 '타류시합他流試合'*이라는 생각이 남아 힘이 드는 부분도 있었습니다. 그러나, 아니, 이것은 승패를 겨루는 '경기'가 아니라, 서로가 긍정적으로 배우는 '타류교류회'라고 생각하게 되어 불필요한 힘은 어디론가 빠져나갔습니다. 이러한 책이 세상의 빛을 보게 된 것은 우치다 선생님의 깊은 아량 덕분이라고 생각합니다. 고마웠습니다.

---

*   자신의 유파와는 다른 사람과의 시합을 말한다.

독자 여러분에게는 오랜 시간 동안 함께해 주서서 정말 감사했습니다. 한 권씩을 낼 때마다 어디선가 들려오는 여러분의 목소리에 격려를 받고 여기까지 계속 쓸 수 있었습니다. 여러분은 꼭 마르크스 원전으로 나아가 주시길 바랍니다. 또 어디선가 만납시다.

어떠셨나요? 즐거우셨나요? 조금 어려운 점도 있었을지도 모르겠습니다. 그래도 '마르크스는 꽤 대단한 녀석이구나.' 그런 느낌을 얻으셨다고 하면 저로서는 충분히 기쁩니다. 『청년이여, 마르크스를 읽자』 1권에도 썼습니다만, 제가 18세에 처음 마르크스를 읽었을 때도, 내용은 잘 모르지만 '뭔가 대단한 것이 있을 것 같다'라는 직감이 있었고, 그것이 그 후의 '마르크스를 정확하게 이해하고 싶다'라는 독서의 추진력이 되었습니다. 여러분과 그런 체험을 공유할 수 있으면 좋겠습니다.

자, 한국 여러분을 위한 이 시리즈 마지막 '후기'에 도대체 무엇을 쓰면 좋을까. 주제는 상당히 망설였지만, 결국은 다음 두 가지로 수렴되었습니다. 본문에 대한 보충 또는 조금 본줄기에서 탈선한 추가 기록입니다.

첫 번째는, 엥겔스가 『루트비히 포이어바흐와 독일 고전

철학의 종말』(1888) ─일본에서는 짧게 『포이어바흐론』이라고 불리고 있습니다─ 에 쓴 사적 유물론의 해설에 대해서입니다. 인간의 사회나 역사는 사람의 의식에 의해 어떻게든 된다. 위대한 영웅이 등장하면 그 개인의 힘에 따라서도 크게 달라진다. 그래서 자연의 구조나 역사와 달리, 인간 사회의 발전에 객관적인 법칙 따위는 없다. 그러한 생각이 마르크스와 엥겔스 시대의 학문세계에서 대세를 이루고 있었습니다. 사회과학이 아직 '과학'으로서의 위상을 확립하지 못하고 있었다는 것입니다.

그 상황 속에서 마르크스와 엥겔스는 제 식대로 말해 보자면, 역사를 만드는 개인이나 집단의 의사를 방향 짓는 무언가가 사회 내부에 없다면, 서로 연락이 없고 멀리 떨어진 지구상의 각 지역에 원시적인 공동사회, 고대의 노예제 사회, 중세의 봉건제 사회, 근대의 자본주의 사회 같은 공통의 사회 발전이 나타나는 것에 대해 설명할 수 없다고 생각했습니다.

그러면 내부에 있는 무언가 ─ 즉 사회 발전의 내적 논리는 어떠한 순서로 찾아낼 수 있는 것인가. 엥겔스의 이 책은 그 과학적인 탐구의 길을 알기 쉽게 이야기하고 있습니다. 이미 정리된 사적 유물론의 '정식'이 아니라 그 정식들이 어떻게 해서 획득되었는가 하는, 말하자면 이론 형성의 뒷이야기가 쓰여 있으므로, 그 재미가 이 책을 젊은 시절부터 제가 가장 좋아하는 것으로 만들어 왔습니다.

예를 들어 엥겔스는 이런 식으로 논의를 진행합니다.

(1) 역사 속에서는 모든 개인이 각자의 뜻에 따라 행동하고 있다. 각자의 의사는 때로는 같은 방향을 향해 합류하지만, 서로 부딪히고, 서로 지우거나, 충돌로 서로의 방향을 바꿔 버리기도 한다. 그러니 거기에 무슨 법칙이 있다고 해도, 그것은 사회의 표면에는 보이지 않는 '내적인 숨겨진 법칙'이 될 수밖에 없다.

(2) 그러면 그 숨겨진 법칙은 어떻게 찾을 수 있을까. 역사를 인간이 만든다는 것은 진실이다. 그러나 그 '인간'은 어딘가의 누군가라고 하는 구체적인 개인이 아니고, 무수한 여러 개인의 '합성력'―엥겔스는 그것을 요제프 블로흐에게 보내는 편지(1890년 9월 21일) 속에서 "힘의 평행사변형"이라고도 표현하고 있습니다― 또는 집단적인 인간이다. 그래서 역사의 원동력을 찾는 길은 이러한 '합성력' 또는 집단적인 인간의 의사를 방향 짓는, 많은 사람에게 공통되는 의욕을 낳는 동기나 그 동기를 낳는 힘의 탐구일 수밖에 없다.

(3) "역사의 본래 최종적인 추진력"은 "인간의 큰 집단"을 움직이는 동기를 만드는 것으로, 즉 민족 전체나 민족 내부에서는 노예 소유자와 노예, 자본가와 노동자 같은 계급 전체를 움직이는 힘이 된다. 아울러 그것은 일시적인 행동의 동기가 아니라, "큰 역사적 변동을 가져오는 지속적인 행동

으로 이끄는 동기"를 형성할 수 있어야 한다. 그것을 탐구하는 것이 "전체적인 역사에서도, 또 개개의 시대나 개개 나라의 역사에서도, 그곳을 지배하고 있는 법칙을 자취를 더듬어 확인할 수 있는 유일한 길이다." 계급 간의 투쟁이 눈앞의 역사를 움직이는 동인이 되고 있는 것에 대해서는 프랑스 왕정복고 시대의 역사가들, [오귀스탱] 티에리, [프랑수아] 기조, [프랑수아] 미네, [아돌프] 티에르 등이 이미 발견하였다.

(4) 자본주의 사회를 예로 들면, 자본가계급과 노동자계급의 대립은 무엇보다 경제적 이해의 대립에 기초하고 있다. 지주계급은 원래의 봉건적 대토지 소유로까지 거슬러 올라가면 정치권력에 의한 토지 영유가 문제가 되지만, 이와 부르주아지의 대립은 역시 경제적 이해에 기초하고 있다. 그리고 봉건적 지주나 길드의 우두머리 등으로 대표된 봉건적 사회가 깨지고 자본주의적 사회가 등장하여 나아가 이제 자본주의적 사회의 개혁을 요구하는 노동자와의 충돌이 시작되고 있는 것도 모두 경제적인 요인에 의해서다.

(5) 따라서 사회의 역사적 변동을 초래하는 "정치투쟁은 계급투쟁"이지만, 그것들 "계급들의 해방투쟁은 이 투쟁이 필연적으로 정치적 형태를 취할지라도", "결국은 경제적 해방을 둘러싸고 이루어진다." 거기에서는 "국가, 즉 정치적 질서는 종속적이고 시민사회, 즉 경제적 관계들의 영역이

결정적인 것이다."

　이상의 내용을 엥겔스는 "적어도 근대의 역사에서는"이라
고 한정 시어 말했기만, 엥겔스나 마르크스에게는 고대부터
원시로도 거슬러 올라가는 역사 연구의 축적이 있었기 때문
에, 다른 한편으로는 "과거 여러 시대의 역사 연구는 이런 방
향에서 성실하게 이루어지면 금세 아주 풍부하게 이 일을
확증할 것이다"라고 자신 있게 말하였습니다.

　마르크스의 『자본론』이 자본주의 사회의 탄생과 발전, 계
속되는 새로운 미래 사회로의 발전을 무엇보다도 "경제적
운동법칙의 폭로"라는 각도에서 수행한 것의 배후에는 사
회의 구조나 역사에 대한 이러한 이해(사적 유물론)가 있었습
니다.

　관련된 마르크스의 말도 덧붙이자면, 지난 프랑스 왕정복
고 시대의 역사가와 자기 자신의 관계에 대해 아직 젊었던
마르크스는 다음과 같이 썼습니다.

　　나에 대해서 말하자면, 근대 사회에서 여러 계급의 존재를 발
　　견한 것도, 여러 계급 상호 간의 투쟁을 발견한 것도, 딱히 나
　　의 공적은 아니다. 부르주아 역사가들이 나보다 훨씬 앞서 이
　　계급투쟁의 역사적 발전을 서술했고, 부르주아 경제학자들은
　　여러 계급의 경제적 해부학을 서술하였다. 내가 새롭게 수행
　　한 것은 (1) 여러 계급의 존재는 생산의 특정한 역사적 발전 단

계와만 결부되어 있다는 깃… 등이다.

바이데마이어에게 보내는 편지, 1852년 3월 5일

이후 엥겔스는 더 나아가 경제적 이해충돌을 정치나 법률 또는 국가는 어떻게 반영하고, 그것은 어떤 활동을 전개해 나갈 것인가. 또한 경제나 법률, 국가 등을 많은 사람이 어떻게 인식하고 그에 따라 행동하는가 하는 '상부구조론'이나 이데올로기론에 대해서도 대담하고 풍부한 고찰을 전개하였습니다. 이것은 『자본론』 등보다 훨씬 작고 읽기 쉽게 쓰인 책이므로, 꼭 어딘가에서 읽어 보시기 바랍니다.

자, 또 하나 여기서 여러분에게 묻고 싶은 것이 있습니다. 2023년 여름, 한국과 일본을 포함한 동아시아의 생생한 '전쟁과 평화'를 둘러싼 문제입니다.

일본의 정치는 작년(2023년 8월 24일)에도 어업인의 반대나 시민 대부분이 설명 부족이라고 반대하는 것을 무릅쓰고, 후쿠시마 제1원전의 보존 탱크로부터 오염수의 해양 방출을 시작했습니다. 그 밖에도 일본 정치는 민의를 반영하지 않은 '소수자 지배'의 색깔을 다양한 측면에서 강화하고 있습니다. 그중에서도 중대한 것은 일본은 어느 나라에 공격 당했을 때만 군대를 사용하겠다고 해 온 안보의 근본을, 미국과의 대중국 공동전쟁에 적극적으로 참가하고, 이 경우에는 선제공격도 불사한다는 것으로 180도 전환했다는 것입니다.

이 전환에 따라 정부는 군비를 나토NATO 기준 수준의 GDP 내비 2%로 인상하는 것을 목표로 2023년도부터 실제로 인상을 시작하였습니다. 늘어나는 군비의 주요 용도는 일본에서 중국에 직접 도달하는 장거리 미사일의 개발과 미국으로부터의 구입입니다. 미사일 발사기지의 신설이나 그것을 보관하는 새로운 탄약고의 건설도 이미 각지에서 진행되고 있습니다. 이런 가운데 제가 강하게 우려하는 것은 작년 8월 18일, 일본과 한국과 미국의 3개국 정상회담이 열려, 중국 포위를 염두에 둔 군사적 연계 강화가 확인됐다는 점입니다.

'캠프 데이비드 정신'이라는 이름이 붙은 3개국 공동성명은 "인도-태평양 그 너머에 걸쳐" "한미동맹과 미일동맹 간 전략적 공조를 강화하고, 3국 안보 협력을 새로운 수준으로 끌어올릴 것이다"라고 했습니다. 이는 한일 간의 안전을 확보하는 것보다, 동북아의 군사적 긴장을 더욱 고조시키고 우발적인 충돌 가능성을 높이는 것으로 이어집니다. 상대가 핵무기를 430발이나 가진 중국이라면 일은 매우 중대합니다.

저는 '일본평화위원회'라는 단체의 임원으로서, '전쟁 준비'를 추진하는 일본의 정치를 '평화 준비'를 추진하는 정치로 전환해 나가려는 노력을 약 1만 5천 명의 동료(회원)와 함께하고 있습니다. 2022년 2월에 시작된 러시아의 우크라이나 침략을 계기로, 일본에서도 "우크라이나는 약하기 때문에 공격당했다." "군사력을 더 강하게 만들자"라는 마초적인 군사력 신봉론이 거세졌습니다. 한국과 마찬가지로 미국과의 '핵무기 공유'라는 주장도 있었습니다. 그러나 조금 냉정하게 생각해 보면, 세계 최대의 군사 동맹 나토는 러시아에 의한 전쟁을 막지 못했습니다. 그리고 지금도 전쟁 종식에 대한 전망을 만들지 못하고 있습니다. 적어도 군사력만으로는 평화를 지킬 수 없다는 것이 지금 눈앞에서 전개되고 있는 사실이 아닐까요.

한편 유럽과 달리 같은 아시아 국가끼리의 군사 동맹이 없는 동아시아에서는 ─이 지역에 있는 군사 동맹은 일본과 미국, 한국과 미국의 두 동맹뿐입니다* ─ 1988년, 중국과 베트남의 충돌을 끝으로 정규군 간 충돌이 일어나지 않았습니다. 그동안 유럽에서는 10차례 이상 군사 충돌이 일어났기 때문에, 전쟁을 막는 데 나토가 역할을 하지 못하고 있다는 것은 점점 더 분명해졌습니다. 게다가 동아시아에는 '군사력의 균형이나 공갈에 의한 평화'가 아니라 '대화와 교류를

---

* 　실제로 동아시아 지역에는 한국과 미국, 미국과 일본 간의 동맹 외에도 북한과 중국, 북한과 러시아 간의 군사 동맹이 존재한다. 다만 우리 정부와 일본 정부는 북한을 국가로 인정하지 않기 때문에 두 정부의 공식 입장에 따르면 아시아 '국가'끼리의 군사 동맹은 없다고 할 수 있다.

통한 상호 신뢰에 의한 평화'를 목표로 하는 큰 흐름이 만들어져 있습니다. 그 중심은 아세안ASEAN(동남아시아국가연합)에 의한 '공동 평화'의 확대입니다

일본에서는 잘 알려지지 않은 일입니다만, 베트남전쟁 종결 다음 해인 1976년에 아세안은 동남아시아우호협력조약(TAC)을 맺어 ─분쟁은 대화로 해결한다, 전쟁은 절대로 하지 않는다는 바람을 바탕으로 한 조약입니다─ 그것을 아세안 이외의 나라에도 넓히려는 노력을 거듭해 왔습니다. 그 결과, 오늘날에는 일본, 한국, 미국, 중국, 러시아, 인도 등 동아시아 안정에 큰 영향력을 가진 강대국들도 이에 가입했고, 심지어 북한도 가입하기에 이르렀습니다. 가입한 각국은 아세안 국가와는 절대로 전쟁하지 않을 것을 약속하고 있습니다.

이 도달을 토대로 하여 지금 아세안은, 아세안 여러 나라와의 부전不戰의 약속만이 아니라, 가맹한 각국이 서로 전쟁하지 않는 것을 약속하는, 동아시아 전체 규모로의 TAC 성립을 목표로 하고 있습니다. 그리고 거기서 한 걸음 더 나아가, 서로의 신뢰와 협력을 깊게 하는 '인도-태평양에 대한 아세안의 관점'(AOIP)을 제창하고 있습니다. 이는 해양 협력, 각종 테마 공동·제휴 강화, 지속가능발전목표(SDGs) 추진, 경제 협력 등을 아시아·태평양·인도양 지역에서 공동으로 추진하려는 것입니다.

이 제안은 탁상공론에서만 이루어지는 꿈 같은 이야기가 아닙니다. 실제로 미국도, 유럽연합(EU)도, 일본도, 중국도 이에 대한 지지를 표명하고 있습니다. 그뿐만이 아닙니다. 사실 지난 한미일 정상회의의 공동성명도 중국을 포위하는 군사적 연계를 강화하는 한편, 이 아세안의 주도권을 높이 평가하지 않고는 있을 수 없게 되었습니다. "(우리는) 아세안이 주도하는 지역 구조에 대한 지지를 전면적으로 재확인한다." "'인도-태평양에 대한 아세안의 관점'의 탄탄한 이행 및 주류화를 지원하기 위해 아세안 파트너들과 긴밀히 협력할 것을 약속한다"라고 말하였습니다. 중국을 포위하기 위해서는 아세안과의 제휴가 필수적입니다만, 그러나 제휴를 실현하려고 하면 '공동 평화'를 넓히려는 아세안의 노력과 실적을 존중하지 않을 수 없습니다. 공동성명에는 그러한 모순도 내포되어 있습니다.

지금의 동아시아에는 '군사력에 의한 평화'냐 '대화와 상호 신뢰에 의한 평화'냐는 두 가지 큰 흐름이 대립하면서 공존하고 있습니다. 저는 '군사력에 의한 평화'라는 길은 실제로는 각국의 군사적 긴장과 우발적인 전쟁의 가능성을 높일 뿐, 나토의 예에도 있듯이 진정한 평화로 이어지지는 않는다고 생각합니다. 확전을 통한 '전쟁 준비'가 아니라 대화와 교류를 통한 '평화 준비'야말로 일본과 한국 모두가 강화해야 할 흐름이 아닐까 생각합니다. 여러분은 어떻게 생각하실까요?

그런데 북한이 3개국의 군사적 연대에 반발해서 해군에 전술 해병기를 배치하게 되었습니다(작년 8월 29일). 사태는 역시 긴장과 위험을 강화하는 방향으로 움직이고 있습니다.

'청년이여, 마르크스를 읽자'의 4권 『되살아나는 자본론』을 읽어 주셔서 감사합니다.

또 어디선가 만납시다.

옮긴이의 말

우치다 다쓰루內田樹 선생님과 이시카와 야스히로石川康宏 선생님이 마르크스 사상에 대해 주고받은 편지인, 『되살아나는 자본론: 청년이여 마르크스를 읽자 최종편』 한국어판이 나오게 된 점을 옮긴이로서 진심으로 기쁘게 생각합니다.

그동안 『청년이여, 마르크스를 읽자: 마르크스에게서 20대의 열정을 배우다』(갈라파고스, 2011)만이 한국어판으로 나왔을 뿐으로, 『청년이여 마르크스를 읽자 2: 되살아나는 마르크스』, '청년이여 마르크스를 읽자' 번외편 『마르크스의 마음을 듣는 여행』, 『청년이여 마르크스를 읽자 3: 미국과 마르크스 탄생 200년에』 같은 책들은 한국어판이 나오지 않았습니다.

좀 더 정확하게 말하자면, 저는 이 책들의 한국어판 출간을 위해서 꽤 많은 출판사의 문을 두드렸지만, 어느 한 곳 관심을 보여 주는 출판사는 없었습니다.

이번에 이렇게 『되살아나는 자본론』의 한국어판 출간을 선뜻 맡아 주신 '세창출판사'에 깊은 감사의 말씀을 전하고자 합니다.

지금부터 이 책을 옮기면서 느낀 저의 사견을 좀 써 보고자 합니다.

카를 마르크스라는 사람의 생활 체험, 신체 실감을 자양분으로 해서 탄생한 사상이 그 사람의 몸과 시대를 떠나서 추상적인 것으로서 매끈하게 표로 정리되고 '교조화'되었을 때, 그 이론은 형해화되고 죽을 수밖에 없는 노릇입니다.

따라서 그 이론을 되살리려는 운동은 늘 그 이론을 읽는 사람의 생활 체험과 신체 실감에 기초한 '읽기'로부터 시작됩니다. 본문을 읽어 보시면 아시겠지만, 두 분의 저자는 당신들이 놓인 역사적 배경과 정치·사회적 상황을 늘 염두에 두고, 거기서 파생되는 생활 체험과 신체 실감에 기초해서 '마르크스 읽기'를 시도하고 있습니다.

마르크스 이론이 매끈하게 표로 정리되고 "마르크스 이론이 세상을 구할지니!!"와 같이 교조화될 때라든지, 또는 역으로 "마르크스 이론은 한물간 이론이니 폐기 처분을 해야 한다"라는 냉소주의자들이 득세할 때는, 반드시 자기 자신의 생활 체험, 신체 실감에 기초해서 마르크스의 텍스트를 고쳐 읽는 것이 필요하다는 것을 두 분은 직감적으로 알고 계신 거죠.

따라서 이 두 분이 각자의 생활과 신체를 이른바 담보물로 선뜻 내어놓으면서 읽기를 시도한 덕분에 마르크스는 2023년 일본에서 다시 한번 되살아났다고 말할 수 있을 겁니다.

마르크스의 텍스트가 '예지로 가득한 책'이라고 한다면, 그것을 읽어 내기 위해서 읽는 이는 자신의 실존을 거기에 걸지 않으면 안 됩니다. 자신의 인생, 자신이 쌓아 온 모든 경험을, 그리고 자신이 맛본 모든 감정을 소재로 해서 텍스트를 해석해야 함을 두 분 저자는 우리에게 몸소 보여 주었다고 생각합니다. 그렇게 함으로써만 비로소 사문화되고 형해화된 예지로 가득한 텍스트는 부활하기 때문이죠. 우리는 두 분의 가르침을 받아 텍스트와 읽는 이=해석자 사이에는 그런 역동적이고 상호적인 관계가 있다는 것을 늘 염두에 두어야 합니다. 어떤 텍스트 안에 만약 배울 만한 가치가 있는 지혜가 숨겨져 있다고 하면, 그것을 끄집어내기 위해서는 다름 아닌 '자신의 말'로 그것에 관해서 말하지 않으면 안 됩니다.

우치다 다쓰루 선생님과 이시카와 야스히로 선생님이 마르크스의 사상을 전하는 행위는 고대의 유적에 남겨진 단한 장의 악보를 보고 각자 자신의 전용 악기로 그것을 연주하려는 연주가의 자세와 비슷하다고 생각합니다. 두 분 모두 그 고대의 '악보'를 연주하기 위해서는 각자 악기를 손수

만들어야 합니다. 그것은 때에 따라서는 원곡이 만들어진 무렵에는 존재하지 않았던 '재료'와 당시에는 아무도 몰랐던 공법으로 만들어진 '악기'일 가능성이 큽니다. 게다가 연주 방법 또한 고대에는 존재하지 않았던 방법일 것입니다.

그러다 보니 연주자의 '삶'이 빚어내는 고유한 음감과 리듬감, 그리고 질주감으로 인해 그 누구도 재현할 수 없는 '음조'가 나올 수밖에 없는 노릇이겠죠. 그럼에도 그때마다 연주자가 자신의 '실존'을 걸고 연주를 하는 한, 그것은 '동일한 작품'(사상)의 새로운 '상'을 관객들에게 보여 줄 것입니다.

실제로 커버cover를 하는 모든 뮤지션은 그렇게 하고 있습니다. 그리고 우리는 "이 곡에 이런 해석이 있을 줄은 생각도 못 했다"라고 놀랄 만한 창의적 퍼포먼스를 보여 준 사람을 정형적인 해석을 기교에만 의존해서 반복하는 사람보다도 높게 평가합니다.

해석에서 가장 중요한 것은 '옳은 것'이 아니다(이 사실을 저는 두 분의 마르크스 해석에서 제대로 배운 것 같습니다). '해석'에서는 일의적인 것, 이론의 여지가 없이 결정적인 것이 아니라, 풍부한 것, 생성적인 것이 무엇보다 중요하다. 어떤 해석이 있음으로 인해 다른 해석이 몇 가지 나왔을 경우, 그것은 '풍부한 해석'이었다는 것을 사후적으로 알게 됩니다. '반론'도 좋고 '보충'도 좋고 '변주'도 좋고 경우에 따라서는 '모방'도 좋습니다. 어떤 해석이 이루어짐으로 인해 그것을 계기로 탄생한 해석이 많으면 많을수록, 그것은 사후에 '풍부한 해석'으로 당당하게 자리 잡게 됩니다.

하여 두 분 저자의 '마르크스 사상'에 대한 해석의 옳고 그름의 기준은 어디까지나 '수행적'인 것입니다. 두 분이 쓴 '마르크스론'을 읽고 '마르크스'의 원저작을 읽고 싶어진 사람이 나왔다고 하면, 또는 '자신의 말로 마르크스를 논하고 싶다'고 생각하는 사람이 나온다면 그것만으로도 두 분 저자의 책무는 반은 달성된 것으로 볼 수 있을 겁니다. '해석'이란 사람들을 반복해서 해석의 '심연'으로 이끌기 위해 존재하기 때문이니까요.

철학은 어떻게 전통이 되고 사유는 어떻게 지속될까요? 사유는 사유의 전통과 연속성을 이룰 때에야 비로소 전통이 된다고 생각합니다. 동어반복에 가까운 이 언명은 사유가 전통을 무작정 앵무새처럼 답습해서도 안 되지만, 또 그렇다고 전통과 무관해서는 전통이 될 수 없다는 의미입니다.

철학은 철학의 전통 속에서 전통과 철저히 마주해야만 '새로움'과 '지속성'을 동시에 낚아챌 수 있습니다. 그런 철학만이 전통(마르크스의 사상)을 혁신하면서 전통의 일부가 됩니다. 이번 책에서 두 분의 저자는 마르크스라는 전통과 마주하면서 '새로움'과 '지속성'이라는 두 마리 토끼를 잡았다고 생각합니다.

그러나 새로운 사유가 기존 사유와 비판적, 역동적 연속성을 유지한다고 해서 반드시 전통이 되는 것은 아닙니다. 새로운 현실은 당대 현실과 어떤 식으로든 대면해야 합니다. 그래야만 철학은 생동감과 활력을 띠며 전통이 됩니다. 이 책에서 두 분의 저자는 그 사실 또한 직시하고 있습니다.

하여 2024년 한국에서 마르크스 사상이 되살아나기 위해서는 이 두 분 선철의 지혜를 꼭 답습할 필요가 있을 겁니다.

텍스트는 간청하는 이, 즉 강하게 바라는 이 앞에서 그 무거운 입을 열고 말하기 시작합니다. '텍스트 안에 있고 아직 말해지지 않은 것'은 독자가 거기에 날것의 신체를 밀어 넣을 때만 열리는 법입니다. 텍스트를 읽어 내려는 열정과 마찬가지로 내가 사는 곳, 나의 일상, 내 옆의 가족과 친구를 깊게 신경 쓸 때의 마음가짐을 가질 때에야 텍스트는 비로소 입을 연다는 귀중한 지혜를 두 분으로부터 꼭 배워 보시기 바랍니다.

2024년 7월 14일
옮긴이 박동섭